广州铁路职业技术学院新引进人才科研启动项目"大数据下DEA技术描述、识别与应用研究"（项目编号：GTXYR2207）

基于DEA的我国劳动资本分配格局研究

刘妍珺　马赞甫　郑山水　著

群言出版社
QUNYAN PRESS

· 北 京 ·

图书在版编目（CIP）数据

基于DEA的我国劳动资本分配格局研究 / 刘妍珺，马赞甫，郑山水著. -- 北京：群言出版社，2025.1.
ISBN 978-7-5193-1058-5

Ⅰ．F249.21

中国国家版本馆CIP数据核字第202554YV96号

责任编辑：胡　明
装帧设计：寒　露

出版发行：群言出版社
地　　址：北京市东城区东厂胡同北巷1号（100006）
网　　址：www.qypublish.com（官网书城）
电子信箱：qunyancbs@126.com
联系电话：010-65267783　65263836
法律顾问：北京法政安邦律师事务所
经　　销：全国新华书店

印　　刷：定州启航印刷有限公司
版　　次：2025年1月第1版
印　　次：2025年1月第1次印刷
开　　本：710mm×1000mm　1/16
印　　张：14.25
字　　数：220千字
书　　号：ISBN 978-7-5193-1058-5
定　　价：88.00元

【版权所有，侵权必究】

如有印装质量问题，请与本社发行部联系调换，电话：010-65263836

前　言

我国目前是世界第二大经济体，劳动力资源在全球范围内具有举足轻重的地位。随着我国经济的快速发展和经济结构的转型升级，劳动资本的合理配置和有效利用成了关乎国家经济发展全局的重要议题。如何科学评价和优化劳动资本的分配格局，提高经济效率和竞争力，已经成为当前我国经济研究的热点之一。

本书旨在运用数据包络分析（Data Envelopment Analysis, DEA）方法，系统研究我国劳动资本的分配格局现状，以及着重探讨我国生产要素市场的有效性与要素收入分配的合理性，剖析我国劳动资本分配格局的形成机理。

第1章概述，分析了我国劳动资本的分配格局现状以及影响因素，同时介绍了数据三分类绩效评价DEA方法。

第2章评价指标的属性分类及其表征，介绍了评价指标的属性及其分类、影子价格，以及劳动力投入的数据属性。

第3章数据包络分析理论与方法，介绍了多目标规划问题的评价函数法求解、数据包络分析、数据三分类DEA模型、DEA聚类分析和DEA影子价格。

第4章我国生产要素市场分析，分别对我国劳动力市场和资本市场进行了详细分析。

第5章关于我国劳动资本分配格局的一般性分析，阐述了宏观经济生产的相对有效性、DEA实证生产可能集、生产要素市场有效性分析、劳动收入份额分析、生产技术的光滑处理。

第6章数据三分类下的我国劳动资本分配格局，详述了劳动力输入的数据属性、宏观经济生产绩效测评、DEA实证生产可能集前沿面、生产要素影子价格与收入份额、数据三分类下的要素替代倾向、绩效评价标准与方法的修正、关于我国宏观经济生产的阶段性划分。

第 7 章我国劳动力数据属性的省际观察，通过对样本省份的数据分析，探讨了其生产要素与经济增长情况、宏观经济生产绩效评价、劳动力数据属性问题。

第 8 章要素替代倾向与要素收入分配，讨论了要素替代倾向、生产要素市场价格、资本－劳动要素替代倾向的估算、要素收入分配决定模型。

第 9 章研究总结，对主要研究工作进行了总结，得出了主要研究结论，并提出了对策与建议。

本书的撰写得到了众多学者和专家的支持与帮助，在此一并表示诚挚的感谢。同时，希望本书能够为广大读者提供有益的信息和启示，促进我国劳动资本分配格局的持续优化，推动我国经济高质量发展，为构建人类命运共同体贡献中国智慧和中国方案。

限于作者的学识和理解水平，本书难免存在疏漏，在此恳请广大读者提出宝贵意见。

作者

目 录

第1章 概述 001
    1.1 研究背景 002
    1.2 研究目标与研究内容 011
    1.3 研究思路与研究方法 013
    1.4 基本观点 014
    1.5 研究创新点 014

第2章 评价指标的属性分类及其表征 017
    2.1 指标属性分类 018
    2.2 指标属性与影子价格 020
    2.3 劳动力投入的数据属性 033

第3章 数据包络分析理论与方法 039
    3.1 多目标规划问题的评价函数法求解 040
    3.2 数据包络分析 043
    3.3 数据三分类 DEA 模型 051
    3.4 DEA 聚类分析 061
    3.5 DEA 影子价格 071

第4章 我国生产要素市场分析 075
    4.1 劳动力市场分析 075
    4.2 资本市场分析 086

第5章 关于我国劳动资本分配格局的一般性分析 097
    5.1 宏观经济生产相对有效性 097

5.2 DEA 实证生产可能集 099
5.3 生产要素市场有效性分析 101
5.4 劳动收入份额分析 108
5.5 生产技术的光滑处理 110

第6章 数据三分类下的我国劳动资本分配格局 127
6.1 劳动力输入的数据属性 128
6.2 宏观经济生产绩效测评 129
6.3 DEA 实证生产可能集前沿面 134
6.4 生产要素影子价格与收入份额 136
6.5 数据三分类下的要素替代倾向 142
6.6 绩效评价标准与方法的修正 145
6.7 关于我国宏观经济生产的阶段性划分 150

第7章 我国劳动力数据属性的省际观察 157
7.1 样本省份生产要素与经济增长情况 158
7.2 样本省份宏观经济生产绩效评价 161
7.3 样本省份劳动力数据属性问题 166

第8章 要素替代倾向与要素收入分配 169
8.1 要素替代倾向 169
8.2 生产要素市场价格 173
8.3 资本-劳动要素替代倾向的估算 177
8.4 要素收入分配决定模型 189

第9章 研究总结 195
9.1 主要研究结论 196
9.2 对策与建议 205

参考文献 209

第 1 章 概述

就任何经济体而言，劳动资本分配格局不仅关系民生，还影响经济的可持续增长。如何正确认识我国劳动资本分配格局的现状，分析相关影响因素，探究其内在形成机理，并提出相关对策与建议，是本书研究的主要内容。

要素收入显然与宏观经济运行绩效相关，它不仅影响宏观经济运行绩效，也必然受宏观经济生产效率的反向影响。本书拟从宏观经济生产绩效评价出发，考察宏观经济生产效率对生产要素影子价格及生产要素市场价格的影响，进而分析生产要素影子价格、生产要素市场价格对资本－劳动要素替代倾向形成的决定性作用，从生产技术、要素投入现状、要素替代倾向等方面最终解释1978—2020 年我国劳动资本分配格局的形成。显然，宏观经济生产效率测评是本书研究的重要基础。

为尽可能准确地测评观察期内我国宏观经济生产效率，本书就指标或数据三分类的 DEA 绩效评价理论与方法进行了系统研究。应该说，数据三分类 DEA 绩效评价方法既是在方法研究层面的主要内容，也是本书研究得以顺利推进的主要研究方法。

所谓指标三分类，是指在评价者主观偏好决定下，相关评价指标总可以划分为偏好型、规避型与中性型三种类型。一般而言，指标的具体数值可能影响中性型指标属性的变化，本书倾向于关注因数据变化而引起的中性型指标属性变化现象，因此，人们也称指标三分类为数据三分类。

基于此，宏观经济生产绩效评价问题是一种数据三分类情况下的绩效评价问题，其中劳动力投入具有明显的中性型指标属性。对该指标而言，微观层面与宏观层面持有不一致甚至相互抵触的偏好。具体而言，因劳动力投入是生产成本的重要构成部分，微观厂商明确视其为规避型数据；而宏观层面对劳动力投入的偏好则具有某种不确定性，要根据宏观经济运行环境的变化而进行相应的调整。当劳动力相对过剩且失业问题严重时，劳动力投入的增加意味着就业环境与就业条件的改善，该指标是一种偏好型指标；反之，若劳动力相对短缺，甚至成为经济增长与发展的约束性条件，劳动力投入随之转变为规避型指标。劳动力投入属性的变化事实上对应并反映了宏观经济运行环境的变化，必然对宏观经济生产效率产生实质性影响。

基于对劳动力投入数据属性的上述认识，本书采用数据三分类 DEA 绩效评价模型测评了我国 1978—2020 年的宏观经济生产效率，相应地，以数据三分类 DEA 实证生产可能集界定了我国总量生产技术状况，并测算了年度劳动力与资本影子价格、资本 – 劳动要素替代倾向以及劳动收入份额影子值，进而研究了我国劳动力与资本要素收入比值的决定问题，对我国劳动资本分配格局的形成做出了较为合理的诠释。

1.1 研究背景

自 20 世纪 90 年代以来，我国劳动收入份额表现出下降趋势，这引发了不少研究者对我国劳动资本分配格局问题广泛而持久的关注。尽管相关研究侧重点各异，但无外乎如下三方面的内容：其一是对我国劳动资本分配份额进行核算，采用恰当的统计方法，明确具体劳动收入份额，并做出规范性论断；其二是探究相关原因，并剖析导致我国劳动资本分配格局的内在机理；其三是提出相应的对策与建议。前两者是我国劳动资本分配格局相关研究的基础与核心，若相关研究不能正确认识我国劳动资本的分配现状，不能捕捉其显著性影响因素，对内在机理的剖析有误，则所谓的对策与建议与空谈几无差异。反之，在对劳动资本分配格局外在表现与内在机理正确认识基础上，相关对策与建议自是水到渠成之事。因此，本书不刻意关注相关对策与建议分析。

1.1.1 我国劳动资本分配格局

要形成对我国劳动资本分配格局的基本认识，前提是对我国劳动收入份额或劳动者报酬进行具体核算。收入法统计下的国内生产总值（Gross Domestic Product, GDP）可细分为劳动者报酬、营业盈余、固定资产折旧和生产税净额等。一般把劳动者报酬视为劳动的回报，而把营业盈余与固定资产折旧之和视为资本的回报。基于 GDP 收入法的分解，一般采用两种不同方法计算劳动收入份额：一种是用劳动者报酬比 GDP；另一种则是从 GDP 中剔除生产税净额，再计算劳动者报酬的比重。理论分析一般都认为生产税净额是政府对国民收入的一种分享，并不涉及 GDP 的直接创造，故采用第二种方法进行劳动收入份额核算的居多。按照第一种方法核算的劳动收入份额称为 GDP 法劳动收入份额，其基本公式为

$$劳动收入份额 = \frac{劳动者报酬}{劳动者报酬 + 营业盈余 + 固定资产折旧 + 生产税净额}$$

而按照第二种方法核算所得称为要素法劳动收入份额，其核算公式是

$$劳动收入份额 = \frac{劳动者报酬}{劳动者报酬 + 营业盈余 + 固定资产折旧}$$

1978—2020 年在我国 GDP 的收入法分解数据基础上，通过对分省数据进行逐年汇总，本书根据 GDP 法劳动收入份额核算方法，计算了相应年度的劳动收入份额，如表 1-1 所示。作为参照，本书还按照要素法劳动收入份额核算方法计算了观察期内的劳动收入份额，亦如表 1-1 所示[①]。受生产税净额的影响，前者明显要小于后者。

---

① 因缺乏国家层面的收入法 GDP 核算数据，本书就省域单位收入法地区生产总值数据进行了汇总。在具体计算时，1978—1984 年未统计西藏自治区相关数据，该自治区地区生产总值所占比重极低，误差可忽略。2018 年以后（含 2018 年）采用支出法统计数据，统计年鉴只有 2020 年收入法核算数据。

表 1-1　1978—2020 年我国劳动收入份额

年度	劳动收入份额 GDP 法	劳动收入份额 要素法	年份	劳动收入份额 GDP 法	劳动收入份额 要素法	年份	劳动收入份额 GDP 法	劳动收入份额 要素法
1978	0.496 6	0.569 5	1993	0.495 8	0.576 0	2008	0.464 7	0.545 2
1979	0.513 8	0.585 3	1994	0.505 8	0.586 5	2009	0.466 2	0.549 8
1980	0.511 5	0.582 1	1995	0.517 7	0.595 1	2010	0.450 0	0.530 9
1981	0.526 8	0.598 0	1996	0.517 6	0.592 9	2011	0.449 4	0.532 5
1982	0.535 7	0.606 1	1997	0.516 3	0.595 4	2012	0.455 9	0.542 1
1983	0.535 4	0.605 6	1998	0.515 4	0.595 9	2013	0.458 7	0.545 4
1984	0.536 8	0.608 6	1999	0.507 4	0.588 3	2014	0.465 1	0.551 2
1985	0.529 0	0.601 5	2000	0.495 7	0.578 4	2015	0.478 9	0.562 6
1986	0.528 2	0.603 7	2001	0.491 3	0.572 2	2016	0.474 6	0.553 1
1987	0.520 2	0.594 4	2002	0.488 1	0.567 8	2017	0.475 1	0.553 6
1988	0.517 2	0.594 9	2003	0.472 3	0.549 9	2018	0.520 6	0.581 4
1989	0.515 1	0.594 1	2004	0.429 9	0.501 6	2019	0.521 9	0.579 5
1990	0.534 2	0.614 4	2005	0.435 6	0.506 8	2020	0.519 1	0.569 5
1991	0.521 6	0.601 4	2006	0.431 7	0.503 3			
1992	0.500 9	0.578 3	2007	0.428 6	0.502 8			

由表 1-1 不难看出，我国劳动收入份额的变化存在阶段性特征：在 1978—1990 年基本保持稳定，并略有增加；1990—2007 年下降明显，其中 1990 年 GDP 法核算劳动收入份额为 53.42%，到 2007 年下降至 42.86%；之后又略有上升。具体如图 1-1 所示。

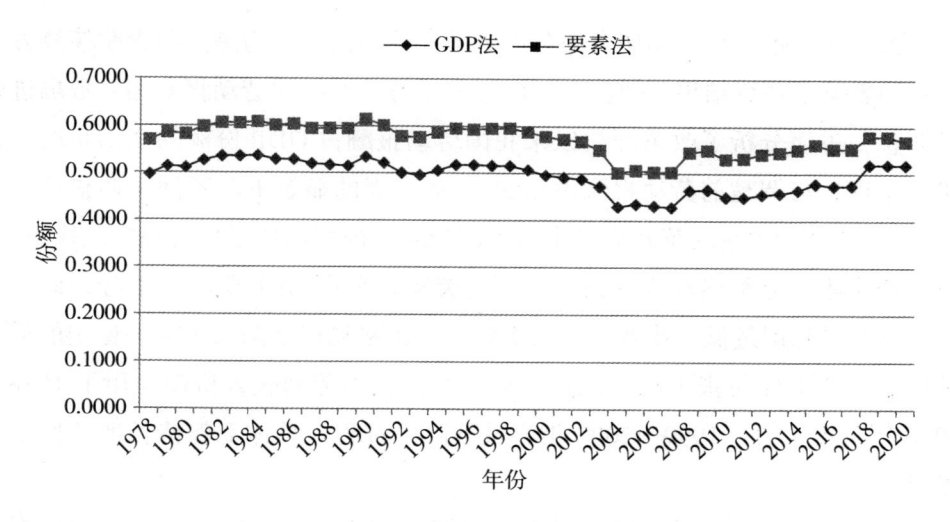

图 1-1　1978—2020 年我国劳动收入份额[①]

需要提及的是，劳动收入份额在 2004 年出现急剧下滑，主要是由于 2004 年统计口径的变动。2004 年的统计口径变动主要包括两方面：其一是将个体经营户的收入由劳动者报酬改为营业盈余；其二是将国有和集体农场的营业盈余改为劳动者报酬。另外，我国劳动收入份额在所考察时间段的局部有逆向调整，比如 1993—1995 年存在略微上升。

自 20 世纪 90 年代以来，我国劳动收入份额的持续下降趋势受到广泛关注，相关研究比较多，其焦点集中于我国劳动资本分配份额的核算、我国劳动资本分配格局的形成原因及内在机理两方面内容。

（1）我国劳动资本分配份额的核算。关于劳动资本分配份额的核算，其核心是测算方法选择与基础数据预处理，两者相互依存。

从主要的核算数据来源来看，白重恩与钱震杰（2009）总结为国民经济核算的资金流量表（实物部分）、收入法核算的省际 GDP、投入产出表的使用等三个。白重恩与钱震杰利用 GDP 收入法核算数据，计算了 1978—2006 年我国国民收入中的劳动收入份额，发现我国劳动收入份额在 1978—1995 年基本保持不变，但自 1995 年以来却下降了约 10%。

---

① 根据表 1.1 及附表 1.1 相关指标数据绘制。

张车伟与张士斌（2010）部分否定了上述结论，认为是劳动报酬核算方式的不同影响了估算结果，他们采用国际通用方法对我国劳动报酬相关数据进行了调整，进而分析了改革开放以来我国劳动报酬占 GDP 份额的变动状况。其研究发现，与调整前劳动报酬占 GDP 份额出现的显著下降不同，调整后劳动报酬占 GDP 份额在改革开放以来的大部分时间内都保持了相对稳定。换言之，我国初次收入分配格局存在的问题不是劳动报酬占 GDP 份额的下降，而是这一比例水平长期过低，或者说，初次收入分配格局似乎陷入了一种稳定的低水平状态。张车伟与张士斌的核算结果表明，我国劳动收入份额经历了 1978—1998 年轻度上升、1999—2007 年略微下降的过程，总体上保持长期的低水平稳定性。

吕冰洋与郭庆旺（2012）提出了测算我国税前与税后要素收入的分配方法，并根据"资金流量表"数据和其他相关数据进行了实证分析。其测算结果表明：整体而言，自 1983 年以来，我国税前、税后劳动分配份额均表现出长期下降趋势；1983—1994 年分税制改革前，税前、税后资本分配份额均表现为长期上升趋势，之后上升趋势变缓；无论是劳动要素还是资本要素，税后分配份额一直低于税前分配份额。

在对我国劳动资本分配份额进行核算之余，往往还面临一个规范性判断问题。简言之，就是我国劳动收入份额是否合理，是否相对过低。其关键是价值判断标准的选择。现有研究或秉承平等观念，从劳动者立场出发，认为当前我国劳动收入所占份额过低；或出于经济效率的考量，认为我国劳动收入所占份额过低，这将影响居民收入水平进而影响有效消费，最终抑制经济增长；或从历史经验中寻求依据，据此进行比较。尽管众说纷纭，但我国劳动收入份额偏低是一个一致性论断。

（2）我国劳动资本分配格局的形成原因及内在机理。为提高劳动者所得，保障劳动者合理收益，设计相应调控制度的前提是探索影响我国当前劳动资本分配格局形成的根本原因，系统分析其内在机理，从根源上理解我国劳动资本分配格局问题，以实施针对性政策与举措。关于我国劳动资本分配格局问题，现有研究一般从技术偏向、技术效率、劳动力过剩等方面予以解释。

黄先海与徐圣（2009）引入希克斯（Hicks）要素偏向型技术进步的思想，

推导了劳动收入比重变化率的分解公式，发现劳动收入比重的变化率主要取决于乘数效应大小、资本深化速度及劳动（资本）节约型技术进步程度三个因素。该项研究利用动态最小二乘法估算了我国劳动密集型和资本密集型部门的劳动力边际产出弹性，并对这两类部门 1990—2006 年劳动收入比重变化进行了分解。研究发现：资本深化能提高劳动收入比重，但大于 0 且小于 1 的乘数效应缩小了其对劳动收入比重的正向拉动作用，而劳动节约型技术进步则是两类部门劳动收入比重下降的最主要原因。

伍山林（2011）根据我国制度环境构建了一个包含劳动力异质性和企业异质性的模型，考察了劳动收入份额微观决定机制。其研究表明：工资率、生产技术和税负对劳动收入份额的影响方向具有多样性；垄断和改制降低了劳动收入份额，劳动者参与利润分享一般可提高劳动收入份额。

陈宇峰、贵斌威与陈启清（2013）构建了一个综合考虑技术偏向、垄断利润、劳动力过剩供给等因素的生产决策模型，考察了转型期我国劳动收入份额的影响和决定机制。其研究表明：就单个产业而言，垄断利润率是影响劳动收入份额短期波动的主要原因，而技术偏向性是决定劳动收入份额长期运行水平的关键因素。技术偏向降低了劳动的相对需求。

吴晗、杨飞与程瑶（2014）在介绍劳动报酬份额理论基础上，系统总结了我国劳动报酬份额下降的影响因素，主要包括劳动报酬份额的度量和资本深化、资本偏向性技术进步、开放经济、市场经济制度和税收制度。

李博文与孙树强（2014）利用替代弹性不变的生产函数，分析了 1995—2005 年我国劳动收入份额下降的原因。他们认为，考虑到资本-劳动替代弹性小于 1，我国资本增进型技术是劳动偏向的，劳动增进型技术则是资本偏向的。自 1995 年以来，我国劳动增进型技术有显著进步，而资本增进型技术有下降趋势，这是导致我国劳动收入份额下降的重要原因。

王宋涛与温思美（2015）认为一个经济体不同区域的人均资本拥有量不同，这种资源误配置将导致不同区域存在不同的边际生产率，从而对劳动收入份额产生影响，即"人均资本基尼系数"将影响收入分配状况。

本书认为，劳动收入份额是否过低，应有其合理的评价标准，不能纯粹借用国外特别是市场经济国家发展经验予以判断。考虑到研究经济学的主要目的是优化资源配置与利用,且我国当前的首要任务仍为发展经济,因此,劳动收入份额的规范性评价仍应该坚持以宏观经济生产效率为准绳。

下面试图说明:合理的劳动与资本所得份额主要决定于劳动与资本相对投入量、生产技术状况以及要素市场相对价格。设满足规模报酬不变条件且一阶可导的凹性总量生产函数为

$$Y = AF(L, K) \qquad (1.1)$$

其中:Y为产出,L与K分别为劳动力与资本投入量,而A为产出效率。

在竞争市场条件下,根据生产者均衡条件,劳动力与资本的边际报酬应与其各自市场价格存在如下关系:

$$w = AF_L(L, K), \quad r = AF_K(L, K) \qquad (1.2)$$

其中:w与r分别为以产品度量的劳动力与资本的价格水平,而F_L与F_K分别为劳动力与资本的边际产出。必须注意,厂商往往根据式(1.2)考虑生产要素的市场需求。显然,产出效率会影响生产要素的具体需求。另外,需要指出的是,在市场失灵的情况下,要素价格未必反映其真实价值,从而根据式(1.2)估计要素的影子价格。同样,大家必须承认生产要素影子价格与产出效率线性相关,下面在估计生产要素影子价格时一直遵从这一结论,不妨在此先行提及。劳动力与资本生产要素各自所占份额的均衡值应为

$$\alpha = \frac{LF_L(L, K)}{F}, \quad \beta = \frac{KF_K(L, K)}{F} \qquad (1.3)$$

根据规模报酬不变性,显然有$\alpha + \beta = 1$。就式(1.3)来看,不论是劳动力还是资本所得,要素收入份额均衡值都与生产技术状况及投入产出向量$(L, K, Y)^T$的具体取值有关。要素收入份额的均衡水平无疑会影响实际要素收入份额状况,甚至是其长期意义下的决定因素。因此,在给定要素投入的情况下,实际劳动所得份额主要受生产状况与市场状况的影响,具体而言,主要决定于生产技术、生产效率与生产要素市场价格。

不难看出,现有研究所探讨的劳动报酬份额影响因素事实上即影响劳动、资本供求状况的相关因素,其内在机理无外乎市场与政府干预两方面机制,这两方面机制最终会影响劳动力与资本投入量及要素相对市场价格。事实上,劳动报酬

份额必定与单位劳动力价格相关，必然受到生产要素供求状况的影响。

而从实证分析的角度来看，首先需要估计生产函数$F(L,K)$的具体形式，这往往受限于前提的具体设定。进而需要对投入与产出状况进行绩效评价，这又与绩效评价标准、评价方法相关。

本书考虑采用非参数方法界定生产技术，评价投入与产出相应效率状况，并以 DEA 实证生产可能集描述可能的投入、产出组合。本书在此基础上，对劳动、资本所得份额进行了合理估算，进而对我国劳动资本分配格局做出价值判断。其中涉及一个与效率评价相关的技术难题，这也是宏观经济学与微观经济学的分水岭所在。经济系统关于劳动力投入量的价值取向总存在冲突。就厂商这一微观层面而言，劳动力是一种要素投入，是生产成本的组成部分。出于利润导向，厂商总是规避成本、提高收益，换言之，劳动力投入量对于厂商而言是一种规避型数据。毕竟，从市场出发，寻求更为廉价、更具使用价值的要素投入，是厂商潜意识的选择。而从宏观层面来看，降低失业率，实现充分就业是确保经济持续平稳发展的基本要求，也就是说，宏观经济重视资源利用问题，对劳动力投入量的观点迥异于微观层面。而且，宏观层面关于劳动力投入量的观点具有可变性，取决于失业现象的严重程度。考虑及此，在就宏观经济生产效率进行具体评价时，现有的主流绩效评价方法可能无能为力，由此引出数据三分类绩效评价问题。

1.1.2 数据三分类绩效评价的 DEA 方法

1978 年，Charnes 等提出一种非参数的相对有效性测度方法，即 DEA 方法，用以测评非营利性单位的绩效状况。近 50 年过去了，DEA 理论、方法与应用研究仍长盛不衰。就某种意义而言，DEA 理论与方法的研究进展与指标分类方法之演变很有关联。

早期 DEA 模型都是基于数据双分法的，即在两种不同分类依据下，分别将评价所涉及的数据划分为两类，如图 1-2 所示。传统 DEA 模型都是基于数据双分类的。若将两种分类依据相结合，则数据可进一步划分为四类，从而出现了非期望要素与非期望产出等概念，它们在绿色发展、生态经济与低碳经济评价中有着大量应用。

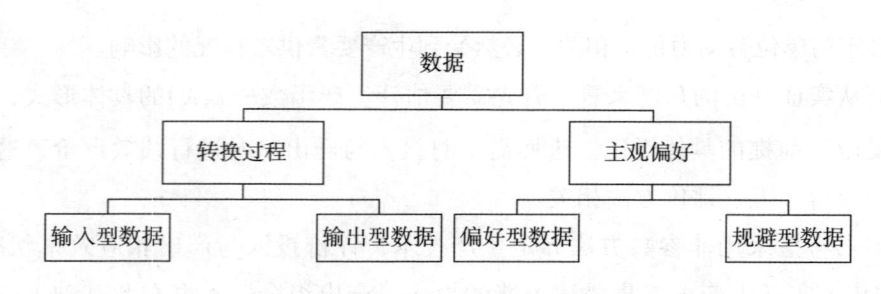

```
                    ┌──────┐
                    │ 数据 │
                    └──┬───┘
            ┌──────────┴──────────┐
        ┌───┴────┐            ┌───┴────┐
        │转换过程│            │主观偏好│
        └───┬────┘            └───┬────┘
         ┌──┴───┐              ┌──┴───┐
    ┌────┴─┐ ┌──┴───┐     ┌────┴─┐ ┌──┴─────┐
    │输入型│ │输出型│     │偏好型│ │规避型  │
    │数据  │ │数据  │     │数据  │ │数据    │
    └──────┘ └──────┘     └──────┘ └────────┘
```

图 1-2　双分法下的数据类型

双分法在大多数情况下是适用的，但是也存在例外，这种例外也日益引起学者的极大兴趣，由此引出数据三分类绩效评价问题，三分法下的数据类型如图 1-3 所示。

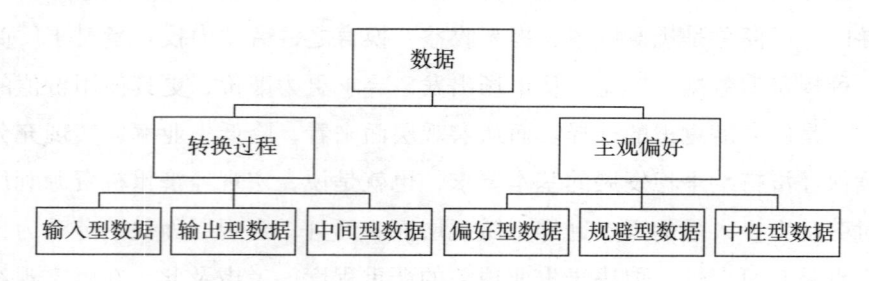

```
                    ┌──────┐
                    │ 数据 │
                    └──┬───┘
            ┌──────────┴──────────┐
        ┌───┴────┐            ┌───┴────┐
        │转换过程│            │主观偏好│
        └───┬────┘            └───┬────┘
   ┌────────┼────────┐   ┌────────┼────────┐
┌──┴───┐┌──┴───┐┌────┴─┐┌┴─────┐┌─┴────┐┌──┴───┐
│输入型││输出型││中间型││偏好型││规避型││中性型│
│数据  ││数据  ││数据  ││数据  ││数据  ││数据  │
└──────┘└──────┘└──────┘└──────┘└──────┘└──────┘
```

图 1-3　三分法下的数据类型

之所以存在数据三分类绩效评价问题，主要是因为考虑到如下两方面：

（1）系统内部结构可能影响效率。早期 DEA 模型视 DEA 实证生产可能集为一黑箱，在较为一般性的假设条件下，DEA 实证生产可能集表征输入到输出之间的转换，其内部结构不被重视。但逐渐地，DEA 实证生产可能集内部结构对 DEA 效率的影响受到关注，形成动态 DEA 方法与网络 DEA 方法。这一崭新领域的相关理论、方法与应用的研究已较为成熟，Kao（2009）及 Chen（2009）等的研究工作都具有一定的代表性。

（2）在某些特殊系统中，评价者的偏好不那么明确或一致，简单对数据做偏好或规避分类显得武断，由此引出基于主观偏好的数据三分类绩效评价问题。事实上，基于主观偏好的商品三分类早已存在，甚至在经济学教程中也有提及（Hirshleifer et al., 2005）。关于数据的三分法，Womer 等（2006）做过相关研究，Wei 等（2004）在评价可能出现拥挤现象系统的绩效时采用了较模糊的处理方法，但是他们都没有明确提出数据分类，这尚缺乏系统性研究。

基于主观偏好的数据三分类及在此基础上所确立的效率评价模型更具一般性，有着广泛的应用前景，数据三分类效率评价模型在理论、方法、算法及应用方面都具有研究必要性。2011 年，马赞甫与刘妍珺提出了数据三分类绩效评价概念，构建了数据三分类绩效评价标准及相应的 DEA 绩效评价模型，并建议采用数据三分类 DEA 绩效评价模型测评宏观经济生产效率。马赞甫与刘妍珺所确立的数据三分类绩效评价标准与评价模型均忽略了中性型数据属性变化对生产绩效的影响。事实上，中性型数据属性可能会受到指标值变化的影响，当指标值发生变化时，数据属性可能发生相应变化，确切地说，会变化为偏好型或规避型数据，最终的评价对象事实上仍可表示为双分类指标形式，唯双分类意义下的指标结构有所调整而已。另外，其研究在实证分析部分存在明显片面性，简单以固定资本形成总额表征我国资本存量水平，会导致结果不准确。

1.2 研究目标与研究内容

1.2.1 研究目标

本书试图在数据三分类的方法论基础上研究资源配置与利用、绩效评价理论与方法，考察基于有效性的生产要素影子价格估计问题，以此为依据就当前我国要素市场有效性、劳动资本分配格局合理性做出规范性判断，并探究劳动资本分配格局的形成原因，提出相应的对策与建议。

本书拟重点解决如下三个具体问题：

（1）我国劳动资本分配格局的现状如何，劳动收入份额是否合理，其判断标准是什么？现有研究可能注意到我国劳动收入份额的下降趋势，但是因缺乏相应的价值性判断标准，劳动收入份额是否偏低或是否合理，需要定量、定性相结合进行分析。

（2）导致我国当前劳动资本分配格局的主要原因是什么，其内在机理如何？现有研究在不同视角下考察了我国劳动资本分配格局的形成原因与内在机理，本书则主要考虑生产要素特别是劳动力资源禀赋、总量生产技术特征、宏观调控因素等对劳动资本分配格局的影响，着重分析劳动资本分配格局背离其均衡状态的原因。

（3）如何着手改善我国劳动资本分配格局，政府宏观调控的侧重点是什么？本书既然采用了不同的价值判断标准，并基于此考察了劳动资本分配格局相关影响因素与形成机理，与此相联系，对策与建议应当区别于现有研究。

1.2.2 研究内容

考虑到上述研究目标及拟解决的主要问题，本书包括如下三项研究内容：

（1）关于数据三分类 DEA 模型的研究。主要考察基于数据三分类的绩效评价模型构造问题，包括数据三分类及其普遍适用性分析、数据三分类基础上的有效性评价标准与评价模型设计、数据三分类基础上的 DEA 实证生产可能集构造，以及数据三分类模型与双分类模型之间的关系等主要内容。

（2）基于数据三分类 DEA 模型的影子价格估计方法。从长期来看，实际要素收入分配必然受到均衡要素收入分配的决定性影响，为核算均衡要素收入分配额，必须对生产要素影子价格进行合理估计。数据三分类假设下的总量生产技术与数据双分类假设下的总量生产技术有明显区别，与技术水平、效率水平对应的生产要素影子价格也必然有所不同。因此，有必要从劳动力中性属性出发，采用数据三分类 DEA 实证生产可能集界定我国总量生产技术状况，对劳动力与资本影子价格做出合理估计。

（3）数据三分类模型的应用研究。采用上述 DEA 有效性测度理论、影子价格估计方法对我国劳动资本分配格局进行分析。具体而言，在以数据三分类 DEA 实证生产可能集界定我国总量生产技术基础上，采用相应的绩效评价模型测评宏观经济生产绩效，并借助基于数据三分类 DEA 模型的影子价格估计方法确定生产要素影子价格，以合理核算我国要素均衡收入份额，进而评价我国当前要素市场、劳动资本分配格局的合理性。

在此基础上，构造资本－劳动要素替代倾向指标，并合理核算指标值，以此为依据分析我国要素投入现状的形成。进一步地，采用均衡要素收入份额与要素替代倾向分别从静态与动态层面解释我国劳动资本分配格局的形成。

1.3 研究思路与研究方法

我国劳动资本分配格局的合理性主要表现在资源配置的有效性及资源利用的有效性两方面，有效性测度显然与经济系统所涉及数据的分类有关，不可回避要素投入特别是劳动力要素投入的中性属性特征。因此，联系数据三分类的经济运行有效性测度是本书研究的基本目标。本书研究的基本思路：首先，构造基于数据三分类的 DEA 效率评价模型；其次，采用数据三分类 DEA 模型估计影子价格；最后，利用研究成果，结合我国宏观经济实际，对我国当前劳动资本分配格局形成的机理进行实证分析，如图 1-4 所示。

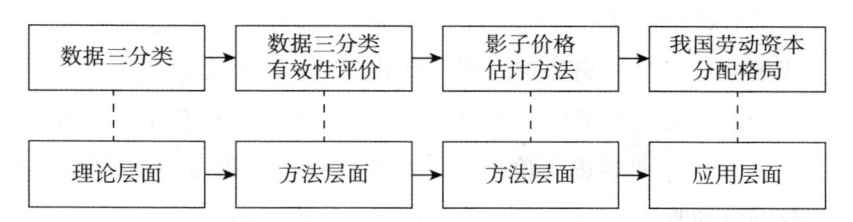

图 1-4 研究基本思路

本书所采用的主要研究方法是经济数学方法，即以数理经济学方法推导演绎基本结论，以数理统计学方法进行宏观经济数据搜集与处理，以计量经济学方法进行实证分析。特别地，本书将采用非参数的评价相对有效性的 DEA 方法考察劳动资本分配格局的有效性，并估计合理的劳动力、资本影子价格及要素收入份额。

1.4 基本观点

从上一节研究思路来看，本书的基本观点主要包括以下四方面：

（1）就多指标评价问题而言，对数据进行偏好型、规避型与中性型的三分类划分不仅更具理论一般性，也更具现实合理性。而且，中性型数据属性可能取决于指标值，因指标值的变化而发生变化，由量变引发质变，最终转化为偏好型或规避型数据。

（2）就我国宏观经济而言，劳动力生产要素市场已经历了供给显著过剩阶段向相对过剩阶段甚至局部短缺阶段的转变，作为宏观经济生产主要要素投入的劳动力数据具有明显的中性属性，相应的宏观经济生产绩效评价问题从属于数据三分类绩效评价问题。

（3）我国劳动收入份额是否确实过低的规范性判断必须基于一个符合我国国情且反映我国经济增长实际的参照标准，可考虑从我国总量生产技术的合理界定出发，估算生产要素影子价格，以此为依据核算我国均衡要素收入份额，将其作为我国劳动收入份额规范性判断的一个参照标准。

（4）劳动资本分配格局相关影响因素可归结为静态因素与动态因素两类。其中，静态因素可解释或决定要素收入份额的均衡水平，主要包括生产技术、生产效率及要素投入现状；而动态因素则可解释或决定要素收入份额对其均衡水平的偏离程度，主要是要素市场的有效性，可用资本－劳动要素替代倾向指标值予以表征。

1.5 研究创新点

本书探索性地研究了数据三分类情况下的相对有效性评价问题，具体考察了数据三分类下的绩效评价标准、绩效评价方法及具体算法，在数据三分类假设下以数据三分类绩效评价方法研究了我国劳动资本分配格局问题，对我国要素市场与劳动资本分配格局现状进行了较为合理的规范性判断，并分别采用均衡要素收入比指标、资本－劳动要素替代倾向指标系统表征了我国劳动资本分配格局的静态与动态影响因素，在要素替代倾向滞后效应假设下，充分解释了我国劳动资本分配格局的形成机理。综上所述，本书的研究创新点表现在以下三方面：

（1）本书在理论层面具有创新性。本书从评价者主观偏好出发，对评价指标进行三分类划分，以影子价格符号区分指标属性，采用影子价格对多指标进行系统整合，为相对有效性评价建构了更具一般性的理论分析框架。

事实上，人的欲望无穷，而可用资源有限，这一矛盾是经济学研究的基本出发点。人们总是试图以有限的资源去谋求尽可能多的欲望实现，希望资源与欲望之间的对应关系满足某种意义下的有效性。为此，本书首先需要确立的是绩效判断标准。绩效判断标准必然涉及人类的价值判断，未必具有一致性，三分类绩效评价问题具有理论层面与现实层面的一般性。

在三分类假设下，评价指标总是被划分为偏好型、规避型与中性型三类，并表现出明显的数量相关性，指标数据的变化往往引起指标属性的变化。在指标三分类基础上，本书采用影子价格具体表征指标属性并对指标进行系统整合，最终完成三分类假设下绩效评价分析框架的整体建构。

（2）针对评价指标的三分类划分，本书在数据三分类 DEA 效率评价标准、模型、算法设置方面具有创新性。在数据三分类假设下，本书对决策单元形式进行了调整，基于平凡性、凸性、规模报酬不变性、偏好型指标输出无效性、规避型指标输入无效性、最小性等公理构造了数据三分类 DEA 实证生产可能集，并采用相应绩效评价模型测评了相对有效性，进而提出了数据三分类模型的自适应算法。

（3）本书在应用方面具有创新性。有别于参数方法，本书首次以非参数的 DEA 方法对劳动资本分配关系进行了实证分析。本书分别采用数据双分类 DEA 模型、数据双分类不变替代弹性（Constant Elasticity of Substitution, CES）模型、数据三分类 DEA 模型反映我国 1978—2022 年宏观经济生产状况，测评不同标准下的宏观经济生产绩效，并据此估计生产要素影子价格、均衡劳动资本收入比等宏观经济指标。实证分析表明：在整体效果方面，数据三分类

DEA 模型所测评的宏观经济生产效率、生产要素影子价格、劳资收入均衡状况等均较数据双分类 DEA 模型与数据双分类 CES 模型更优。

采用数据三分类绩效评价模型，有助于构建并估计一个能反映我国生产要素市场效率及劳动资本收入分配状况合理性的宏观经济指标，即资本-劳动要素替代倾向指标ξ_{KL}，其核算公式是

$$\xi_{KL} = \frac{w}{r}\frac{F_K(L,K)}{F_L(L,K)} = \frac{wL}{rK}\frac{F_K(L,K)K}{F_L(L,K)L} \quad (1.4)$$

由式（1.4）不难看出，ξ_{KL}不仅表征了资本要素替代劳动要素的现实可能性，也度量了实际劳动资本收入比对均衡劳动资本收入比的偏离。在具体估计时，对式（1.4）取对数即得到如式（1.5）所示的资本-劳动要素替代倾向指标ξ_{KL}的核算、决定模型：

$$\ln\xi_{KL} = \ln\left(\frac{wL}{rK}\right) - \ln\left[\frac{F_L(L,K)L}{F_K(L,K)K}\right] \quad (1.5)$$

资本-劳动要素替代倾向指标ξ_{KL}在本研究中具有关键性作用。该指标不仅用以反映生产要素市场整体有效性，表征劳动收入份额的合理性，还用以解释我国人均资本的加速积累及我国劳动收入的下降趋势。在集中静态与动态相关因素效应的基础上，本书构建了系统反映实际劳动资本收入比、均衡劳动资本收入比及资本-劳动要素替代倾向三者关系的劳动资本收入比决定模型，充分解释了我国劳动资本分配格局的形成机理，这种解释具有较高的统计显著性。

第 2 章　评价指标的属性分类及其表征

现实评价问题大多为多指标评价问题，评价者偏好赋予了各类指标不同属性。传统双分法将评价指标划分为规避型与偏好型，本研究则更具一般性，关注指标的三分类问题，将不同指标区分为规避型、偏好型以及不确定的中性型三种类型。本书发现指标属性或因其取值不同而具有可变性，甚至视边际效用递减、规模报酬递减等为经济学中的规律性现象。本研究主要关注因指标取值不同而引起的指标属性变化问题，因此，指标属性有时也称为数据属性。

多指标评价问题的关键是指标综合，指标属性划分将具体影响指标综合过程与指标综合结果。指标综合的方法较多，较为常见的是对指标赋权求和。指标权重的符号与评价者偏好相一致，而指标权重绝对值的大小则反映了评价者对不同指标的偏好或规避程度。本书认为，恰当的评价指标权重反映了指标之间的相对重要性，具有影子价格意义。基于此，定量评价中的指标属性在很大程度上可由其影子价格表征，其中，影子价格的符号表征了指标类型，符号变化则反映了指标属性的不确定性，而其大小则表明了指标的相对重要性。

本研究试图采用生产要素影子价格对生产要素投入指标特别是劳动力投入指标进行表征。本章首先尝试采用单目标的非线性规划方法确定生产要素影子价格，这种影子价格具有可变性，切实地反映了微观经济环境下要素使用价值甚至要素数据属性的变化。同样地，本书也试图采用多目标规划方法确定生产要素影子价格，这种影子价格可反映帕累托（Pareto）有效状态下不同决策目标之间的替代关系，本书旨在反映宏观经济环境下经济增长目标与充分就业目标之间的关系。本书的基本认识是，单一指标的数据属性与影子价格可根据单目标规划问题予以确认；而涉及多个指标的数据属性与影子价格更为复杂，宜采用多目标规划问题进行分析。

2.1 指标属性分类

评价有状态评价与过程评价之分。其中，状态评价仅就对象所处的某个状态进行综合测评，是静态视角下的评价，以评优评奖为代表。过程评价则不同，从动态视角，关注对象具体变化过程，重视指标之间的因果关系，权衡该过程中发生的全部成本与收益。毫无疑问，相较状态评价而言，过程评价更为复杂而系统。本研究所考察的评价问题主要是过程评价问题。

当然，评价还有定量评价与定性评价之别，无须细表。定量评价以对象多指标量化为前提。若将评价对象具体量化为多指标形式，评价的价值取向将赋予各表征指标不同的属性特征，这就是所谓的指标属性问题。在常见的定量评价问题中，指标往往是双分类的，或为成本或为收益，前者被评价者规避，后者则受评价者偏好。本研究更具一般性，容许了定量评价中指标属性的可变性，将指标的双分类属性扩充至三分类属性。具体而言，经量化处理后，评价对象最终被表示为多指标形式，其中或含有规避型指标、偏好型指标与中性型指标。当然，指标还可以根据其发生的时间先后进行划分，同样可赋予三分类特征。不难看出，此时的数据三分类具有动态意义，与过程评价相对应。显然，两种不同准则下的分类还可以交互进行，以赋予指标更多的属性类型。

常用的定量评价方法都是基于数据双分类的，通过对评价对象的投入与产出、偏好与规避两类数据的权衡，以恰当方法给出评价对象的综合测评值。但是某些特殊绩效评价问题要求更具一般性的数据分类方式。

数据类型依赖具体的划分依据。就一般评价方法而言，根据转换过程（评价对象的动态特征）或评价者偏好（评价者的价值取向），评价所涉及的所有数据可分别划分为两大类型。

（1）输入（投入）与输出（产出），表征数据的转换过程。此类划分注重数据类型的转换，是一种动态意义上的划分，具有实证客观性。

第2章 评价指标的属性分类及其表征

（2）偏好与规避，表示评价者的主观偏好。一般而言，偏好型或规避型数据是与系统的收益或成本相对应的。此类划分是静态意义上的一种划分，依托评价者感受，带有强烈的规范性与主观性含义。

双分法在大多数情况下是适用的，但是也存在例外，这种例外也日益引起学者的极大兴趣，由此引出数据三分类评价问题：

（1）结构问题。比如，即便具有相同类型与相同数量的要素投入，不同经济体的 GDP 却截然不同，产业结构可能会影响宏观经济系统的运行绩效。

（2）在某些特殊系统中，评价者的偏好不那么明确或一致，简单对数据做偏好或规避分类显得武断。本书定义这种偏好不确定类型的数据为中性型数据。

在前述两类划分依据下，相关评估数据有三种类型。基于评价者偏好三分类的评价模型具有广阔的应用前景。厂商投入生产要素未必总是获得正的产出，其结果与投入量有关。确切而言，对于短期生产，可采用数据三分类评价模型区分生产阶段，确定合适的生产要素投入区间，而从长期来看，这种模型还可用以估计企业生产的最佳规模。或者说，基于偏好的数据三分类遵循了经济学一般性的边际报酬递减规律与规模报酬递减规律。

比如，数据三分类评价模型可在一定程度上解释劳动属性变化对劳动资本分配格局的影响。对于一个处于危机中的经济，降低能耗是评价者的一个价值取向，评价者应该尽可能降低劳动力投入。另外，充分就业也是评价者的一个价值取向，就业量可视为一种偏好型数据。事实上，就业率是大多数政府关心的主要宏观经济指标之一。根据项目研究目的，下面本书将对这一问题进行更为深入的分析。

又如，药物的治疗效果。在临床实践中，对患者进行药物治疗特别需要关注药物使用量，即便某种药物非常适合患者，但药物使用量影响治疗效果，且这种效果具有正反作用变化的可能性。

再如，风险之于保险公司。风险的现实存在性是保险公司存在的理由，对风险索赔的受理无形中给保险公司带来了广告效应，正是由于替顾客承担、分摊了各类风险，保险公司才获得了收益。因此，从根本上来说，风险的现实存在性是保险公司收益的最终来源。但没有任何一家保险公司不考虑风险控制问题，将风险控制在可控制的幅度之内是保险公司绩效管理的主要工作，也是其持续存在的基本条件，其间无疑涉及数据三分类问题。

2.2 指标属性与影子价格

现实定量评价问题一般为多指标评价问题，在具体评价时往往涉及对多个指标进行综合，其常见的处理方式是就多个指标赋权。将多指标评价问题转换为单指标评价问题，核心环节是多指标的合理细分与指标权重的恰当设置。指标的细分一般与评价者主观偏好有关，具体表现在权重符号的区别上；恰当的指标权重应能切实反映指标之间的相对重要程度，明显具有影子价格意义。本节拟从指标属性与影子价格之间的关系出发探讨这一问题。

2.2.1 影子价格

影子价格，又称会计价格、有效价格、估算价格或隐含价格等，别名众多[①]。影子价格概念的提出，或因为市场缺乏，或源于市场失灵。经济学家相信，有效率的经济即便不能完全实现，仍然是一种可以接近的理想。不少思想积极的经济学家建议：在市场配置资源的基础上，辅之以某种人为设计的政策工具，引导资源步入帕累托配置，影子价格为其中之一。

影子价格是为了消除价格扭曲对经济行为决策的影响，合理度量资源、货物与服务的经济价值而测定的，比财务价格更为合理的虚拟价格。所谓的合理，从定价原则看，影子价格应能更好地反映产品的价值，反映市场供求情况，反映资源稀缺程度；从价格产生的效果来看，应能使资源配置向优化方向发展[②]。影子价格是对真实价值的一种非市场度量。但采用什么作为真实价值的标准，则不一而足。以此为出发点，影子价格不同的定义方式及相应的确定办法出现了。

---

① 库普曼.关于经济学现状的三篇论文[M].蔡江南,译.北京：商务印书馆，1992：97.
② 国家发展改革委,建设部.建设项目经济评价方法与参数[M].3版.北京:中国计划出版社，2006.

苏联数学家、数理经济学家 Kantorovich（1960）最早从机会成本的角度提出其影子价格思想。受所处计划经济环境的影响，Kantorovich 寄希望于中央调控机构，以计划方式实现资源的最优配置。

与计划方式相反，西方经济学家主要是从市场模拟角度定义影子价格的。其中，以 Tinbergen（1955，1958）与 Chenery（1955，1958）等经济学家的工作为典型，他们引入并发展了会计价格理论。之后，众多的会计价格估算理论与方法出现了。现在通用的影子价格操作方法基本上在他们工作的基础上发展起来的。

上述两种定义方式侧重影子定价过程与方法，另有着眼于资源配置效果的有效价格定义。Koopmans（1951）从影子价格对资源配置的帕累托效果出发，在一般均衡框架下分析影子价格，有着广泛的影响。

事实上，一方面，不论采用何种影子价格核算方法，优化资源配置与利用都是其最终目的，能否支撑资源配置与利用的有效性，是判断影子价格是否合理的基本准则。另一方面，在存在多个目标的情况下，边际收益、边际报酬等生产过程概念往往难以反映资源的真实价值。基于上述考虑，在使用影子价格方法测评宏观经济生产系统有效性时，人们试图从帕累托效率层面即多目标意义下的有效性角度确定生产要素影子价格。

与影子价格不同的定义方式相伴随，影子价格的计算方法也互有差异。比较常见的方法有试错法、可比价格法、投入产出法、线性规划法、凸规划法等[1]。

总体而言，影子价格的计算方法日趋多样化，以适应日益复杂的经济环境。后面本书将着重考察采用一类特殊的线性规划模型即 DEA 模型测评生产要素影子价格，其理论依据是影子价格对宏观经济生产相对有效性的支撑[2]。

2.2.2 非线性规划与影子价格

计算价格是一类特殊的影子价格，通过构建恰当的数学模型衡量资源的真实价值。计算价格决定于不同的计算方法，其中线性规划尤为常见。经典的线

---

[1] 具体可参见马赞甫（2007）的相关论述。
[2] 关于影子价格的定义，马赞甫（2007）曾有针对性研究，此处参考了其相关论述。

性规划教程都会系统介绍采用对偶问题确定影子价格的具体方法。借助非线性规划问题的卡罗需—库恩—塔克（Karush-Kuhn-Tucker, KKT）条件，线性规划问题的对偶问题与对偶定理可以得到新的阐释。因此，此处仅考察影子价格的非线性规划计算方法。而关于线性规划的影子价格确定模型，将在后面另行阐述，本节只考虑 DEA 影子价格估计方法。

对非线性规划问题的广义拉格朗日（Lagrange）乘子赋予影子价格，初始文献已不可考，但是这种解释已被写入经济数学教程，迪克西特（2013）、魏权龄（2010）在其教程中均有论述。另外，Horst（1984）还考察了特殊的非线性规划即凸规划所对应的影子价格确定问题。

不论是最大化问题还是最小化问题，也不论是等式约束问题还是不等式约束问题，非线性规划问题总具有式（2.1）所示的一般形式：

$$\begin{cases} \max \quad f(\boldsymbol{x}) \\ \text{s.t.} \quad g_i(\boldsymbol{x}) \leqslant \boldsymbol{0}, i=1,2,\cdots,m \end{cases} \quad (2.1)$$

其中：决策变量 $\boldsymbol{x}=(x_1,x_2,\cdots,x_n)^T \in \mathbf{R}^n$，目标函数 $f(\boldsymbol{x})$ 与约束函数 $g_i(\boldsymbol{x})$ $(i=1,2,\cdots,m)$ 中至少有一个为非线性函数。若目标函数与约束函数都为线性函数，则问题为线性规划问题，本节看成一类特殊的非线性规划问题。

就式（2.1）而言，如果约束条件都为等式约束形式，那么它对应如式（2.2）所示的等式约束非线性规划问题：

$$\begin{cases} \max \quad f(\boldsymbol{x}) \\ \text{s.t.} \quad g_i(\boldsymbol{x})=\boldsymbol{0}, i=1,2,\cdots,m \end{cases} \quad (2.2)$$

对于等式约束的非线性规划问题，其求解一般借助拉格朗日函数与拉格朗日条件。针对式（2.2）的 m 个约束条件引入一个 m 维的拉格朗日乘子向量 $\boldsymbol{\lambda}=(\lambda_1,\lambda_2,\cdots,\lambda_m)^T \in \mathbf{R}^m$，构造如式（2.3）所示的拉格朗日函数：

$$\ell(\boldsymbol{x},\boldsymbol{\lambda})=f(\boldsymbol{x})-\sum_{i=1}^{m}\lambda_i g_i(\boldsymbol{x}) \quad (2.3)$$

若式（2.2）所涉及的目标函数与约束函数均一阶可导，对拉格朗日函数的 $m+n$ 个变量分别求偏导数，并赋值为 0，即得到等式约束规划问题式（2.2）的拉格朗日条件，具体表现为方程组（2.4）：

$$\begin{cases} \boldsymbol{f}_x(\boldsymbol{x}) = \sum_{i=1}^{m} \lambda_i \boldsymbol{g}_{ix}(\boldsymbol{x}) \\ g_i(\boldsymbol{x}) = 0, i = 1, 2, \cdots, m \end{cases} \tag{2.4}$$

其中：$\boldsymbol{f}_x(\boldsymbol{x})$ 与 $\boldsymbol{g}_{ix}(\boldsymbol{x})$ 分别为目标函数 $f(\boldsymbol{x})$ 与约束函数 $g_i(\boldsymbol{x})$ 的梯度向量，$i=1,2,\cdots,m$。设方程组（2.4）有解，并记其解为 $(\bar{\boldsymbol{x}}, \bar{\boldsymbol{\lambda}})$。在一定条件下，方程组（2.4）中未知数 $\boldsymbol{x}$ 的解 $\bar{\boldsymbol{x}}$ 即等式约束规划问题式（2.2）的解，此时最优拉格朗日乘子向量 $\bar{\boldsymbol{\lambda}}$ 度量了约束条件的影子价格，详情可参见魏权龄（2010）关于拉格朗日乘子的解释。

必须指出的是，等式约束非线性规划问题是特殊的不等式约束非线性规划问题。因此，非线性规划的一般性分析应该基于不等式约束问题。对于不等式约束问题式（2.1），其求解一般借助 KKT 条件。引入一个 m 维广义拉格朗日乘子 $\boldsymbol{u} = (u_1, u_2, \cdots, u_m)^{\mathrm{T}} \in \mathbf{R}^m$，构建如式（2.5）所示的广义拉格朗日函数：

$$\ell(\boldsymbol{x}, \boldsymbol{u}) = f(\boldsymbol{x}) - \sum_{i=1}^{m} u_i g_i(\boldsymbol{x}) \tag{2.5}$$

当问题为凸规划问题时，其 KKT 条件事实上是问题最优解的充分必要条件。不失一般性，非线性规划问题的 KKT 条件可分解为梯度条件、符号条件及互补条件三组条件。

（1）梯度条件。目标函数梯度可以表示为各约束函数梯度的线性组合，即

$$\boldsymbol{f}_x(\boldsymbol{x}) = \sum_{i=1}^{m} u_i \boldsymbol{g}_{ix}(\boldsymbol{x})$$

（2）符号条件。广义拉格朗日乘子非负，而约束函数取值非正，即

$$u_i \geq 0, i = 1, 2, \cdots, m$$
$$g_i(\boldsymbol{x}) \leq 0, i = 1, 2, \cdots, m$$

（3）互补条件。约束函数与相应广义拉格朗日乘子之积为 0，即

$$u_i g_i(\boldsymbol{x}) = 0, i = 1, 2, \cdots, m$$

在非线性规划问题存在解，且其解满足 KKT 条件的情况下，互补条件再次揭示了等式约束非线性规划问题与不等式约束非线性规划问题之间的联系。事实上，互补条件表明，如果广义拉格朗日乘子的某个分量取值

$\bar{u}_i \geq 0 (i=1,2,\cdots,m)$，那么相应的约束函数取值必然满足 $g_i(\bar{x}) = 0 (i=1,2,\cdots,m)$。换言之，问题的最优解满足等式约束。反之，若约束条件在最优解处的取值 $g_i(\bar{x}) < 0 (i=1,2,\cdots,m)$，则其对应的广义拉格朗日乘子必然满足 $\bar{u}_i = 0 (i=1,2,\cdots,m)$。或者说，该约束条件为软约束，事实上可剔除。

因此，不等式约束规划问题所对应的广义拉格朗日乘子与等式约束规划问题对应的拉格朗日乘子本质上并无不同，其经济学含义是一致的，它们都在边际意义上表征了资源的使用价值，是资源影子价格的一种度量。特别地，若问题的最优解满足 $g_i(\bar{x}) < 0 (i=1,2,\cdots,m)$，则意味着相应资源存在冗余，其影子价格为 $\bar{u}_i = 0 (i=1,2,\cdots,m)$。当然，两者也存在细微的区别，与拉格朗日乘子取值无符号限制不同，广义拉格朗日乘子的取值必须满足非负约束。

需要强调的是，在非线性规划问题中，等式约束或不等式约束事实上反映了评价者不同的价值取向。若价值取向不同，则约束相应的影子价格符号也会有明显区别，这将在本章 2.3 节结合宏观经济生产问题进行剖析。

2.2.3 多目标规划与影子价格

若不同指标之间存在某种因果关系或函数关系，则可以利用单目标规划方法从边际成本或边际报酬角度确定其影子价格。如果指标与指标之间并不存在因果关系或函数关系，就很难利用单目标规划确定影子价格。若所要考察的多个指标都与其他指标存在因果关系，此时可尝试采用多目标规划方法考察指标影子价格。

换言之，现在要考虑的问题是，多目标规划问题的多个目标之间应该如何比较相互之间的重要性，并借助影子价格予以表征。举例来说，经济增长无可避免地带来了环境污染，若视经济增长与环境污染为多目标规划问题的两个目标函数，两者之间的相对重要性应如何表征？这一问题事实上关系到多目标规划问题的求解，本质上即多指标评价问题。

多目标规划问题是一切现实问题的本真。就本书来看，任何现实决策问题都是给定约束条件下的决策问题，而带约束的单目标规划问题本质上仍从属于多目标规划问题，其约束条件本质上即决策目标之一，且相较于其目标函数而言，该目标的优先级更高，必须率先予以满足。多目标规划问题与本书所探讨的多指标评价存在紧密联系，多指标评价可转换为多目标规划问题。因此，探讨多目标规划问题与影子价格之间的关系对于优化多指标定量评价过程与结果都具有重要的现实意义。

因本书研究需要，此处仅研究具有两个目标函数的多目标规划问题，即双目标规划问题。一方面，双目标规划问题更为简单，求解便利；另一方面，经济学分析中相关决策目标与指标往往被划分为成本与收益两大类型，双目标规划具有良好的现实解释力。本节考虑双目标规划问题的一种求解方式，旨在论述如下事实：在多目标规划问题的不同有效解之间，往往存在目标与目标之间的相互替代关系，一个目标的满足必须以牺牲另一个目标为条件。本书试图从数量层面捕捉这种相互替代关系，并采用影子价格量化这种相互替代关系的强弱程度。简而言之，本书试图采用影子价格表征多目标规划问题中不同目标函数之间的相对属性。

考虑如式（2.6）所示的一般形式的双目标规划问题：

$$\begin{cases} \min\limits_{x \in X} \theta_1(\boldsymbol{x}) \\ \min\limits_{x \in X} \theta_2(\boldsymbol{x}) \end{cases} \quad (2.6)$$

假设问题的两个目标函数$\theta_1(\boldsymbol{x})$与$\theta_2(\boldsymbol{x})$都可导。就上述双目标规划问题而言，称$\boldsymbol{x}^p \in X$为其帕累托解，如果不存在$\boldsymbol{x} \in X$，使得

$$\begin{cases} \theta_1(\boldsymbol{x}) \leqslant \theta_1(\boldsymbol{x}^p) \\ \theta_2(\boldsymbol{x}) \leqslant \theta_2(\boldsymbol{x}^p) \end{cases}$$

且其中至少有一个为严格不等式。称$\boldsymbol{x}^\omega \in X$为式（2.6）的弱帕累托解，如果不存在$\boldsymbol{x} \in X$，使得

$$\begin{cases} \theta_1(\boldsymbol{x}) < \theta_1(\boldsymbol{x}^\omega) \\ \theta_2(\boldsymbol{x}) < \theta_2(\boldsymbol{x}^\omega) \end{cases}$$

多目标规划问题的帕累托解与弱帕累托解定义的依据是目标函数值。因此，研究多目标规划问题的像集是确定其帕累托解与弱帕累托解的直接手段。特别地，双目标规划问题的像集不仅易于确定，且具有几何直观性，是求解双目标规划问题的便利工具。式（2.6）的像集定义为

$$F = \{(\theta_1(x), \theta_2(x))\ x \in X\} \tag{2.7}$$

与多目标规划问题的帕累托解与弱帕累托解相对应，其像集中的帕累托点与弱帕累托点可分别定义。称 $(\theta_1^p, \theta_2^p) \in F$ 为像集 F 中的帕累托点，如果不存在 $(\theta_1, \theta_2) \in F$ 使得

$$\begin{cases} \theta_1 \leq \theta_1^p \\ \theta_2 \leq \theta_2^p \end{cases}$$

其中至少存在一个严格不等式。称 $(\theta_1^\omega, \theta_2^\omega) \in F$ 为像集 F 中的弱帕累托点，如果不存在 $(\theta_1, \theta_2) \in F$ 使得

$$\begin{cases} \theta_1 < \theta_1^\omega \\ \theta_2 < \theta_2^\omega \end{cases}$$

显然，如果 $x^p \in X$ 为多目标规划问题的帕累托解，那么其像 $[\theta_1(x^p), \theta_2(x^p)]$ 必为像集 F 中的帕累托点，反之亦然。类似地，如果 $x^\omega \in X$ 为问题的弱帕累托解，那么其像 $[\theta_1(x^\omega), \theta_2(x^\omega)]$ 必为 F 中的弱帕累托点，反之亦然。基于此，下面试图以单目标规划问题确定双目标规划问题像集的基本特征，以达到确定其帕累托解与弱帕累托解之目的。

确定像集的方法较多，一般具有问题针对性。比如，单一决策变量事实上可定义双目标函数之间的一个参数方程，然后采用消除变量方式确定目标函数之间的函数关系。又如，当可行解集为凸集而目标函数为线性函数时，可采用凸组合方式确定像集。针对双目标规划问题，本研究考察其像集的一般性确定方法。

不论变量 x 维度如何，双目标规划问题的像集总是二维空间中的点集。因此，通过探究像集的结构特别是下边界形式可确定双目标规划问题的弱帕累托解。为此，考察如式（2.8）所示的单目标规划问题：

$$\begin{cases} \min\ \theta_2(x) \\ \text{s.t.}\ \theta_1(x) = \theta_1, x \in X \end{cases} \tag{2.8}$$

其中：$\theta_1 \in \{\theta_1(x)\ x \in X\}$。式（2.8）旨在界定双目标规划问题像集的下边界，

Bazaraa 等（2013）据此阐述了拉格朗日对偶问题。考虑到该问题为等式约束问题，按照通常的做法，就 $x \in X$ 构造如下拉格朗日函数：

$$e(\boldsymbol{x},\lambda) = \theta_2(\boldsymbol{x}) + \lambda[\theta_1 - \theta_1(\boldsymbol{x})]$$

问题的一阶条件等价于方程组：

$$\begin{cases} \theta_1(\boldsymbol{x}) = \theta_1 \\ \theta_{2x}(\boldsymbol{x}) = \lambda \boldsymbol{\theta}_{ix}(\boldsymbol{x}) \end{cases}$$

其中：$\boldsymbol{\theta}_{ix}(\boldsymbol{x})$ 为函数 $\theta_i(\boldsymbol{x})$ 的梯度向量，$i=1,2$。针对给定的参数 θ_1，假设存在满足拉格朗日条件的 $\boldsymbol{x}(\theta_1)$ 与 $\lambda(\theta_1)$，其中 $\boldsymbol{x}(\theta_1) \in X$ 为式（2.8）的最优解，此时记相应的目标函数最小值为 $\underline{\theta}_2(\theta_1)$。

下面需要判断单目标规划问题的最优解是否为双目标规划问题的帕累托解。若 $\underline{\theta}_2(\theta_1)$ 在 θ_1 处可导，且 $\lambda(\theta_1) > 0$，则根据包络定理有（Milgrom et al., 2002）

$$\frac{\mathrm{d}\underline{\theta}_2(\theta_1)}{\mathrm{d}\theta_1} = \lambda(\theta_1) > 0$$

即函数 $\underline{\theta}_2(\theta_1)$ 在 θ_1 处单调递增，这表明 $\boldsymbol{x}(\theta_1)$ 并非双目标规划问题的帕累托解。反之，若 $\lambda(\theta_1) < 0$，此时

$$\frac{\mathrm{d}\underline{\theta}_2(\theta_1)}{\mathrm{d}\theta_1} = \lambda(\theta_1) < 0$$

这表明在 $\boldsymbol{x}(\theta_1)$ 的某领域范围内，两目标函数之间存在此消彼长关系，则 $\boldsymbol{x}(\theta_1)$ 为双目标规划问题的局部帕累托解。除此之外，若 $\lambda(\theta_1) = 0$，则暂不能判断 $\boldsymbol{x}(\theta_1)$ 是否为双目标规划问题的弱帕累托解。

综上所述，利用单目标规划问题确定双目标规划问题的解时，本书主要关注如下两点：

（1）给定参数 θ_1 一个可能的取值，函数 $\theta_2(\boldsymbol{x})$ 能否在方程 $\theta_1(\boldsymbol{x}) = \theta_1$ 的解集中取到最小值？若单目标规划问题中目标函数的最优值为负无穷，则 $\theta_1(\boldsymbol{x}) = \theta_1$ 的可行解满足帕累托解的定义，是双目标规划问题的帕累托解。换言之，即便 $\underline{\theta}_2(\theta_1)$ 在 θ_1 处无定义，也不影响求双目标规划问题的帕累托解。

（2）该最小值点是否满足局部弱帕累托性，即相应的拉格朗日乘子符号如何？若乘子为负，则单目标规划问题的解是双目标规划问题的局部弱帕累托解，否则该解并非弱帕累托解。当然，如果目标函数满足凸性，局部弱帕累托解必然是整体弱帕累托解。

进一步地，若对每一个可能的 $\theta_1 \in \{\theta_1(\boldsymbol{x})\ \boldsymbol{x} \in X\}$ 都确定了式（2.8）的值，则可据此绘制最小值函数 $\underline{\theta}_2(\theta_1)$ 的图像，从而不难确定像集中的帕累托点与弱帕累托点，同时可以得到双目标规划问题的帕累托解与弱帕累托解。

单目标规划问题式（2.8）并未完全确定双目标规划问题的像集，仅仅得到其下边界。本书还可以求解如式（2.9）所示的最大化问题以确定像集的上边界：

$$\begin{cases} \max & \theta_2(\boldsymbol{x}) \\ \text{s.t.} & \theta_1(\boldsymbol{x}) = \theta_1, \boldsymbol{x} \in X \end{cases} \quad (2.9)$$

设目标函数存在最优值，并记为 $\bar{\theta}_2(\theta_1)$。于是，在给定目标函数 $\theta_1(\boldsymbol{x})$ 取值 θ_1 的情况下，可以确定目标函数 $\theta_2(\boldsymbol{x})$ 的变动范围，即 $\theta_2 \in [\underline{\theta}_2(\theta_1), \bar{\theta}_2(\theta_1)]$，从而得到双目标规划问题像集的一个大致范围。

综上所述，在确定双目标规划问题的弱帕累托点时，相应单目标规划问题的拉格朗日乘子符号事实上可以表征给定状态下两个目标函数之间是否存在相互替代关系。具体而言，若拉格朗日乘子为正，则两个目标函数之间不存在相互替代关系，或者说，两个目标函数具有相同的数据属性；反之，则两个目标函数之间存在相互替代关系，或者说，两者具有截然不同的数据属性。

进一步地，拉格朗日乘子值具体反映了一个目标函数取值的微量变化对于另一个目标函数最优值的影响，可从边际收益或边际成本角度视前者为后者的影子价格。若拉格朗日乘子为负，则拉格朗日乘子值可解释为边际成本，否则可视为边际收益。

现考虑如下具体的双目标规划问题：

$$\begin{cases} \min_{\boldsymbol{x} \in X} \theta_1(\boldsymbol{x}) = x_1^2 + x_2^2 + x_3^2 \\ \min_{\boldsymbol{x} \in X} \theta_2(\boldsymbol{x}) = -3x_1 + 4x_2 - 2x_3 \end{cases}$$

其中：约束集 $X = [0,1]^3$。

按照前面的思路，并考虑到函数 $\theta_2(\boldsymbol{x})$ 在 X 上的值域为 $[-5,4]$，任取 $\theta_2 \in [-5,4]$，构造如下单目标规划问题：

$$\begin{cases} \min & \theta_1(\boldsymbol{x}) = x_1^2 + x_2^2 + x_3^2 \\ \text{s.t.} & -3x_1 + 4x_2 - 2x_3 = \theta_2 \\ & 0 \leqslant x_1 \leqslant 1 \\ & 0 \leqslant x_2 \leqslant 1 \\ & 0 \leqslant x_3 \leqslant 1 \end{cases}$$

首先，单目标规划问题的内点解为坐标原点，这要求 $\theta_2 = 0$，显然它是原问题的一个弱帕累托解。其次，对任意非 0 的 $\theta_2 \in [-5,4]$，求解上述单目标规划问题都有可能确定原双目标规划问题的一个弱帕累托解，当然，还需要结合等式约束所对应拉格朗日乘子的符号进行判断。比如，若取 $\theta_2 = 1$，单目标规划问题中目标函数的最小值为 $\underline{\theta_1}(\theta_2) = \dfrac{1}{16}$，此时对应于 $-3x_1 + 4x_2 - 2x_3 = 1$ 这一约束条件的拉格朗日乘子 $\lambda = \dfrac{1}{8} > 0$，这表明该点并非帕累托点。反之，若取 $\theta_2 = -1$，此时单目标规划问题中目标函数的最小值为 $\underline{\theta_1}(\theta_2) = \dfrac{1}{13}$，且等式约束对应的拉格朗日乘子为 $\lambda = -\dfrac{2}{13} < 0$，这表明该点为帕累托点。

事实上，本例完全可以借助单目标规划问题界定像集中的帕累托点。凸规划问题的 KKT 条件为最优解的充要条件。就问题的最优解 $\boldsymbol{x} \in [0,1]^3$ 而言，存在广义拉格朗日乘子 $\lambda, \alpha_1, \alpha_1, \alpha_3$ 满足

$$\begin{cases} x_1(2x_1 + 3\lambda + \alpha_1) = 0 \\ x_2(2x_2 - 4\lambda + \alpha_2) = 0 \\ x_3(2x_3 + 2\lambda + \alpha_3) = 0 \\ 2x_1 + 3\lambda + \alpha_1 \geqslant 0 \\ 2x_2 - 4\lambda + \alpha_2 \geqslant 0 \\ 2x_3 + 2\lambda + \alpha_3 \geqslant 0 \end{cases}$$

以及

$$\begin{cases} \alpha_i \geqslant 0, i = 1,2,3 \\ \alpha_i(1 - x_i) = 0, i = 1,2,3 \end{cases}$$

显然，若 $x_2 > 0$，则必有 $2x_2 - 4\lambda + \alpha_2 = 0$，从而 $\lambda = \dfrac{x_2}{2} + \dfrac{\alpha_2}{4} > 0$，于是相继可推出 $x_1 = x_3 = 0$，将 $x_1 = x_3 = 0$ 代入约束条件 $-3x_1 + 4x_2 - 2x_3 = \theta_2$ 求得 $x_2 = \dfrac{\theta_2}{4}$，再根据松弛条件 $\alpha_2(1 - x_2) = 0$，得到 $\alpha_2 = 0, \lambda = \dfrac{\theta_2}{8}$。验证：当 $\theta_2 > 0$ 时，该可行解满足全部的 KKT 条件，是单目标规划问题的最优解，此时最优值函数为 $\underline{\theta}_1(\theta_2) = \dfrac{\theta_2^2}{16}$。

反之，若 $x_2 = 0$，则约束条件 $-3x_1 + 4x_2 - 2x_3 = \theta_2$，仅当 $\theta_2 \leqslant 0$ 时有意义。在这种情况下，根据 $\alpha_2(1 - x_2) = 0$ 知广义拉格朗日乘子 $\alpha_2 = 0$，由 $2x_2 - 4\lambda + \alpha_2 \geqslant 0$ 知 $\lambda \leqslant 0$，从而推出满足 KKT 条件的解为

$$\begin{cases} x_1 = -\dfrac{3\theta_2}{13} \\ x_2 = 0 \\ x_3 = -\dfrac{2\theta_2}{13} \end{cases}$$

此时拉格朗日乘子为 $\lambda = \dfrac{2\theta_2}{13} < 0$，而最优值函数为 $\underline{\theta}_1(\theta_2) = \dfrac{\theta_2^2}{13}$。综上所述，当给定目标函数 $\theta_2(\boldsymbol{x})$ 的取值 $\theta_2 \in [-5, 4]$ 时，目标函数 $\theta_1(\boldsymbol{x})$ 的最小值函数为

$$\underline{\theta}_1(\theta_2) = \begin{cases} \dfrac{\theta_2^2}{13}, \theta_2 \in [-5, 0] \\ \dfrac{\theta_2^2}{16}, \theta_2 \in (0, 4] \end{cases}$$

该最小值函数给出了双目标规划问题像集的下边界，如图 2-1 所示。不难判断，当 $\theta_2 \in (0, 4]$ 时，$\underline{\theta}_1(\theta_2) = \dfrac{\theta_2^2}{16}$ 为单调递增函数，$\left[\underline{\theta}_1(\theta_2), \theta_2\right]$ 并非双目标规划问题像集中的帕累托点；而当 $\theta_2 \in [-5, 0]$ 时，$\underline{\theta}_1(\theta_2) = \dfrac{\theta_2^2}{13}$ 为单调递减函数，$\left[\underline{\theta}_1(\theta_2), \theta_2\right]$ 是双目标规划问题像集中的帕累托点。因此，任意给定目标函数 $\theta_2(\boldsymbol{x})$ 的一个取值 $\theta_2 \in [-5, 0]$，都可以根据目标函数 $\theta_1(\boldsymbol{x})$ 的具体取值 $\underline{\theta}_1(\theta_2)$

在可行解集 $X=[0,1]^3$ 中界定双目标规划问题的相应帕累托有效解。比如，若取 $\theta_2=-4$，则 $\underline{\theta}_1(-4)=\dfrac{16}{13}$，在集合 $X=[0,1]^3$ 中求解方程组：

$$\begin{cases} -4 = -3x_1 + 4x_2 - 2x_3 \\ \dfrac{16}{13} = x_1^2 + x_2^2 + x_3^2 \end{cases}$$

即可得到双目标规划问题的一个帕累托解：

$$\begin{cases} x_1 = \dfrac{12}{13} \\ x_2 = 0 \\ x_3 = \dfrac{8}{13} \end{cases}$$

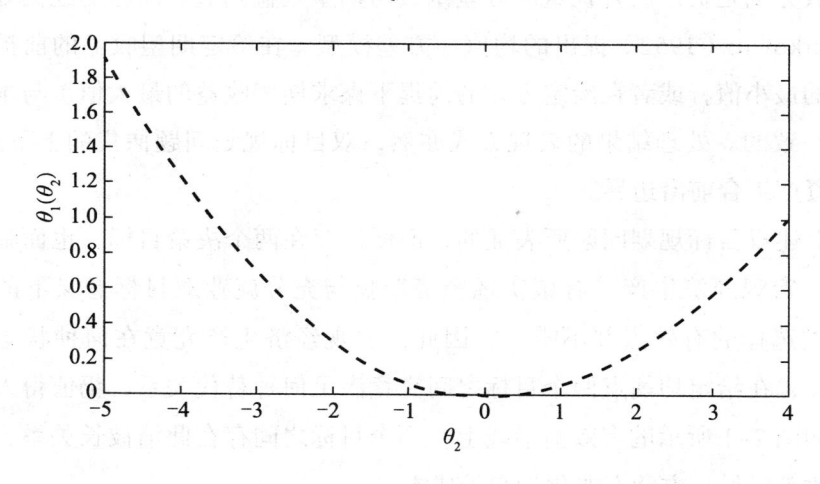

图 2-1 双目标规划问题像集的下边界

不难发现，双目标规划问题的上述帕累托有效解对应了双目标规划问题像集中的帕累托有效点 $\left(\dfrac{16}{13}, -4\right)$，因为拉格朗日乘子为 $-\dfrac{8}{13}$，两目标函数的最优值存在相互替代关系，一个增加则另一个下降，目标函数 $\theta_2(\boldsymbol{x})$ 相当于目标函数 $\theta_1(\boldsymbol{x})$ 的成本，边际成本或影子成本为 $\dfrac{8}{13}$。

经济学不乏价值取向的二维性。经济人总是权衡成本与收益，就生产者而言，产出最大而投入最小；就消费者而言，效用最大而支付最小；就投资者而言，收益最大而风险最小。事实上，经济学研究源于资源的稀缺性，经济决策的核心是优化稀缺资源的配置与利用，其中不乏经典的双目标规划问题，而其处理方式与本研究有高度相关性。比如，微观经济学中生产函数与成本函数的定义。任何生产总涉及投入与产出两类目标，问题的像集表现为生产可能集。具有帕累托特征或弱帕累托特征的生产方式需具备如下条件：在给定投入的情况下，获得最大的产出；在给定产出的情况下，投入成本最小。这两个条件分别定义了生产函数与成本函数，事实上确定了生产可能集的部分边界。显然，这一机理与本研究一致。又比如，金融经济学中资产组合前沿边界的确定事实上等价于双目标规划问题像集的确定，其决策变量为资产组合权重向量，两个目标函数分别是资产组合权重的方差函数与期望收益函数。问题的经典处理方式即 Markowitz（1952）提出的均值—方差模型（在给定期望收益的前提下考察方差的最小值，或者在给定方差的前提下谋求期望收益的最大值）与本研究是完全一致的。处理结果的表现方式亦然，双目标规划问题像集的上下边界，也就是资产组合前沿边界。

如上述双目标规划问题所表征的，即便仅存在两个决策目标，也面临抉择之难题。宏观经济生产或有望实现经济增长与充分就业双目标意义下的有效性，可供选择的有效点并不唯一，因此，宏观经济生产究竟在何种状态下实现其均衡，在给定均衡点两个目标之间究竟满足何种替代关系，仍值得人们关注。在如图 2-1 所示的有效前沿线上，两个目标之间存在此消彼长关系，一方状况的改善以另一方状态恶化为影子成本。

本书之所以关注双目标规划问题，是因为想尝试在该分析框架下考察总量生产函数与要素投入特别是劳动力投入之间的有效对应关系，以探讨存在于经济增长与充分就业之间的有效对应关系。若劳动力投入被视为经济成本，则经济增长与充分就业之间存在明显的利益冲突。微观经济学往往采用生产者均衡分析框架处理上述双目标之间的相互关系；而宏观经济学则或认为经济增长与充分就业两者具有一致性，或认为经济增长与充分就业之间是一种主从关系，并未持对等态度关注经济增长与充分就业之间可能存在的相互替代关系。

当然，在大多数情况下，人们均认为经济增长与充分就业之间可能存在一致性。形成这种观点的一个重要原因是，除非参数技术描述方法之外，人们尚缺乏反映拥挤现象的总量生产函数。事实上，比较典型的总量生产函数均表示为生产要素或技术进步的单调递增函数，要素之间往往可以相互替代，因此，人们尚未在宏观层面上担心劳动力投入增加而产出下降的可能性。

2.3 劳动力投入的数据属性

2.3.1 单目标规划确定的劳动力影子价格

借助非线性规划模型与影子价格之间的关系，解释不同宏观经济环境下劳动力影子价格的不同，可以反映劳动力投入数据的中性属性，并视其为劳动要素市场一般工资水平的重要影响因素，为后面采用数据三分类绩效评价模型测评宏观经济生产效率、核算劳动力与资本影子价格等实证分析环节张本。考虑如式（2.10）所示的一个具体反映厂商生产计划安排的非线性规划问题：

$$\begin{cases} \max \quad F(L,K,t) \\ \text{s.t.} \quad wL + rK \leqslant C_t \end{cases} \quad (2.10)$$

其中：目标函数 $F(L,K,t)$ 为一阶可导的凹性生产函数，决策变量 L 与 K 分别为劳动力与资本投入量，而 t 表征时刻，度量潜在的技术进步，w 与 r 分别为劳动力与资本市场价格，C_t 为时刻 t 的生产成本总投入上限。

在给定时刻 t，该问题的 KKT 条件是

$$\begin{cases} F_L = u_t w \\ F_K = u_t r \\ wL + rK \leqslant C_t \\ u_t \geqslant 0 \\ u_t(wL + rK - C_t) = 0 \end{cases}$$

其中：F_L 与 F_K 分别表示劳动力与资本的边际产出。考虑到该问题是一个凸规划问题，KKT 条件是最优解的充分必要条件。显然，该条件蕴含了多种可能性，分别与不同的生产环境相对应。

（1）若问题的最优解$(\bar{L},\bar{K})$满足$wL+rK<C_t$，或者说总投入存在冗余现象，则根据互补条件，总投入的影子价格$\bar{u}_t=0$。资本与劳动力投入亦如是，其影子价格都为0。不难看出，此时的生产者安排问题本质上对应了一个无约束规划问题，其解事实上为内点解。

（2）若投入的影子价格非0，则问题的最优解应满足条件$wL+rK=C_t$，生产满足边际条件$\dfrac{F_L}{F_K}=\dfrac{w}{r}$。若$\bar{u}_t=1$，则资本与劳动力的影子价格与市场价格保持一致，否则不一致。影子价格与市场价格未必一致，这是测评影子价格的意义所在。在估算出影子价格的基础上，可利用影子价格合理安排生产计划，以实现资源的优化配置与利用。

（3）一种特殊的情况是问题的最优解同时满足$wL+rK=C_t$与$\bar{u}_t=0$，此时资本投入、劳动力投入以及总投入的边际产值都为0，同时达到饱和状态。

经上述分析，不难看出，非线性规划模型所确定的影子价格不仅表征了生产要素在使用过程中所具备的价值属性，同时在一定程度上反映了影子价格对市场供求的潜在影响。在市场有效的情况下，生产要素市场价格不可能长期偏离其影子价格，后面本书将据此对我国劳动力与资本要素市场有效性进行具体分析。

上述问题是微观层面的厂商生产问题，即在市场价格给定的前提下考察生产要素的最优配置。在该模型基础上，本书考虑增加要素约束条件，将其拓展为如式（2.11）所示的宏观生产问题：

$$\begin{cases} \max \quad F(L,K,t) \\ \text{s.t.} \quad wL+rK \leqslant C_t \\ \quad L_t - L \leqslant 0 \\ \quad K - K_t \leqslant 0 \end{cases} \quad (2.11)$$

其中：新增约束条件表征了现有的生产要素禀赋与利用问题。该问题的基本出发点是，一个最优的生产安排必须让现有资源物尽其用，特别地，需要保证充分就业或一定的就业率。在t时刻，凸规划问题最优解的充分必要条件仍为其KKT条件，其中梯度条件依旧反映了要素边际产出与市场价格可能的偏离情况：

$$\begin{cases} F_L = u_1 w - u_2 \\ F_K = u_1 r + u_3 \end{cases}$$

符号条件是

$$\begin{cases} wL + rK - C_t \leq 0 \\ L_t - L \leq 0 \\ K - K_t \leq 0 \\ u_1 \geq 0 \\ u_2 \geq 0 \\ u_3 \geq 0 \end{cases}$$

而互补条件具体化为

$$\begin{cases} u_1 (wL + rK - C_t) = 0 \\ u_2 (L_t - L) = 0 \\ u_3 (K - K_t) = 0 \end{cases}$$

问题的 KKT 条件依旧蕴含了多种可能性。本书仅考察如下一种可能情况，即就业约束条件所对应的广义拉格朗日乘子 u_2 非 0。若 $u_2 > 0$，则劳动力的边际产出 $F_L = u_1 w - u_2 < u_1 w$，其影子价格面临下行压力。若资本禀赋 K_t 偏低，而就业约束条件的下限 L_t 足够大，甚至还可能出现负的劳动力影子价格这一极致情况。

出于充分就业考虑，劳动力的边际产出或影子价格与其市场价格存在偏离。随着 L_t 相对于 K_t 的持续增加，问题的边际条件 $F_L = u_1 w - u_2$ 表明劳动力的影子价格有可能出现符号变化。当然，这一结论成立的前提是生产存在可能的堵塞情况，即当劳动力输入相对过多时，最优产出反而出现下降的可能性，如同微观经济学中短期生产函数步入其第三个阶段一样。

2.3.2 多目标规划确定的劳动力影子价格

生产函数有可能存在堵塞现象，出现这一情况的内在机理可以借助多目标规划予以解释。前面所考察的带约束条件的非线性规划问题本质上是一个多目标规划问题，蕴含了产出最大化、成本投入极小化、充分就业三个目标，因目标优先顺序不同，将成本投入极小化与充分就业这两个目标转化为非线性规划问题需率先满足的约束条件，而问题最终所得到的最优解无非是多目标规划问题的一个或少数几个帕累托解。

就多目标规划问题而言，一般难以同时获取诸目标函数的最优值，必须做出取舍。因此，欲保证充分就业，产出则有可能下降，充分就业与经济增长之间或许存在机会成本。

考虑如下一种可能性：劳动力要素禀赋相对过剩，而资本存量相对短缺，宏观调控的决策目标是经济增长与充分就业并重。因要素禀赋问题，经济增长及劳动力投入主要决定于资本，具体表示为如式（2.12）所示的双目标规划问题：

$$\begin{cases} \max & (F(L(K)), L(K))^{\mathrm{T}} \\ \mathrm{s.t.} & K - K_t \leq 0 \end{cases} \quad (2.12)$$

必须注意的是，与所假设的经济环境相对应，该问题的决策变量单一。就这一情形而言，不能根据产出与投入之间的总量生产函数关系式直接确定生产要素影子价格，要素对于产出的边际报酬需要再次分配。这需要按照本章2.2.3所提供的分析方法，从双目标规划问题中两个目标函数之间的有效对应关系出发，考察两个目标之间的相互替代关系，进而确定劳动力影子价格。考虑如式（2.13）所示的单目标规划问题：

$$\begin{cases} \max & F(L(K)) \\ \mathrm{s.t.} & L(K) = L_0 \\ & K - K_t \leq 0 \end{cases} \quad (2.13)$$

仍旧根据其KKT条件判定资本的影子价格。此时，资本的边际报酬可分解为两部分：其一是资本存量对于产出的直接边际报酬；其二是资本因劳动就业效应而产生的间接边际报酬。事实上，该问题的梯度条件是

$$\frac{\mathrm{d}F(L(K))}{\mathrm{d}K} = u_1 \frac{\mathrm{d}L(K)}{\mathrm{d}K} + u_2$$

显然，资本的影子价格受劳动力边际产出的影响。另外，因劳动力投入为等式约束，其广义拉格朗日乘子 u_1 无符号限制，该问题的实质性符号条件仅 $K - K_t \leq 0$ 与 $u_2 \geq 0$ 两个，而该问题的互补条件亦比较简单，仅包括等式约束条

件$L=L(K)$以及$u_2(K-K_t)=0$。

若堵塞现象出现，在L_0充分大的情况下，最大产出有可能表现为劳动力投入的一个减函数形式，此时，为实现充分就业，资本的边际报酬可能为负，这取决于直接报酬与间接报酬两种不同效应的权衡。然而，从双目标规划问题的弱帕累托有效解来看，经济运行于该状态的可能性极大，若从双目标规划问题中两个目标函数之间的相互替代关系来考察劳动力边际报酬，劳动力影子价格为负。在实证分析部分，本书将采用数据三分类DEA模型继续跟进这一问题。

第 3 章 数据包络分析理论与方法

数据包络分析（DEA）方法已成为一种测评相对有效性的经典方法。近50年来，DEA得到快速发展，DEA理论与方法逐步完善，其应用范围不断拓展。本章试图采用一种新的方式阐释DEA理论与方法，这并非易事。概括而言，本章视DEA方法为特殊多目标规划问题的一种求解方法，重在论述DEA与多目标规划两者之间的关系。

数据三分类是本研究所持基本观点，为此，本章考察了一个新的DEA模型，即数据三分类DEA模型，用以表述数据三分类假设下的生产技术状况，并测评相应的相对有效性。另外，本章还就数据三分类DEA模型的算法进行了初步探讨。

考虑到DEA核算结果欠缺统计稳定性，本章考察了基于DEA实证生产可能集前沿面的聚类分析方法。DEA聚类分析的基本思路是，从DEA影子价格所表征的数据属性来看，某些决策单元（Decision Making Unit, DMU）之间存在共同利益，具体表现在其空间位置的趋同上，即某些DMU在DEA实证生产可能集前沿面上的投影位置有聚类迹象。利用DEA聚类分析方法，本章可就数据三分类DEA实证生产可能集进行阶段性划分，这有助于揭示数据三分类假设下的数据属性演变趋势。

DEA影子价格估计方法是本研究用以估计劳动力与资本影子价格、测评生产要素市场整体有效性、反映资本-劳动要素替代倾向的最基本方法。本章对DEA影子价格估算方法、DEA实证生产可能集和、交形式转换算法及DEA影子价格基本特征进行了分析。

3.1　多目标规划问题的评价函数法求解

现实生活中的决策目标往往具有多维度特征，最优决策的数学形式表现为多目标规划问题。相较单目标规划问题而言，多目标规划问题更具现实意义。设与决策变量 x 相关的目标函数有 $f_1(x), f_2(x), \cdots, f_m(x)$，可供选择的决策变量受限于可行解集 $X \subseteq \mathbf{R}^n$，于是得到如式（3.1）所示的多目标规划问题的一般形式：

$$\begin{cases} \max & (f_1(x), f_2(x), \cdots, f_m(x))^\mathrm{T} \\ \text{s.t.} & x \in X \end{cases} \quad (3.1)$$

若记向量函数 $F(x) = (f_1(x), f_2(x), \cdots, f_m(x))^\mathrm{T}$，则式（3.1）也可简记为

$$\begin{cases} \max & F(x) \\ \text{s.t.} & x \in X \end{cases} \quad (3.2)$$

式（3.1）需要确定一个可行解 x 使得 m 个给定的目标函数同时取到尽可能大的值。理想情况是存在 $x^a \in X$ 是所有如式（3.3）所示形式的单目标规划问题的解：

$$\begin{cases} \max & f_i(x) \\ \text{s.t.} & x \in X \end{cases} \quad (3.3)$$

其中：$1 \leqslant i \leqslant m$。换言之，可行解 x^a 使得各个目标函数同时取到最大值，这样的解被称为多目标规划问题的绝对最优解。若绝对最优解存在，则多目标规划问题的求解完全可以凭借单目标规划问题的求解而实现。当然，绝对最优解往往并不存在，这也是多目标规划得以提出并区别于单目标规划的原因所在。

因为绝对最优解未必存在，有必要重新考虑多目标规划问题解的概念。基本的多目标规划问题的解是帕累托解与弱帕累托解。为阐释这两个概念，先对两个向量大小的符号做明确规定。设有两个 m 维向量 $a = (a_1, a_2, \cdots, a_m)^\mathrm{T}$，$b = (b_1, b_2, \cdots, b_m)^\mathrm{T}$。

（1）记 $a > b$，如果 $a_i > b_i, i = 1, 2, \cdots, m$；

（2）记 $a \geqslant b$，如果 $a_i \geqslant b_i, i = 1, 2, \cdots, m$。

现给出多目标规划问题帕累托解与弱帕累托解的概念。称多目标规划问题式（3.1）的一个可行解x^p为其帕累托解，如果不存在$x \in X$，使得

$$\begin{cases} F(x) \geq F(x^p) \\ F(x) \neq F(x^p) \end{cases}$$

称多目标规划问题式（3.1）的一个可行解x^w为其弱帕累托解，如果不存在$x \in X$，使得

$$F(x) > F(x^w)$$

从定义来看，多目标规划问题的帕累托解必然为其弱帕累托解。若多目标规划问题存在绝对最优解，则绝对最优解必为其帕累托解，此时，多目标规划问题所有相应单目标规划问题的最优解集之交集即其帕累托解集，而并集即其弱帕累托解集。

求解多目标规划问题帕累托解与弱帕累托解的方法较多，常见的方法是评价函数法。评价函数法就是针对多目标规划问题构造一个评价函数，对所有的可行解进行综合评价，根据评价函数在可行解集中的最优值确定多目标规划问题的帕累托解或弱帕累托解。评价函数并不单一，有线性函数、最小值函数、最大值函数等多种形式。常见的评价函数为线性评价函数，它是多个目标函数的加权求和。针对多目标规划问题式（3.1），考虑如式（3.4）所示的单目标规划问题：

$$\begin{cases} \max \quad a^T F(x) \\ \text{s.t.} \quad x \in X \end{cases} \quad (3.4)$$

其中：非零向量$a = (a_1, a_2, \cdots, a_m)^T \geq 0$为原多目标规划问题中目标函数相应的权重向量。单目标规划问题式（3.4）的目标函数$a^T F(x)$即原多目标规划问题解的一个线性评价函数。易证如下基本结论：

（1）若$\bar{x}$为单目标规划问题式（3.4）的最优解，则它必为多目标规划问题式（3.1）的弱帕累托解。

（2）设$a > 0$，则当$\bar{x}$为单目标规划问题式（3.4）的最优解时，它必为多目标规划问题式（3.1）的帕累托解。

评价函数法将多目标规划问题转化为单目标规划问题，通过求解单目标规

划问题获得多目标规划问题的帕累托解或弱帕累托解。就线性评价函数而言，给定一个权重向量，则可能得到一个或多个帕累托解或弱帕累托解。当然，不难看出，给定目标函数的一个权重向量，或者说给定一个线性评价函数，评价函数法一般只能得到多目标规划问题的部分帕累托解或弱帕累托解，未必能求得其全部解。

利用线性评价函数法确定特殊多目标规划问题的全部帕累托解或弱帕累托解，是 DEA 理论与方法的优势所在。其关键是允许权重向量的可变性，这相当于设计了一切可能的线性评价函数，利用任意可能的线性评价函数对给定评价对象进行绩效测评，判断其是否具备帕累托性或弱帕累托性。

就多目标规划问题式（3.1）而言，本章试图找出其像集中所有的弱帕累托点，为此本章可以启动 DEA 评价程序，即给定像集中的任意一个点，采用所有满足单调性的线性评价函数对其进行评价，或者说进行全方位的考察。如果存在一个评价函数使得该点成为单目标规划问题式（3.4）的最优解，则终止；否则继续尝试采用新的评价函数进行评价。

注意两者之间的明显区别：在 DEA 评价程序中，评价函数一直在尝试变动，而评价对象则保持静止；在多目标规划问题的评价函数法求解中，评价对象在变，而评价函数一直保持静止。因此，评价函数法往往只能找到部分弱帕累托解，而 DEA 评价程序则可以找到一切弱帕累托点，这有助于确定相对有效性意义下的生产技术状况。

事实上，若多目标规划问题的可行解非弱帕累托解，则必然不是式（3.4）的最优解。即便是帕累托解也未必是式（3.4）的最优解。反之，就多目标规划问题的任意弱帕累托解来说，至少存在一个形如式（3.4）的单目标规划问题，以该弱帕累托解为其最优解。换言之，如果穷尽了所有可能的线性评价函数仍不能保证多目标规划问题的某可行解成为单目标规划问题式（3.4）的最优解，则该可行解必然不是弱帕累托解。这就是 DEA 绩效评价基本程序。

3.2 数据包络分析

数据包络分析（DEA）主要有两种相互交织的用途：一是相对有效性评价；二是非参数技术描述。一方面，非参数技术描述相当于架构了一个效率参考范围，给出了相对有效性评价的相对标准；另一方面，非参数技术描述的关键是确定所谓的生产前沿面，而这依赖相对有效性评价。

下面从 DEA 的非参数技术描述功用出发介绍 DEA 理论与方法。首先，阐述 DEA 实证生产可能集相关理论；其次，进而构造判别生产前沿面的多目标规划模型，即凭借多目标规划问题的帕累托解与弱帕累托解支撑 DEA 实证生产可能集；最后，以线性评价函数方法求解多目标规划问题，得到经典的 DEA 模型，从而完成 DEA 理论与方法相关论述。

3.2.1 DEA 实证生产可能集

传统的技术描述方法往往依托较为严格的前提假设，比如，回归分析要求率先假定生产函数具体形式，并就模型中的随机扰动项进行统计假设。与此相区别，DEA 是一种非参数的技术描述方法，其建模仅依赖一般性的公理体系。

DEA 技术描述的主要工具是 DEA 实证生产可能集，它是对理论生产可能集的一种拟合。理论生产可能集通过描述输入 x 与输出 y 之间的对应关系界定技术层面的生产可能性。一般假设理论生产可能集为凸集，遵循边际报酬递减规律。另外，假设该集合具备规模报酬不变、规模报酬非递增或规模报酬非递减等不同的规模报酬特征。

在实际应用中，理论生产可能集需要具体化为实证生产可能集。DEA 实证生产可能集受限于一般假设，并被观测数据支撑。设有关输入 $x \in \mathbf{R}^m$ 与输出 $y \in \mathbf{R}^s$ 的 n 个观测点为

$$(x_j, y_j), j = 1, 2, \cdots, n \tag{3.5}$$

其中：$x_j = (x_{j1}, x_{j2}, \cdots, x_{jm})^\mathrm{T}$，$y = (y_{j1}, y_{j2}, \cdots, y_{js})^\mathrm{T}$ 分别表示第 j 个观测点的输入与

输出向量，$j=1,2,\cdots,n$。显然，在该生产过程中输入有 m 种，而输出有 s 种。输入与输出的多维度是 DEA 技术描述的一个重要特征。

假设实证生产可能集满足给定的公理体系，则可凭借观测数据确定 DEA 实证生产可能集的具体形式。常用的公理包括凸性假设、规模报酬假设、无效性假设、平凡性假设以及最小性假设。

（1）凸性假设：生产可能集为凸集。

（2）规模报酬假设：生产可能集或满足规模报酬不变性，或满足规模报酬非递增性，或满足规模报酬非递减性。

（3）无效性假设：容许以更多的输入获得更少的输出。

（4）平凡性假设：所观测到的输入、输出组合应该属于生产可能集。

（5）最小性假设：在现有数据及给定公理条件下，DEA 实证生产可能集为最小者，或者说为满足给定公理的所有集合之交集。

就给定的输入、输出数据式（3.5）而言，不同的公理体系确定了不同类型的 DEA 实证生产可能集。常见的 DEA 实证生产可能集有满足凸性、规模报酬不变性、无效性、平凡性及最小性的 CCR（Chares-Cooper-Rhodes）生产可能集 T_{CCR}，满足凸性、无效性、平凡性及最小性的 BCC（Banker-Charnes-Cooper）生产可能集 T_{BCC}，满足凸性、规模报酬非递增性、无效性、平凡性及最小性的 FG（Fare-Grosskopf）生产可能集 T_{FG}，及满足凸性、规模报酬非递减性、无效性、平凡性及最小性的 ST（Seiford-Thrall）生产可能集 T_{ST}，等等。

现给出上述四个常用 DEA 模型的数学形式。为简洁起见，先利用所观测到的 n 组输入、输出数据构造如下矩阵：

$$\boldsymbol{\Phi}=\begin{pmatrix} -x_1 & -x_2 & \cdots & -x_n \\ y_1 & y_2 & \cdots & y_n \end{pmatrix}$$

相应地，记

$$\boldsymbol{\phi}=\begin{pmatrix} -x \\ y \end{pmatrix}$$

将输入数据 x 与输出数据 y 赋予不同的符号，旨在区别两者属性。于是得到 CCR 生产可能集 T_{CCR} 的和形式：

$$T_{\text{CCR}} = \{\phi : \phi \leq \Phi\lambda, \lambda \geq 0\} \tag{3.6}$$

其中：$\lambda = (\lambda_1, \lambda_2, \cdots, \lambda_n)^T \geq 0$ 为决策单元权重向量。之所以称该形式为和形式，是因为 DEA 实证生产可能集前沿面上的点最终都可以表示为给定 n 个观测点的线性组合形式。若记分量皆为 1 的列向量为 $e = (1,1,\cdots,1)^T \in \mathbf{R}^n$，则 BCC 生产可能集 T_{BCC} 的和形式为

$$T_{\text{BCC}} = \{\phi : \phi \leq \Phi\lambda, e^T\lambda = 1, \lambda \geq 0\} \tag{3.7}$$

FG 生产可能集 T_{FG} 及 ST 生产可能集 T_{ST} 的和形式则分别为

$$\begin{aligned} T_{\text{FG}} &= \{\phi : \phi \leq \Phi\lambda, e^T\lambda \leq 1, \lambda \geq 0\} \\ T_{\text{ST}} &= \{\phi : \phi \leq \Phi\lambda, e^T\lambda \geq 1, \lambda \geq 0\} \end{aligned} \tag{3.8}$$

3.2.2 DEA 实证生产可能集前沿面

尽管 DEA 实证生产可能集从实证层面给出了一切可能的输入、输出组合，但这还不满足资源优化配置与利用的基本目的，给定输入下的最大输出以及给定输出下的最小输入并未明确。因此，本章更关心的是 DEA 实证生产可能集的有效前沿面或前沿面，它由 DEA 实证生产可能集的所有弱帕累托点构成。

一个 DEA 实证生产可能集的弱帕累托点定义与多目标规划问题像集的弱帕累托点定义相仿。以 T_{CCR} 为例，设 $\phi^w \in T_{CCR}$，如果不存在 $\phi \in T_{CCR}$ 使得不等式组 $\phi > \phi^w$ 成立，那么称 ϕ^w 为集合的弱帕累托点。当然，对 DEA 实证生产可能集中的帕累托点可以进行类似的定义，此处不再赘述。若一个点不是弱帕累托点，则总存在帕累托改进的可能性。

现在面临的一个问题是如何确定 DEA 实证生产可能集的前沿面。考虑到 DEA 实证生产可能集弱帕累托点与多目标规划问题像集弱帕累托点概念的相似性，本书借助多目标规划方法确定 DEA 实证生产可能集的弱帕累托点，进而确定其前沿面。仍以 T_{CCR} 为例，考虑如式（3.9）或式（3.10）所示的多目标规划问题：

$$\begin{cases} \max & \phi \\ \text{s.t.} & \phi \in T_{\text{CCR}} \end{cases} \tag{3.9}$$

$$\begin{cases} \max \quad \left(-\boldsymbol{x}^{\mathrm{T}}, \boldsymbol{y}^{\mathrm{T}}\right)^{\mathrm{T}} \\ \text{s.t.} \quad \sum_{j=1}^{n} \lambda_j \boldsymbol{x}_j \leq \boldsymbol{x} \\ \quad\quad \sum_{j=1}^{n} \lambda_j \boldsymbol{y}_j \geq \boldsymbol{y} \\ \quad\quad \lambda_j \geq 0, \ j=1,2,\cdots,n \end{cases} \quad (3.10)$$

不妨先检验既定的观测点是否为 CCR 生产可能集 T_{CCR} 的弱帕累托点。为此，就 n 个观测点逐个进行检验，并记当前被检测的观测点（目标观测点）为 $(\boldsymbol{x}_0, \boldsymbol{y}_0)$。如果 $\boldsymbol{\phi}_0 = \left(-\boldsymbol{x}_0^{\mathrm{T}}, \boldsymbol{y}_0^{\mathrm{T}}\right)^{\mathrm{T}}$ 不是弱帕累托点，那么存在 $\boldsymbol{\phi} \in T_{\mathrm{CCR}}$ 使得 $\boldsymbol{\phi}_0 < \boldsymbol{\phi}$ 成立。或者说，必存在 $\boldsymbol{\lambda} \geq \boldsymbol{0}$ 满足 $\boldsymbol{\phi}_0 < \boldsymbol{\Phi}\boldsymbol{\lambda}$，即

$$\begin{cases} \sum_{j=1}^{n} \lambda_j \boldsymbol{x}_j < \boldsymbol{x}_0 \\ \sum_{j=1}^{n} \lambda_j \boldsymbol{y}_j > \boldsymbol{y}_0 \end{cases}$$

因此，从输出层面来看，必然存在 $z \geq 1$，使得

$$\begin{cases} \sum_{j=1}^{n} \lambda_j \boldsymbol{x}_j \leq \boldsymbol{x}_0 \\ \sum_{j=1}^{n} \lambda_j \boldsymbol{y}_j \geq z \boldsymbol{y}_0 \end{cases}$$

若满足条件的 z 越大，则表明该点存在帕累托改进的余地就越多，目标观测点效率损失或无效的程度越严重。因此，满足条件的 z 的最大值在一定程度上表征了目标观测点在 DEA 实证生产可能集中的几何位置。考虑求满足上述条件的 z 的最大值 $\bar{z}$，于是本书得到如式（3.11）所示的模型：

$$\begin{cases} \max \quad z \\ \text{s.t.} \quad \sum_{j=1}^{n} \lambda_j \boldsymbol{x}_j \leq \boldsymbol{x}_0 \\ \quad\quad \sum_{j=1}^{n} \lambda_j \boldsymbol{y}_j \geq z \boldsymbol{y}_0 \\ \quad\quad \lambda_j \geq 0, \ j=1,2,\cdots,n \end{cases} \quad (3.11)$$

这就是输出导向的 CCR 模型，最早的一个 DEA 模型。而 $\bar{z}$ 是输出导向下的 DEA 效率值。若 $\bar{z}=1$，则目标观测点已然是弱帕累托点，在给定技术条件下，DEA 实证生产可能集中不存在其他点，使输入更少，而输出都得到增加。

类似地，就输入层面而言，必然存在 $\theta \leqslant 1$，使得

$$\begin{cases} \sum_{j=1}^{n} \lambda_j \boldsymbol{x}_j \leqslant \theta \boldsymbol{x}_0 \\ \sum_{j=1}^{n} \lambda_j \boldsymbol{y}_j \geqslant \boldsymbol{y}_0 \end{cases}$$

若 θ 越小，则表示目标观测点各输入项可缩减的余地越大。θ 的最小值同样在一定程度上表征了目标观测点在 DEA 实证生产可能集中的几何位置。于是本书得到如式（3.12）所示的为求满足条件的 θ 的最小值 $\bar{\theta}$ 的模型：

$$\begin{cases} \min \quad \theta \\ \text{s.t.} \quad \sum_{j=1}^{n} \lambda_j \boldsymbol{x}_j \leqslant \theta \boldsymbol{x}_0 \\ \qquad \sum_{j=1}^{n} \lambda_j \boldsymbol{y}_j \geqslant \boldsymbol{y}_0 \\ \qquad \lambda_j \geqslant 0, \ j=1,2,\cdots,n \end{cases} \quad (3.12)$$

这是输入导向的 CCR 模型，$\bar{\theta}$ 被称为输入导向下的 DEA 效率值。若 $\bar{\theta}=1$，则目标观测点已然是弱帕累托点，在给定技术条件下，DEA 实证生产可能集中不存在其他点，使输出不减少，而输入都有所减少。

不难看出，不论是输出导向的 CCR 模型还是输入导向的 CCR 模型，都可以用以判断目标观测点是否为弱帕累托点，但不能判断该点是否为帕累托点。事实上，若目标观测点非弱帕累托点，则其输入、输出的任意维度都存在改进的空间，因此，输入导向或输出导向下的效率值都非 1。与此不同的是，若目标观测点为非帕累托点，则其输入、输出的某一个维度必然存在改进余地，但不能断定其所有输入维度或者所有输出维度都存在改进的可能性。

针对这种情况，有所谓带非阿基米德无穷小量 ε 的 DEA 模型，其中输出导向形式为

$$\begin{cases} \max \quad z - \varepsilon(e^{-T}s^- + e^{+T}s^+) \\ \text{s.t.} \quad \sum_{j=1}^{n}\lambda_j x_j + s^- = x_0 \\ \quad\quad \sum_{j=1}^{n}\lambda_j y_j - s^+ = zy_0 \\ \quad\quad \lambda_j \geq 0, \ j=1,2,\cdots,n \end{cases} \quad (3.13)$$

其中：$s^- \geq 0$，$s^+ \geq 0$ 分别为 m，s 维松弛向量，而 e^-，e^+ 分别为分量都为 1 的 m，s 维列向量，用以对松弛变量求和。这一模型的主要功用在于，若目标观测点非帕累托最优，则最优解中必有非零的 $\overline{s}^- \geq 0$ 或者非零的 $\overline{s}^+ \geq 0$ 成立，这表征输入或输出中的某一项还可以改进。

如此一来，本章判别了给定 n 个观测点在 DEA 实证生产可能集中的弱帕累托性或帕累托性。联系到 DEA 实证生产可能集的特征，这足以确定 DEA 实证生产可能集的有效前沿面。其间的机理是，若确定了一个粉笔盒 8 个顶点的位置，则自然能确定粉笔盒每个侧面的位置。事实上，CCR 生产可能集是 $\mathbf{R}^{m+s}$ 中的一个凸锥，纯粹由其弱帕累托点所支撑。确定了给定 n 个观测点中的弱帕累托点，则能表示出集合中全部的弱帕累托点，确定其前沿面。

综上所述，本章利用给定观测点构造 DEA 实证生产可能集界定现有技术状况，从多目标规划角度探讨集合的有效前沿面，最终给出输入导向与输出导向的 DEA 模型，用以评价相对有效性。整体而言，DEA 技术描述与 DEA 相对有效性评价往往相互交织，并无主次之分。

需要提及的是，DEA 一般称前面 n 个观测点为 n 个决策单元（DMU），这一称谓更具有管理学含义。在 DEA 中，每一个 DMU 都是相对独立的、具有可比性的、追求输入最小化与输出最大化的决策个体，是 DEA 的相对有效性评价对象。相应地，目标观测点则被称为目标决策单元。

对于带非阿基米德无穷小量 ε 的 DEA 模型，一般采用两阶段方式进行求解：第一阶段求解式（3.11），得到目标 DMU 的效率值 $\overline{z}$；第二阶段将 $\overline{z}$ 代入式（3.13），确定松弛变量。

带非阿基米德无穷小量 ε 的 DEA 模型的另一个重要功用是确定非弱帕累托有效 DMU 的投影。对于目标 DMU (x_0, y_0)，在求解式（3.13）最优解 $\overline{z}$，$\overline{s}^-$，

$\overline{s}^+$的基础上,可定义其输出导向下的投影目标为$\left(x_0-\overline{s}^-, zy_0+\overline{s}^+\right)$。

经典 DEA 实证生产可能集都满足凸性[①]。任何凸集都具有如下重要性质:它总是可以表示为所有包含它的半空间的交集形式,即 DEA 实证生产可能集的交形式。利用这一条性质,本章可以利用多目标规划问题的线性评价函数法判断 DEA 实证生产可能集的全部弱帕累托点与帕累托点,并据此给出前面输入导向或输出导向下 DEA 模型的对偶形式。

设位于$\mathbf{R}^{m+s}$中的超平面的一般形式为

$$\boldsymbol{\omega}^T \boldsymbol{x} - \boldsymbol{\mu}^T \boldsymbol{y} + \mu_0 = 0$$

因为平凡性,对于给定的 n 个观测点,必然满足如式(3.14)所示的不等式组:

$$\boldsymbol{\omega}^T \boldsymbol{x}_j - \boldsymbol{\mu}^T \boldsymbol{y}_j + \mu_0 \geq 0, j=1,2,\cdots,n \quad (3.14)$$

从实证层面来看,这并不能也不必确定蕴含了给定凸性生产可能集的全部半空间。事实上,根据 DEA 实证生产可能集的最小性,这仅需考察满足式(3.14)的半空间。同时,要求$\boldsymbol{\omega} \geq \boldsymbol{0}, \boldsymbol{\mu} \geq \boldsymbol{0}$[②]。根据凸性与无效性,对于 DEA 实证生产可能集中的任意点$\boldsymbol{\phi}=\left(-\boldsymbol{x}^T, \boldsymbol{y}^T\right)^T$都应该有

$$\boldsymbol{\omega}^T \boldsymbol{x} - \boldsymbol{\mu}^T \boldsymbol{y} + \mu_0 \geq 0$$

不难看出,如果该点非 DEA 实证生产可能集中的弱帕累托点,必然满足所有严格不等式:

$$\boldsymbol{\omega}^T \boldsymbol{x} - \boldsymbol{\mu}^T \boldsymbol{y} + \mu_0 > 0$$

反之,若目标观测点具有弱帕累托性,则至少存在某个超平面,使得目标观测点位于该超平面上,即

$$\boldsymbol{\omega}^T \boldsymbol{x} - \boldsymbol{\mu}^T \boldsymbol{y} + \overline{\mu}_0 = 0 \quad (3.15)$$

因此,欲判断目标观测点的弱帕累托性,就要在所有满足式(3.14)的超

[①] 当然,也有例外,比如 Deprins 等(1984)提出的自由处置包就不满足凸性。
[②] 两个不等式组的含义在于,人们主要关注那些具有特殊几何位置的半空间,而非全部半空间,其中不仅关注了观测点的弱帕累托性,也考虑了 DEA 实证生产可能集的无效性。当然,Wei 等(2004)提出的用以考察生产堵塞现象的 DEA 模型并无非负要求。

平面中，寻找满足式（3.15）的超平面。于是，得到如式（3.16）所示的优化问题：

$$\begin{cases} \min & \boldsymbol{\omega}^T \boldsymbol{x}_0 - \boldsymbol{\mu}^T \boldsymbol{y}_0 + \mu_0 \\ \text{s.t.} & \boldsymbol{\omega}^T \boldsymbol{x}_j - \boldsymbol{\mu}^T \boldsymbol{y}_j + \mu_0 \geq 0, j=1,2,\cdots,n \\ & \boldsymbol{\omega} \geq \boldsymbol{0}, \boldsymbol{\mu} \geq \boldsymbol{0} \end{cases} \quad (3.16)$$

该问题的目标函数为具有下界 0 的连续函数，在闭的凸约束集上必然存在最小值。该问题的一个变体即输出导向 BCC 模型的对偶形式为

$$\begin{cases} \min & \boldsymbol{\omega}^T \boldsymbol{x}_0 + \mu_0 \\ \text{s.t.} & \boldsymbol{\omega}^T \boldsymbol{x}_j - \boldsymbol{\mu}^T \boldsymbol{y}_j + \mu_0 \geq 0, j=1,2,\cdots,n \\ & \boldsymbol{\mu}^T \boldsymbol{y}_0 = 1 \\ & \boldsymbol{\omega} \geq \boldsymbol{0}, \boldsymbol{\mu} \geq \boldsymbol{0} \end{cases} \quad (3.17)$$

之所以如此，是因为本章先后假设了 DEA 实证生产可能集的最小性、平凡性、凸性与无效性。当然，该问题还存在如式（3.18）所示的一种变体：

$$\begin{cases} \max & \boldsymbol{\mu}^T \boldsymbol{y}_0 - \mu_0 \\ \text{s.t.} & \boldsymbol{\omega}^T \boldsymbol{x}_j - \boldsymbol{\mu}^T \boldsymbol{y}_j + \mu_0 \geq 0, j=1,2,\cdots,n \\ & \boldsymbol{\omega}^T \boldsymbol{x}_0 = 1 \\ & \boldsymbol{\omega} \geq \boldsymbol{0}, \boldsymbol{\mu} \geq \boldsymbol{0} \end{cases} \quad (3.18)$$

这是输入导向 BCC 模型的对偶问题。就该问题而言，如果 DEA 实证生产可能集满足规模报酬不变性，还可以约束超平面的截距项 $\mu_0 = 0$，即得到 CCR 模型的对偶形式。若 $\mu_0 \geq 0$，可得到 FG 模型的对偶形式，它满足规模报酬非递增性。而 $\mu_0 \leq 0$ 则对应满足规模报酬非递减性的 ST 模型。

相较 DEA 模型的原始形式，对偶形式的 DEA 模型相当于借助线性评价函数对 DEA 实证生产可能集中的所有点进行评价，通过求解线性评价函数的最大值确定其弱帕累托性。在对偶形式下，更容易区分目标观测点弱帕累托性与帕累托性。

以如式（3.17）所示的模型为例，若问题中目标函数的最优值为 1，则称目标观测点满足弱帕累托性，也称其输出弱 DEA 有效。进一步地，若问题中目标函数的最优值为 1，且存在满足 $\boldsymbol{\omega} > \boldsymbol{0}, \bar{\boldsymbol{\mu}} > \boldsymbol{0}$ 的最优解，则目标观测点为帕累托有效，也称其输入弱 DEA 有效。这一结论或定义与前面求解多目标规划

问题的线性评价函数法是一致的。

3.3 数据三分类 DEA 模型

一般而言，生产可能集满足输入与输出双无效性，前者允许以更多的输入获得不变的输出，后者则允许以不变的输入获得更少的输出。与此相对应，魏权龄与阎洪（Wei et al., 2004）在保留输出无效性假设前提下，放松生产可能集输入无效性假设，于 2004 年提出魏－阎模型，用以考察生产中常见的堵塞现象。该模型追求输出最大化，无明确的输入导向性，或者说，评价者并不关心输入多少。

魏－阎模型的扩展是所谓的数据三分类 DEA 模型，它由马赞甫与刘妍珺（2011）于 2011 年提出，用以测评数据三分类假设下输入与输出之间对应关系的相对有效性。本章给出了数据三分类 DEA 实证生产可能集，以界定数据三分类假设下的生产技术状况，并考察了相应的绩效评价模型的设置。另外，本章还初步探讨了数据三分类 DEA 模型的算法，建议从数据属性可变性实际出发，就中性型数据进行尽可能详尽的进一步区分，在决策单元自适应假设下以传统的 DEA 模型计算程序与软件确定数据三分类 DEA 模型的效率值。

3.3.1 魏－阎模型

现实经济系统可能存在拥挤或堵塞现象，在输入增加时输出未必增加甚至未必能维持原有水平。为评价具备拥挤特征经济系统的相对有效性，魏权龄与阎洪将生产无效性公理进一步区分为输出无效性公理与输入无效性公理，并采用一种满足平凡性、凸性、输出无效性、最小性的 DEA 实证生产可能集即 WY 生产可能集描述相应技术状况。

所谓输出无效性，是说若某种输入、输出组合是生产可行的，则输入保持不变而输出相对更少的输入、输出也应该是可行的。或者说，若前者在给定 DEA 实证生产可能集中，后者理应也在该生产可能集中。而所谓输入无效性，是说若某种输入、输出组合是生产可行的，则输出保持不变而输入相对更多的输入、输出也应该是可行的。或者说，若前者在给定 DEA 实证生产可能集中，后者理应也在该生产可能集中。CCR 生产可能集、BCC 生产可能集、FG 生产可能集及 ST 生产可能集不仅满足输出无效性，也满足输入无效性。记生产可能集为 T，以下是三种不同无效性公理的数学表示：

（1）一般无效性公理：若 $x \geq \tilde{x}, y \leq \tilde{y}$，则当 $(-\tilde{x}, \tilde{y}) \in T$ 时，必有 $(-x, y) \in T$。

（2）输入无效性公理：若 $x \geq \tilde{x}$，则当 $(-\tilde{x}, \tilde{y}) \in T$ 时，必有 $(-x, \tilde{y}) \in T$。

（3）输出无效性公理：若 $y \leq \tilde{y}$，则当 $(-\tilde{x}, \tilde{y}) \in T$ 时，必有 $(-\tilde{x}, y) \in T$。

某些经济系统在输入增加的情况下，输出未必可行，即生产存在拥挤或堵塞可能性。针对这一特殊情况，WY 生产可能集不再要求输入无效性，仅要求输出无效性，这一点与短期生产函数可能存在第三阶段即递减阶段是相符的。WY 生产可能集的形式是

$$T_{\text{WY}} = \left\{ (-x, y) : \sum_{j=1}^{n} \lambda_j x_j = x, \sum_{j=1}^{n} \lambda_j y_j \geq y, \sum_{j=1}^{n} \lambda_j = 1, \lambda_j \geq 0, j = 1, 2, \cdots, n \right\} \quad (3.19)$$

因生产可能集前沿面不同，相当于绩效参照标准有明显的变更，绩效评价模型亦进行了相应调整。魏 – 阎 DEA 绩效评价模型的基本形式是

$$\begin{cases} \max \quad z \\ \text{s.t.} \quad \sum_{j=1}^{n} \lambda_j x_j = x_0 \\ \qquad \sum_{j=1}^{n} \lambda_j y_j \geq z y_0 \\ \qquad \sum_{j=1}^{n} \lambda_j = 1 \\ \qquad \lambda_j \geq 0, j = 1, 2, \cdots, n \end{cases} \quad (3.20)$$

显然，因输入不再满足无效性，绩效评价模型将传统 DEA 模型关于输入的不等式约束条件调整为等式约束条件。问题仍为线性规划问题，其对偶规划问题是

$$\begin{cases} \min \quad \boldsymbol{\omega}^\mathrm{T}\boldsymbol{x}_0 + \mu_0 \\ \text{s.t.} \quad \boldsymbol{\omega}^\mathrm{T}\boldsymbol{x}_j - \boldsymbol{\mu}^\mathrm{T}\boldsymbol{y}_j + \mu_0 \geqslant 0, j=1,2,\cdots,n \\ \quad \boldsymbol{\mu}^\mathrm{T}\boldsymbol{y}_0 = 1 \\ \quad \boldsymbol{\omega} \in \mathbf{R}^m, \boldsymbol{\mu} \geqslant \mathbf{0}, \boldsymbol{\mu} \in \mathbf{R}^s, \mu_0 \in \mathbf{R}^1 \end{cases} \tag{3.21}$$

与原问题等式约束条件相对应，对偶规划问题中输入的权重不再要求满足非负性，输出的权重仍要求非负。另外，在评价相对有效性时，WY 模型不再区分输入导向与输出导向。毕竟，输入导向已无意义。

魏 - 阎模型进一步完善了 DEA 的经济学背景，可处理具有拥挤特征的生产绩效评价问题。魏 - 阎模型成功地捕捉了拥挤现象下输入、输出之间的特殊对应关系。该模型主要着眼于系统运行的外在表现，并没有解释系统绩效形成的内在原因，也就是说，对模型的输入无效性假设没有给出合理解释。

3.3.2 数据三分类模型

从评价角度来看，本章只需考虑反映决策者主观偏好的划分方法。对于某个系统，所有涉及的数据都可以根据主观偏好而划分为如下三种类型：偏好型、规避型、中性型。在此进一步明确其概念如下：规避型指评价者认为越少越好的数据类型；偏好型指评价者认为越多越好的数据类型；而中性型则指评价者偏好不明显或不确定的数据类型。数据三分类后，本章所要考察的 n 个 DMU 总可以表述为

$$(\boldsymbol{x}_j, \boldsymbol{y}_j, \boldsymbol{z}_j), j=1,2,\cdots,n \tag{3.22}$$

其中：$\boldsymbol{x}_j \in \mathbf{R}^m$ 表示 m 维的规避型数据向量，$\boldsymbol{y}_j \in \mathbf{R}^s$ 表示 s 维的偏好型数据向量，而 $\boldsymbol{z}_j \in \mathbf{R}^t$ 则表示 t 维的中性型数据向量。显然，从 DMU 的外在表现形式来看，在三分类假设下的形式与双分类下的截然不同，添加了中性型数据。之所以如此，是因为考虑到数值可能对数据属性产生影响，给定状态下三分类数据总可具体区分为双分类数据，因为绩效评价只需要关注偏好型与规避型两类数据。换言之，三分类假设最终修改了双分类假设下的数据格局。

为评价相对有效性，需要构建含中性型数据的 DEA 模型。

一种简单的思路是分化中性型数据，将中性型数据细分为偏好型数据、规

避型数据。比如，对于宏观经济系统中的劳动力问题，可将劳动力这一中性型数据细分为劳动力输入与就业率输出两类数据，前者为规避型数据而后者为偏好型数据，在此基础上，利用一般的 DEA 模型确定有效性。后面本书将在实际应用层面根据这一思路考虑绩效评价问题。

另一种思路是对中性型数据赋予特殊权重。为此，本书沿用魏 – 阎模型关于中性型数据权重无符号限制的惯常方法。具体的模型仍需考察规模收益情况，比如，当技术具有不变规模报酬性时，有如式（3.23）所示的数据三分类 DEA 偏好导向模型（马赞甫等，2011）：

$$\begin{cases} \min & \boldsymbol{\omega}^T \boldsymbol{x}_0 + \boldsymbol{\eta}^T \boldsymbol{z}_0 \\ \text{s.t.} & \boldsymbol{\omega}^T \boldsymbol{x}_j - \boldsymbol{\mu}^T \boldsymbol{y}_j + \boldsymbol{\eta}^T \boldsymbol{z}_j \geq 0, j = 1, 2, \cdots, n \\ & \boldsymbol{\mu}^T \boldsymbol{y}_0 = 1 \\ & \boldsymbol{\omega} \geq \boldsymbol{0}, \boldsymbol{\omega} \in \mathbf{R}^m, \boldsymbol{\mu} \geq \boldsymbol{0}, \boldsymbol{\mu} \in \mathbf{R}^s, \boldsymbol{\eta} \in \mathbf{R}^t \end{cases} \quad (3.23)$$

就式（3.23）而言，因评价者对规避型、偏好型数据的态度是明确的，分别对其赋予符号相反的权重；因中性型数据难以界定偏好好坏，被赋予不定符号的权重。这一点与前面关于指标属性的影子价格表征相关分析类似。该模型为线性规划问题，具有如式（3.24）所示的对偶形式：

$$\begin{cases} \max & \kappa \\ \text{s.t.} & \sum_{j=1}^{n} \lambda_j \boldsymbol{x}_j \leq \boldsymbol{x}_0 \\ & \sum_{j=1}^{n} \lambda_j \boldsymbol{y}_j \geq \kappa \boldsymbol{y}_0 \\ & \sum_{j=1}^{n} \lambda_j \boldsymbol{z}_j = \boldsymbol{z}_0 \\ & \lambda_j \geq 0, j = 1, 2, \cdots, n \end{cases} \quad (3.24)$$

该对偶问题通过不同约束条件区分了三种类型数据：规避型数据尽可能小，偏好型数据尽可能大，中性型数据保持不变。该对偶问题表示：在保持规避型数据不增而中性型数据不变的条件下，偏好型数据能否继续增加。不难看出，原问题与对偶问题都存在最优解，且目标函数最优值不小于1。

偏好导向模型考察偏好型数据尽可能最大化，与此相反，如式（3.25）所示的规避导向模型则考察规避型数据尽可能最小化。

$$\begin{cases} \max & \boldsymbol{\mu}^\mathrm{T} \boldsymbol{y}_0 - \boldsymbol{\eta}^\mathrm{T} \boldsymbol{z}_0 \\ \mathrm{s.t.} & \boldsymbol{\omega}^\mathrm{T} \boldsymbol{x}_j - \boldsymbol{\mu}^\mathrm{T} \boldsymbol{y}_j + \boldsymbol{\eta}^\mathrm{T} \boldsymbol{z}_j \geqslant 0, j=1,2,\cdots,n \\ & \boldsymbol{\omega}^\mathrm{T} \boldsymbol{x}_0 = 1 \\ & \boldsymbol{\omega} \geqslant \boldsymbol{0}, \boldsymbol{\omega} \in \mathbf{R}^m, \boldsymbol{\mu} \geqslant \boldsymbol{0}, \boldsymbol{\mu} \in \mathbf{R}^s, \boldsymbol{\eta} \in \mathbf{R}^t \end{cases} \quad (3.25)$$

其对偶问题是

$$\begin{cases} \min & \theta \\ \mathrm{s.t.} & \sum_{j=1}^n \lambda_j \boldsymbol{x}_j \leqslant \theta \boldsymbol{x}_0 \\ & \sum_{j=1}^n \lambda_j \boldsymbol{y}_j \geqslant \boldsymbol{y}_0 \\ & \sum_{j=1}^n \lambda_j \boldsymbol{z}_j = \boldsymbol{z}_0 \\ & \lambda_j \geqslant 0, j=1,2,\cdots,n \end{cases} \quad (3.26)$$

在数据三分类假设下,利用 DEA 实证生产可能集可对技术做一般性描述。在不变规模报酬下,三分类数据所对应的 DEA 实证生产可能集为

$$T = \left\{ (-\boldsymbol{x}, \boldsymbol{y}, \boldsymbol{z}) : \sum_{j=1}^n \lambda_j \boldsymbol{x}_j \leqslant \boldsymbol{x}, \sum_{j=1}^n \lambda_j \boldsymbol{y}_j \geqslant \boldsymbol{y}, \sum_{j=1}^n \lambda_j \boldsymbol{z}_j = \boldsymbol{z}, \lambda_j \geqslant 0, j=1,2,\cdots,n \right\} \quad (3.27)$$

假设该生产可能集满足凸性、锥性、偏好型与规避型无效性、最小性等公理。为评价方便起见,先给出数据三分类下的弱 DEA 有效性及弱帕累托有效性定义。

(1) DMU 的弱 DEA 有效性。若式(3.23)或式(3.25)的目标函数最优值为 1,则称目标 DMU $(\boldsymbol{x}_0, \boldsymbol{y}_0, \boldsymbol{z}_0)$ 为弱 DEA 有效的。

(2) DEA 实证生产可能集中输入、输出组合的弱帕累托有效性。称 $(-\boldsymbol{x}_0, \boldsymbol{y}_0, \boldsymbol{z}_0) \in T$ 为 DEA 实证生产可能集 T 中的弱帕累托有效点,如果不存在 $(-\boldsymbol{x}, \boldsymbol{y}, \boldsymbol{z}) \in T$ 满足不等式组

$$\begin{cases} \boldsymbol{x} < \boldsymbol{x}_0 \\ \boldsymbol{y} > \boldsymbol{y}_0 \\ \boldsymbol{z} = \boldsymbol{z}_0 \end{cases}$$

在这两个定义下,数据三分类下的弱 DEA 有效性与相应的 DEA 实证生产可能集 T 中点的弱帕累托有效性具有等价性。这包括以下结论:DMU (x_0, y_0, z_0) 满足弱 DEA 有效性的充分必要条件是 $(-x_0, y_0, z_0)$ 为 T 中的弱帕累托有效点。

先证必要性。设 DMU (x_0, y_0, z_0) 为弱 DEA 有效的,则式(3.23)或式(3.25)存在最优解 $(\boldsymbol{\omega}^T, \bar{\boldsymbol{\mu}}^T, \bar{\boldsymbol{\eta}}^T)$,且最优解满足

$$\begin{cases} \boldsymbol{\omega}^T x_0 - \bar{\boldsymbol{\mu}}^T y_0 + \bar{\boldsymbol{\eta}}^T z_0 = 0 \\ \boldsymbol{\omega}^T x_j - \bar{\boldsymbol{\mu}}^T y_j + \bar{\boldsymbol{\eta}}^T z_j \geq 0, j = 1, 2, \cdots, n \end{cases}$$

若 $(-x_0, y_0, z_0)$ 不是 T 中的弱帕累托有效点,则存在 $(-x, y, z) \in T$ 满足

$$\begin{cases} x < x_0 \\ y > y_0 \\ z = z_0 \end{cases}$$

或者说,存在权重 $\bar{\lambda}_j \geq 0, j = 1, 2, \cdots, n$,使得

$$\begin{cases} \sum_{j=1}^{n} \bar{\lambda}_j x_j \leq x < x_0 \\ \sum_{j=1}^{n} \bar{\lambda}_j y_j \geq y > y_0 \\ \sum_{j=1}^{n} \bar{\lambda}_j z_j = z = z_0 \end{cases}$$

于是

$$\sum_{j=1}^{n} \bar{\lambda}_j \boldsymbol{\omega}^T x_j - \sum_{j=1}^{n} \bar{\lambda}_j \bar{\boldsymbol{\mu}}^T y_j + \sum_{j=1}^{n} \bar{\lambda}_j \bar{\boldsymbol{\eta}}^T z_j < \boldsymbol{\omega}^T x_0 - \bar{\boldsymbol{\mu}}^T y_0 + \bar{\boldsymbol{\eta}}^T z_0 = 0$$

从而得出矛盾,因此输入、输出组合 $(-x_0, y_0, z_0)$ 是集合 T 中的弱帕累托有效点。必要性得证。

再证充分性。假设 $(-x_0, y_0, z_0)$ 为集合 T 中的弱帕累托有效点,则当 $(-x, y, z) \in T$ 时,不等式组:

$$\begin{cases} \boldsymbol{x} < \boldsymbol{x}_0 \\ \boldsymbol{y} > \boldsymbol{y}_0 \\ \boldsymbol{z} = \boldsymbol{z}_0 \end{cases}$$

必不相容。考虑到

$$\begin{cases} \sum_{j=1}^{n} \lambda_j \boldsymbol{x}_j \leqslant \boldsymbol{x} \\ \sum_{j=1}^{n} \lambda_j \boldsymbol{x}_j \geqslant \boldsymbol{y} \\ \sum_{j=1}^{n} \lambda_j \boldsymbol{z}_j = \boldsymbol{z} \end{cases}$$

式（3.28）必无解。

$$\begin{cases} \sum_{j=1}^{n} \lambda_j \boldsymbol{x}_j < \boldsymbol{x}_0 \\ \sum_{j=1}^{n} \lambda_j \boldsymbol{x}_j > \boldsymbol{y}_0 \\ \sum_{j=1}^{n} \lambda_j \boldsymbol{z}_j = \boldsymbol{z}_0 \\ \lambda_j \geqslant 0,\ j = 1, 2, \cdots, n \end{cases} \quad (3.28)$$

考虑线性规划问题：

$$\begin{cases} \max\quad \kappa \\ \text{s.t.}\quad \sum_{j=1}^{n} \lambda_j \boldsymbol{x}_j + \kappa \hat{\boldsymbol{e}} \leqslant \boldsymbol{x}_0 \\ \qquad \sum_{j=1}^{n} \lambda_j \boldsymbol{y}_j - \kappa \boldsymbol{e} \geqslant \boldsymbol{y}_0 \\ \qquad \sum_{j=1}^{n} \lambda_j \boldsymbol{z}_j = \boldsymbol{z}_0 \\ \qquad \kappa \geqslant 0,\ \lambda_j \geqslant 0,\ j = 1, 2, \cdots, n \end{cases} \quad (3.29)$$

及其对偶问题：

$$\begin{cases} \min & \boldsymbol{\omega}^{\mathrm{T}}\boldsymbol{x}_0 - \boldsymbol{\mu}^{\mathrm{T}}\boldsymbol{y}_0 + \boldsymbol{\eta}^{\mathrm{T}}\boldsymbol{z}_0 \\ \text{s.t.} & \boldsymbol{\omega}^{\mathrm{T}}\boldsymbol{x}_j - \boldsymbol{\mu}^{\mathrm{T}}\boldsymbol{y}_j + \boldsymbol{\eta}^{\mathrm{T}}\boldsymbol{z}_j \geq 0, j=1,2,\cdots,n \\ & \hat{\boldsymbol{e}}^{\mathrm{T}}\boldsymbol{\omega} + \boldsymbol{e}^{\mathrm{T}}\boldsymbol{\mu} \geq 1 \\ & \boldsymbol{\omega} \geq 0, \boldsymbol{\omega} \in \mathbf{R}^m, \boldsymbol{\mu} \geq 0, \boldsymbol{\mu} \in \mathbf{R}^s, \boldsymbol{\eta} \in \mathbf{R}^t \end{cases} \quad (3.30)$$

其中：$\hat{\boldsymbol{e}} = (1,1,\cdots,1)^{\mathrm{T}} \in \mathbf{R}^m$，$\boldsymbol{e} = (1,1,\cdots,1)^{\mathrm{T}} \in \mathbf{R}^s$。由于式（3.28）无解，故式（3.29）及式（3.30）的目标函数最优值应为 0。任取式（3.30）的一个最优解$(\boldsymbol{\omega},\overline{\boldsymbol{\mu}},\overline{\boldsymbol{\eta}})$，则$\boldsymbol{\omega}$与$\overline{\boldsymbol{\mu}}$不可能都为 **0**，因此总可针对式（3.23）或式（3.25）的约束条件构造出可行解并使其目标函数最优值为 1，即$(\boldsymbol{x}_0,\boldsymbol{y}_0,\boldsymbol{z}_0)$为弱 DEA 有效的。充分性得证。

显然，前面所构造的 DEA 绩效评价模型式（3.23）—式（3.26）仅认可了数据属性的三分类可能性，但对于因数据变化而带来的数据属性变化考虑尚不够充分。若允许属性变化，则有必要就数据属性所处的具体状态进行进一步分析，并以此为依据，将数据三分类下的数据属性区分为双分类，以反映评价者基本偏好。举例来说，人们认可劳动力数据属性为中性型，但这种属性根据劳动力要素相对禀赋不同而发生变化，因此，在劳动力要素相对较少时，在评价中将其视为规避型数据，反之，若劳动力要素相对较多，在评价中则将其当成偏好型数据。

因此，针对数据变化带来的中性型数据属性变化问题，本书可以考虑一种新的相对有效性评价指标及评价模型，主要思路：首先，将中性型数据分别假设为偏好型数据或规避型数据，从而数据三分类绩效评价问题对应于多个数据双分类绩效评价问题；其次，在相同的绩效导向下，本书分别核算所有数据双分类 DEA 绩效评价模型的效率值；最后，从经济人的理性出发，假设 DMU 满足自适应性，即 DMU 根据自身的中性型数据特征，总倾向于选择对其最有利的生产模式，以确保生产状况最优。基于这一考虑，本书定义所有双分类 DEA 绩效评价模型的效率值之最大者为数据三分类 DEA 绩效评价模型的效率值。本书将在实证分析部分考虑这种效率指标及算法的具体应用。

3.3.3 数据三分类 DEA 模型与传统 DEA 模型之间的关系

在测度绩效方面，DEA 方法所体现出的一个优点是权重的可变性。在现实经济中，同类型的投入、产出对于不同决策主体可能表现出不同的效用，利用权重的可变性这一点在传统 DEA 模型中得到了很好的体现。但传统 DEA 模型所允许的权重可变性仍旧是受限制的，即同类数据只有偏好程度的差异，没有偏好类型的差异。在数据三分类基础上，本书允许各 DMU 在某些数据方面有更为广泛的偏好浮动。

不难看出，数据三分类 DEA 模型可概括几类传统 DEA 模型。比如，在缺乏中性型数据情况下，数据三分类 DEA 模型退化为 CCR 模型：

$$\begin{cases} \min & \boldsymbol{\omega}^T \boldsymbol{x}_0 \\ \text{s.t.} & \boldsymbol{\omega}^T \boldsymbol{x}_j - \boldsymbol{\mu}^T \boldsymbol{y}_j \geq 0, j = 1, 2, \cdots, n \\ & \boldsymbol{\mu}^T \boldsymbol{y}_0 = 1 \\ & \boldsymbol{\omega} \geq \boldsymbol{0}, \boldsymbol{\omega} \in \mathbf{R}^m, \boldsymbol{\mu} \geq \boldsymbol{0}, \boldsymbol{\mu} \in \mathbf{R}^s \end{cases}$$

又如，BCC 模型也是一种特殊的数据三分类 DEA 模型，在数据三分类框架下，只需引入单一常量中性型数据即可得到 BCC 模型：

$$\begin{cases} \min & \boldsymbol{\omega}^T \boldsymbol{x}_0 + \eta \\ \text{s.t.} & \boldsymbol{\omega}^T \boldsymbol{x}_j - \boldsymbol{\mu}^T \boldsymbol{y}_j + \eta \geq 0, j = 1, 2, \cdots, n \\ & \boldsymbol{\mu}^T \boldsymbol{y}_0 = 1 \\ & \boldsymbol{\omega} \geq \boldsymbol{0}, \boldsymbol{\omega} \in \mathbf{R}^m, \boldsymbol{\mu} \geq \boldsymbol{0}, \boldsymbol{\mu} \in \mathbf{R}^s, \eta \in \mathbf{R} \end{cases}$$

这一点表明，对于一个满足规模报酬不变性的三分类 DEA 实证生产可能集，其横截面（固定中性型数据）呈现出规模报酬可变性。类似地，在缺乏规避型数据情况下，数据三分类 DEA 模型退化为魏 - 阎模型：

$$\begin{cases} \min & \boldsymbol{\eta}^T \boldsymbol{z}_0 + \eta_0 \\ \text{s.t.} & -\boldsymbol{\mu}^T \boldsymbol{y}_j + \boldsymbol{\eta}^T \boldsymbol{z}_j + \eta_0 \geq 0, j = 1, 2, \cdots, n \\ & \boldsymbol{\mu}^T \boldsymbol{y}_0 = 1 \\ & \boldsymbol{\eta} \in \mathbf{R}^t, \eta_0 \in \mathbf{R}, \boldsymbol{\mu} \geq \boldsymbol{0}, \boldsymbol{\mu} \in \mathbf{R}^s \end{cases}$$

该模型含有 $t+1$ 种中性型数据，其中后一种数据值恒定。FG 模型、ST 模型本身即 CCR 模型的特殊情况，与数据三分类 DEA 模型的关系自然不必多说，具体可参考马赞甫与刘妍珺（2011）关于四类 DEA 模型之间关系的相关论述。

因假设规模报酬不变，人们仍称前面数据三分类 DEA 模型为数据三分类 CCR 模型。后面本书将结合宏观经济生产实际情况，假设劳动力数据属性为中性型，进而采用数据三分类 CCR 模型测评经济绩效。本书发现数据属性的变化事实上可看成 DMU 自适应决策环境的一种表现。比如，在经济陷入危机时，失业率增加，政府将稳定就业视为宏观经济调控目标，则劳动力输入被看成偏好型数据，在宏观经济生产绩效评价中被赋予正的权重；当经济复苏并繁荣时，失业问题得以有效缓解，劳动力供不应求的状况可能出现，则劳动力输入被当成规避型数据，在绩效评价时被赋予负的权重。据此可以理解某些中性型数据为何输入或输出过量，这种现象未必是非理性选择的结果。

就大部分 DEA 模型而言，其评价过程均遵从如下程式：对每一个指标赋予合适的权重，然后对所有指标进行加权求和，即得到评价对象的相对效率值。或者说，DEA 方法对绩效的评价事实上是一种基于加权和的评价，这一点与层次分析法、模糊评价法并无不同。但 DEA 方法在指标权重选择方面有其特殊性，其权重表征了不同指标对于不同 DMU 的重要性，具有可变性，这是 DEA 方法的优点，也是其遭受诟病的地方。

在西方经济学中，如边际效用、边际产出、边际价值等描述资源重要性的概念较多。边际效用是一种主观度量，表征消费者效用随商品消费量变动的敏感性，按照边际效用递减规律，边际效用呈递减趋势，或者说，商品之于消费者的重要性应随着数量的变化而有所调整。类似地，就生产者而言，在其他要素投入量不变的前提下，某种要素的边际产出受边际报酬递减规律影响而随其投入量增加而衰减，即要素之于生产者的重要性具有可变性。

DEA 方法中的权重具有可变性，其经济学背景是影子价格理论，抽象于边际效用与边际产出等具体概念。影子价格是要素或产品合理价格的一种度量。影子价格表征商品使用价值，随着商品使用时间、场所、技术转换关系等不同而可适当进行调整，换言之，影子价格是可变的。

综上所述，既然 DEA 方法是一种加权平均法，且这种权重表征各个指标对于评价对象的重要性，那么对象不同，这种重要性自当有所区别，且这种重要性不仅仅在程度方面不同，在质方面也不同。DEA 权重可解释为具有可变性的影子价格，这是数据三分类 DEA 方法的经济学基础。

3.3.4 数据三分类 DEA 模型的算法

本书所构造的数据三分类 DEA 模型仍为线性规划问题,可以采用线性规划相关算法、软件求解模型,计算效率值。考虑到数据三分类 DEA 模型与传统 DEA 模型之间的相互关系,可以采用求解传统 DEA 模型的 DEAP Version 2.1 软件予以求解,其前提是存在一个联系两者之间关系的算法。

在中性型数据单一的情况下,马赞甫与刘妍珺(2011)采用数据变化,将数据三分类 DEA 模型转化为数据双分类 BCC 模型,进而凭借 DEAP Version 2.1 软件求解模型,其所针对的绩效评价问题是式(3.23)—式(3.26)。

若中性型数据不唯一,则这一算法不再适用,本书在前面所提议的自适应假设下考虑数据三分类 DEA 模型算法的设计。假设数据变化引起数据属性变化,则在中性型数据不多的情况下,可采用如下自适应算法:首先,将所有中性型数据分别看成偏好型数据或规避型数据;其次,在相同效率导向下,采用数据双分类 DEA 模型算法与程序核算出所有数据双分类 DEA 模型的效率值;最后,取相应数据双分类 DEA 模型效率值最大者为数据三分类 DEA 模型的效率值。

3.4 DEA 聚类分析

万事万物既有个性又有共性,既有区别又有联系,聚类分析是综合处理世间万物共性与个性、区别与联系的一种统计分析方法。与此相反,评价相对有效性的 DEA 往往过于强调评价对象之间的个性与区别,忽略了对象本身所具有的共性与联系。因此,有必要在用 DEA 方法进行相对有效性评价基础上进一步开展具有一定针对性的聚类分析方法研究,以弥补 DEA 这一内在缺陷。

DEA 具有技术描述功能,该功能赋予了 DEA 另外一个既为其优点又饱受多方诟病的特征:与回归分析不同,DEA 在最优层面而非平均角度考察多输入指标与多输出指标之间的对应关系,极容易受到病态数据的影响,换言之,DEA 存在生产可能集前沿面不稳定问题。这是 DEA 理论与方法的外在缺陷。虽然在海量数据条件下该缺点或许不是问题,但这一缺点在实践应用中往往不能忽略。从这一角度来看,本书有必要建构 DEA 的统计基础,就 DEA 与聚类分析两者有机结合开展理论与方法研究。

从现有研究来看，基于 DEA 的聚类分析方法具有极为广泛的应用前景，可用于分析现实社会、经济、生活中各类具体的联盟问题，比如选票问题、高校合并、企业重组等，它具有重要的现实意义。

3.4.1 问题的提出

DEA 方法是凭借数学规划模型特别是线性规划模型与多目标规划模型评价给定对象相对有效性的一种非参数方法。就本质而言，相对有效性这一概念要求 DEA 方法充分尊重、彰显评价对象即各 DMU 的个性特征。事实上，DEA 方法通过指标权重的可变性切实反映了各评价对象所具备的比较优势。这一处理方式是 DEA 理论与方法的基本特征，同时是其广受诟病之所在。与此相对应，聚类分析方法更为关注评价对象的共同特征。因过多地关注评价对象的个性特征，DEA 方法欠缺稳健性。从现有研究来看，DEA 方法与聚类分析方法相结合兼顾了事物的共性与个性，是一种可行性选择，具有广阔的应用前景。

DEA 方法具有强化评价对象个体特征的倾向，通过赋予可变性权重可以充分分化所观测到的 DMU，尽可能地对所观测到的对象进行排序，从而实现评价的基本目标。然而，DEA 不仅仅局限于对给定 DMU 进行相对有效性评价这一功能，人们完全有必要构建 DEA 方法的统计学基础，规避其在稳定性方面存在的缺陷。

一方面，在很多情况下，人们所观测到的 DMU 仅仅有数据训练集的用途，其最终目的在于衍生评价标准，确定指标权重，以应用于更广泛范围的评价工作，这就要求权重具有相对稳定性。换言之，这需要根据所观测到的 DMU 衍生唯一的评价标准，确定唯一合理的指标权重体系，关于"一价律"问题的相关研究即基于这一考虑（Kuosmanenet al., 2006, 2010）。

另一方面，技术描述也是 DEA 的主要功能之一，而从技术描述角度来看，采用 DEA 方法所界定的生产技术与采用回归分析方法所估计的生产函数截然不同，后者是基于平均意义的，稳定性较好，而前者是基于最优意义的，容易受数据干扰，稳定性较差，这是 DEA 方法广受诟病之所在。当然，基于最优意义的 DEA 实证生产可能集前沿面更符合经济学优化资源配置与利用的基本要求。

最优性倾向不可避免地会导致稳定性问题。DEA 实证生产可能集的前沿面决定于弱 DEA 有效的 DMU，而 DMU 的弱有效性极为脆弱，容易受新增 DMU 的干扰。一旦新增 DMU 满足 DEA 有效性，则包含新增 DMU 的 DEA 实证生产可能集将发生变化，其前沿面也相应发生变化，原有的存在于输入与最优输出之间的对应关系也将不复存在。

因此，为进一步完善绩效评价与技术描述这两大 DEA 方法的基本功能，DEA 实证方法需要构建其统计学基础。事实上，Schmidt（1985）早就指出 DEA 方法是一种欠缺统计学基础的绩效评价方法，进而怀疑其应用价值。

就现有文献来看，至少存在三种方法可奠定 DEA 方法的统计学基础：

（1）结合不同学科背景、合理假设，赋予 DEA 估计统计特征。比如，针对单输出情形，Banker（1993）在所构建的生产函数假设条件下，严格证明了 DEA 实证生产可能集前沿估计满足最大似然性与一致性。

（2）海量数据或无穷 DMU 支撑。所观测到的全部 DMU 仅仅是总体的一部分，之所以需要建立 DEA 方法的统计学基础，是因为人们怀疑样本的代表性。因此，若样本容量满足一定要求，DEA 方法自然获得统计层面的合理性。在大多数场景下，获取海量数据存在难度，且海量数据容易滋生计算方面的问题。数量无穷的 DMU 框架则更具一般性，人们无须怀疑其代表性。

（3）方法层面创新，建构 DEA 聚类分析方法。有不少文献探讨 DEA 与聚类分析相结合的方法，并指出其广阔的应用前景。事实上，关注各 DMU 之间的共性与联系，综合运用 DEA 与聚类分析的文献较多，且根据顺序大体上可划分为两大类型：

①在聚类分析基础上进行 DEA 分析，或者说先关注 DMU 的共性再考察其个性。比如，马生昀等（2012）先对 DMU 采用最小距离法进行了聚类，进而对每一类型的 DMU 进行了 DEA 评价，妥善处理了各 DMU 共性与个性之间的关系。

②在 DEA 评价基础上进行聚类分析，即先关注个性再考虑共性。这一系列研究的主要区别集中于具体聚类分析方法的选择。王应明与傅国伟（1993）采用逐步 DEA 评价法，在删除有效性 DMU 后进行新一轮的效率评价，在每一轮评价结束后都将剩余 DMU 划分为有效与无效两大类型，依次类推，其聚

类具有层次性，充分体现了类与类之间的相对有效性；吴广谋、盛昭瀚与朱乔（1993）分别考察了输出与输入导向下的聚类问题，其中，输出导向以DMU输出冗余向量之间的欧式距离为聚类依据，输入导向聚类则综合考察了DMU在输入规模与输入效率两方面的特征；李果与王应明（1999）、柯健与李超（2005）采用最优分割法进行聚类；Po等（2009）则根据DMU的投影位置进行聚类。

现有文献都正视了DEA理论与方法的内在缺陷，并试图采用聚类分析方法予以补充，其中Po等（2009）所倡导的方法尤其值得推崇，是DEA方法与聚类分析方法的有机组合，具有内在的一致性。当然，Po等（2009）所倡导的方法过于关注DEA聚类的外在特征，疏忽了对其内在机理的梳理。

3.4.2 聚类思路

一项生产经营活动总涉及要素的输入与产品的输出，在可量化基础上表示为多个数值指标。出于不同经营目的或受限于经营条件，评价者对指标的偏好不尽相同，本书考虑在指标偏好类型与偏好程度基础上对其进行聚类分析。联系到DEA基本理论与方法，本书采用DMU描述生产经营活动，借助DEA模型区分指标的偏好类型与偏好程度，并在此基础上对所观测到的DMU进行聚类。

与一般的聚类分析方法相比较，本书所考虑的聚类分析方法有两个基本特征：

（1）聚类对象有其特殊性。具体而言，本书是对DMU进行聚类，对象行为满足经济人理性，规避成本追求收益，具有外在的输入、输出形式。顾名思义，DMU必须是能够进行自主决策的个体，有明确的决策目标。根据DEA的基本要求，所有的DMU都是类似的，有着相同的数据结构，都追求相同的目标，这是聚类对象共性的主要体现。

为完成聚类，还必须在对象共性基础上区分其个性。本书认为，对DMU进行聚类不仅要考虑其决策目标，更需要考察其目标的具体实现方式。为了尽可能保证目标的实现，在允许选择的前提下，一个满足经济人理性的DMU必然会根据其比较优势进行决策，进而选择实现其目标的最佳方式。评价相对有效性的DEA方法可以具体实现这一基本要求。

在 DEA 评价中，所有 DMU 都在给定框架内自主选择于其最为有利的权重，以辩护其相对有效性。一个 DMU 对最优权重的选择具体反映了其所具有的比较优势，这可视为其不同于其他 DMU 的一种表征。若最优权重解释为影子价格，一个 DMU 对最优权重的选择相当于其对潜在市场的搜寻，在该市场上，DMU 可最大化其自身价值。对潜在市场的搜寻引出了 DEA 聚类的另一个特征，即衍生数据特征。

（2）本书主要基于衍生数据而非原始数据对所观测到的 DMU 进行聚类，这也是所有 DEA 聚类分析方法的一个共同特征。若给定 DEA 实证生产可能集公理体系，在所观测到的 DMU 基础上相应的 DEA 实证生产可能集可被构造出。这事实上可看成 DEA 的数据衍生过程，经过这一过程，不但有限个 DMU 衍生出无穷多个潜在 DMU，而且 DEA 实证生产可能集的前沿超平面也得以确定，或者说，该过程衍生了一系列前沿超平面法向量。根据这些衍生数据，本书可以对所有的 DMU 进行聚类。

经相对有效性评价，所有 DMU 被区分为弱有效与非弱有效两大类型，其中弱有效的 DMU 支撑了 DEA 实证生产可能集的前沿超平面，位于前沿超平面上，而非弱有效的 DMU 则位于 DEA 实证生产可能集的内部，处于所有前沿超平面的下方。在最大化相对效率目标下，一个非弱有效的 DMU 总是参引弱有效的 DMU 选择于其最为有利的权重。这一过程即 DEA 投影过程，使得非弱有效的 DMU 总是投影于 DEA 实证生产可能集的某一个或某些前沿超平面上，其结果导致任何 DMU 总是与一个实际或潜在的弱有效 DMU 相对应，其中，弱有效 DMU 的投影即为其本身。如此一来，所有 DMU 都在 DEA 实证生产可能集前沿面上存在投影，本书可根据 DMU 的投影位置对其进行聚类。

综上所述，本书的聚类依据实际上是 DEA 实证生产可能集前沿超平面的相对位置，这源于生产函数分段理论。从短期来看，生产函数往往满足边际报酬递减规律，一般被划分为三个阶段；从长期来看，生产函数满足规模报酬递减规律，同样被划分为三个阶段[①]。划分生产函数阶段的主要依据是边际产出与平均产出之间的关系。

---

① 高鸿业．西方经济学：微观部分[M]．8 版．北京：中国人民大学出版社，2021．

从实证分析的角度来看，本书有必要估计有效产出与边际产出，如果产出是多元的，相关概念需要另行界定，这些都可以借助 DEA 方法实现。比如，DEA 实证生产可能集可用于描述生产技术，其前沿超平面的法向量可解释为影子价格，可看成对边际产出的一种估计。

综上所述，本书的聚类依据是 DMU 在 DEA 实证生产可能集前沿超平面上的投影位置。这只是聚类依据的外在形式或几何形式，其本质是各 DMU 在输入与输出指标的偏好类型及偏好程度方面存在的差异。事实上，前沿超平面的差异本质上是法向量的差异，即指标相对权重的差异。如果让所有 DMU 集中在一起对各类指标的偏好类型及偏好程度进行投票，同一类型的 DMU 具有共同的利益，将结为同一阵营。

3.4.3 基本步骤

根据前述思路，本书所倡导的聚类分析方法着眼于聚类对象的主体地位，视其为理性人，能选择恰当方式最大化其个体利益。联系到 DEA 基本理论与方法，聚类可在 DEA 实证生产可能集前沿超平面基础上进行。具体而言，DEA 聚类分析方法主要包括如下基本步骤：

（1）联系 DMU 实际情况，合理假设，选择合适的 DEA 模型。在此基础上，构造相应的 DEA 实证生产可能集。利用 DEA 实证生产可能集形式转换方法，具体确定 DEA 实证生产可能集的前沿超平面。

（2）假设目标导向，利用双分类 DEA 模型，确定各 DMU 在 DEA 实证生产可能集前沿超平面上的投影。显然，一个 DMU 在不同导向下的投影未必一致。比如，采用输出最小化导向或者输入最大化导向所确定的投影具有明显差异。

（3）根据 DMU 投影所在的前沿超平面对 DMU 进行聚类。首先将投影处于同一前沿超平面的 DMU 归并为一小类；进一步地，以前沿超平面法向量的夹角余弦度量前沿超平面之间的相似程度，将相似的小类归并为一大类；如此反复直至最终的一类涵盖所有 DMU 为止。

需要注意的是，根据 DEA 实证生产可能集的基本特征，同一个弱有效 DMU 可能位于不止一个 DEA 实证生产可能集前沿超平面上，这也是不同

DEA 实证生产可能集前沿超平面之间共性的一个表现，是其进一步合并的依据之一。

另外，在依据前沿超平面法向量对各小类进一步归并时，还存在归并方法的具体选择问题。因为每一小类都有可能涵盖两个或者两个以上的前沿超平面，其间可能确立了不止一个法向量余弦。因此，当考虑以法向量余弦表征两个不同小类之间的相似程度时，需要进一步确立类与类之间的相似程度标准，不同的标准可能对应不同的聚类结果。

3.4.4 示例

考虑一个基于 DEA 方法的聚类问题，各 DMU 追求输出最大化，它有单输入、双输出的数据类型。假设输入与输出之间的对应关系满足规模报酬不变性。之所以如此假设，纯粹是为了图示直观，在这一假设下，可采用生产可能性边界线描述输入与输出之间的对应关系。设有 13 个 DMU，其输入、输出数据具体如矩阵 A 所示。

$$A = \begin{pmatrix} 2 & 1 & 1 & 3 & 2 & 2 & 1 & 2 & 1 & 2 & 3 & 3 & 2 \\ 6 & 4 & 5 & 18 & 12 & 14 & 8 & 16 & 14 & 28 & 42 & 48 & 33 \\ 4 & 9 & 12 & 18 & 20 & 23 & 6 & 22 & 2 & 8 & 18 & 9 & 4 \end{pmatrix}$$

矩阵 A 的第 j（$j=1,2,\cdots,13$）列对应第 j 个 DMU，第一行为输入数据，第二行及第三行为输出数据。考虑到规模报酬不变性，可对所有 DMU 进行比例变化，使其输入数据都化为 1，绩效评价可根据矩阵 B 进行。

$$B = \begin{pmatrix} 1 & 1 & 1 & 1 & 1 & 1 & 1 & 1 & 1 & 1 & 1 & 1 & 1 \\ 3 & 4 & 5 & 6 & 6 & 7 & 8 & 8 & 14 & 14 & 14 & 16 & 33/2 \\ 2 & 9 & 12 & 6 & 10 & 23/2 & 6 & 11 & 2 & 4 & 6 & 3 & 2 \end{pmatrix}$$

经 DEA 评价，13 个 DMU 中输出弱有效的为矩阵 B 第 3 列、第 6 列、第 8 列、第 11 列、第 12 列及第 13 列向量所对应 DMU。支撑了 5 个 DEA 实证生产可能集的前沿超平面的法向量如矩阵 C 所示。

$$C = \begin{pmatrix} 53 & 30 & 106 & 54 & 35 \\ 1 & 1 & 5 & 3 & 2 \\ 4 & 2 & 6 & 2 & 1 \end{pmatrix}$$

因此，由给定的 13 个 DMU 所确定的 DEA 实证生产可能集 T_{CCR} 可表示为

$$T_{CCR} = \{\boldsymbol{\phi} : \boldsymbol{\phi}^{\mathrm{T}} \boldsymbol{C} \leq \boldsymbol{0}\}$$

这是所谓的交形式。

从图形来看，DEA 实证生产可能集 T_{CCR} 是一个锥，其横截面 $T_{CCR} \cap \{\boldsymbol{\phi} : x = 1\}$ 的边界为分段曲线，该曲线由五条线段构成，即单位输入所对应的生产可能性边界如图 3-1 所示。

所有非弱有效的 DMU 都可在生产可能性边界上找到其投影，其中，DMU-2 与 DMU-5 的投影位于由原点、DMU-3 与 DMU-6 所决定的前沿超平面上，而 DMU-1、DMU-4 及 DMU-7 的投影位于由原点、DMU-8 与 DMU-11 所决定的前沿超平面上，DMU-10 的投影位于由原点、DMU-11 与 DMU-12 所决定的前沿超平面上，DMU-9 的投影则位于由原点、DMU-12 与 DMU-13 所决定的前沿超平面上。根据前述思路，这 13 个 DMU 初步可区分为 5 小类。具体聚类情况如图 3-1 所示。

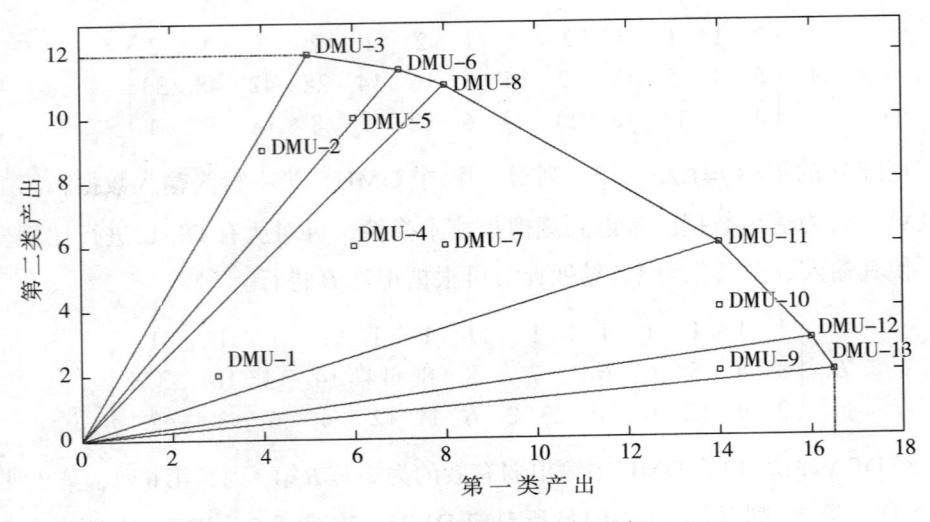

图 3-1　生产可能集 T_{CCR} 横截面

进一步地，可根据 5 个前沿超平面的位置进一步聚类。矩阵 $\boldsymbol{D}$ 度量了前沿超平面直径的相似程度，其第 m 行第 n 列 $(m, n = 1, 2, \cdots, 5)$ 元素为前述第 m 个与第 n 个前沿超平面法向量所成角的余弦值，事实上余弦值是根据两个法向量

的内积与其长度比计算得到的。

$$D = \begin{pmatrix} 1.000\,000 & 0.999\,857 & 0.999\,425 & 0.998\,596 & 0.998\,177 \\ 0.999\,857 & 1.000\,000 & 0.999\,854 & 0.999\,318 & 0.998\,996 \\ 0.999\,425 & 0.999\,854 & 1.000\,000 & 0.999\,775 & 0.999\,560 \\ 0.998\,596 & 0.999\,318 & 0.999\,775 & 1.000\,000 & 0.999\,963 \\ 0.998\,177 & 0.998\,996 & 0.999\,560 & 0.999\,963 & 1.000\,000 \end{pmatrix}$$

以最大余弦值度量类与类之间的相似程度,根据矩阵 D,这 13 个 DMU 可逐步聚类且最终整合为一大类,具体聚类过程如表 3-1 所示。

表 3-1 基于 DEA 实证生产可能集前沿面的聚类

DMU	聚为五类	聚为四类	聚为三类	聚为两类	聚为一类
DMU-2、DMU-3、DMU-5、DMU-6	超平面 1	1.000 000	—	—	—
DMU-6、DMU-8	超平面 2	1.000 000	0.999 857	—	—
DMU-1、DMU-4、DMU-7、DMU-8、DMU-11	超平面 3	1.000 000	1.000 000	0.999 854	
DMU-10、DMU-11、DMU-12	超平面 4	0.999 963	0.999 963	0.999 963	0.999 775
DMU-9、DMU-12、DMU-13	超平面 5	—	—	—	—

不难看出,初始分类的依据本质上是不同 DMU 在三类指标权重选择上的差异,或者说是指标相对重要性的差异。由超平面 1 依次到超平面 5,第二类输出的相对重要性逐步提高,而第一类输出的相对重要性则逐步降低。事实上,不同的 DMU 生产不同产品的机会成本的差异,决定了其比较优势与行为选择。

综上所述,在 Po 等(2009)工作基础上,本书提出了一个新的 DEA 聚类框架,其思路受到锦鲤觅食现象的启发。锦鲤不是因为其种类,不是因为其色泽而汇聚在一起,而是源于其对必不可少的食物的共同关注。与此类似,本书提出的聚类基于各理性 DMU 对其潜在利益与最大利益的追求,即根据支撑 DMU 弱有效性的影子价格对 DMU 进行聚类。

影子价格定义较多,其中 Koopmans(1957)所提出的有效价格具有代表性。Koopmans 认为，一个价格向量若能支撑资源配置组合的帕累托有效性即为有效价格或影子价格。因 DMU 的弱 DEA 有效性与相应 DEA 实证生产可能集中点的弱帕累托有效性等价，支撑给定 DMU 弱有效性的权重即可视为资源组合的影子价格，这切实表征了该 DMU 输入、输出的潜在价值。

就所观测到的 DMU 而言，从相对有效性出发，可确定一组甚至无穷多组影子价格向量。不论何种 DMU，若认可某种影子价格，则在资源禀赋、生产技术及所面临的潜在机会方面具有内在一致性，即可视为同一类型。聚类的具体操作程式联于 DEA 实证生产可能集公理体系，下面将以 CCR 生产可能集公理体系为例进行阐述。

若生产技术满足 CCR 生产可能集公理体系，则可能的影子价格向量由前面 CCR 绩效评价模型式（3.11）的对偶形式：

$$\begin{cases} \min & \boldsymbol{\omega}^T \boldsymbol{x}_0 \\ \text{s.t.} & \boldsymbol{\omega}^T \boldsymbol{x}_j - \boldsymbol{\mu}^T \boldsymbol{y}_j \geq 0, j = 1, 2, \cdots, n \\ & \boldsymbol{\mu}^T \boldsymbol{y}_0 = 1 \\ & \boldsymbol{\omega} \geq 0, \boldsymbol{\mu} \geq 0 \end{cases}$$

所决定。

对所观测到的 n 个 DMU，都可根据这个对偶模型确定输入与输出的最优权重 $(\bar{\boldsymbol{\omega}}^T, \bar{\boldsymbol{\mu}}^T)^T$，该最优权重支撑了相对有效的 DMU，可视为输入与输出指标的影子价格。记全部 DMU 所对应影子价格的集合为 SP_{CCR}。

对于每个 DMU，基于相应影子价格的加权和是其潜在价值与最大价值所在。因此，若不同 DMU 对应集合 SP_{CCR} 中相同的影子价格，则意味着它们具有相同的潜在利益，可归结为同一小类。进一步地，根据不同小类所对应影子价格向量的相似程度将其合并为大类，以此类推，最终可将全部 DMU 聚为一类。

考虑一个投票问题，所有 DMU 对集合 SP_{CCR} 中的影子价格向量即输入、输出指标权重进行投票。从经济人理性出发，每一个 DMU 都将选择于其最为有利的影子价格向量，因此，投票的结果是所有 DMU 都根据不同的指标权重向量进行了群分，最终实现了上述聚类分析结果。

若结合 DEA 实证生产可能集结构，这一思路具有更为直观的外在表现，即 Po 等（2009）所展现的聚类结果。DEA 实证生产可能集中的点可划分为弱帕累托有效与非弱帕累托有效两大类型，其中弱有效点位于生产可能集前沿面上，而非弱有效点则位于生产可能集前沿面的下方。考虑到弱有效性的相对属性，每个非弱有效点在输入导向或输出导向下存在投影点，该投影点位于前沿面上。就初始聚类而言，同一类DMU的投影点应集中于DEA实证生产可能集前沿面的同一个超平面上，即同一类DMU的几何投影位置具有相似性。

因此，这一聚类框架具有坚实的经济学背景。DEA实证生产可能集奠定了DEA方法的经济学基础，而本书所提出的DEA聚类框架则基于DEA实证生产可能集的有效前沿面。这种聚类与生产函数及成本函数短期、长期阶段性划分相对应，是其在多输入、多输出环境下的一种拓展。不难看出，基于影子价格的聚类是一种基于衍生数据的聚类，其聚类依据是不同DMU所对应的影子价格的相似性，这是其基本特征所在。

3.5 DEA 影子价格

影子价格理论是针对市场失灵现象而提出的。发展中国家普遍存在价格扭曲现象，投资计划的制定、投资方案的选择都是在影子价格基础上进行的。就发达资本主义国家而言，必要的垄断管制、公共产品定价等领域都涉及影子价格的设定。特别是在社会主义国家，影子价格一度是计划经济时代常用的资源配置方式。可以说，不论何种经济制度、经济组织形式，影子价格在资源配置、利用方面都发挥着至关重要的作用。

但影子价格并未得到经济学家的一致认可，恰恰相反，影子价格往往遭受诟病（萨松等，1991）。抛去对自由市场的信奉这一理由，影子价格的定义方式难辞其咎。作为市场价格的补充，影子价格往往从局部的市场模拟角度选择定义方式。出于不同的价值取向，不同定义方式下的影子价格在估计方法上存在较大差异。尽管经济学家做出了种种努力，影子价格的普遍适用性仍旧是一个问题。

DEA绩效评价理论与方法有影子价格背景，也可用以估计影子价格。事实上，Charnes等（1978）曾赋予DEA权重价格含义。Womer等（2006）则在权重价格解释基础上利用 DEA 方法进行了成本—收益分析。最为典型的是，Kuosmanen 等（2006，2010）曾多次考察 DEA 方法所蕴含的影子价格寓意。另外，关于 DEA 与影子价格之间的关系，马赞甫（2007）曾有较为系统的论述。

3.5.1 DEA 最优权重与影子价格

一般而言，DEA 模型提供了一种 DMU 自我申述—听证的测评机制，与讨价还价市场行为类似，可用以估计影子价格。以 CCR 模型为例，考虑如式（3.31）所示的对偶形式：

$$\begin{cases} \min & \boldsymbol{\omega}^T \boldsymbol{x}_0 \\ \text{s.t.} & \boldsymbol{\omega}^T \boldsymbol{x}_j - \boldsymbol{\mu}^T \boldsymbol{y}_j \geq 0, j = 1, 2, \cdots, n \\ & \boldsymbol{\mu}^T \boldsymbol{y}_0 = 1 \\ & \boldsymbol{\omega} \geq 0, \boldsymbol{\mu} \geq 0 \end{cases} \quad (3.31)$$

必须承认，DEA 效率测度方法的基础是投入、产出权重向量 $(\overline{\boldsymbol{\omega}}, \overline{\boldsymbol{\mu}})$ 的合理性：一方面，目标 DMU 从自身特点出发，选择最优的权重向量 $(\overline{\boldsymbol{\omega}}, \overline{\boldsymbol{\mu}})$ 对自身运营绩效进行辩护；另一方面，权重向量 $(\overline{\boldsymbol{\omega}}, \overline{\boldsymbol{\mu}})$ 的合理性将受到评估方的检测与反诘。可以说，目标 DMU 与评估方之间存在博弈关系。

当最优权重向量 $(\overline{\boldsymbol{\omega}}, \overline{\boldsymbol{\mu}})$ 满足一定条件时，可视其为投入与产出所对应的影子价格，且至少可从如下三方面解释其合理性：

（1）线性规划与影子价格的关系。采用线性规划确定影子价格由来已久，至少可以追溯到苏联数学家、数理经济学家 Kantorovich 的工作。DEA 方法一般采用线性规划模型考评绩效，这很容易联系到影子价格理论。式（3.31）是线性规划问题式（3.11）的对偶形式，其最优解 $(\overline{\boldsymbol{\omega}}, \overline{\boldsymbol{\mu}})$ 是式（3.11）的对偶变量，表征了要素使用对于目标函数的使用价值。

（2）资源配置的有效性与影子价格的关系。DEA 有效性概念来自 Koopmans 所给出的帕累托有效性，可定义 Koopmans 意义下的影子价格。以 CCR 模型为例，若 $(\overline{\boldsymbol{\omega}}, \overline{\boldsymbol{\mu}})$ 为式（3.31）的解，即相当于 $(\overline{\boldsymbol{\omega}}, \overline{\boldsymbol{\mu}})$ 支撑了目标 DMU 的弱 DEA 有效性或弱帕累托性，符合影子价格的基本要求。

（3）技术描述与影子价格的关系。在单一决策目标下，边际条件往往是资源配置最优的必要条件，基于此，影子价格的边际定义应运而生。DEA方法从描述有效投入—有效产出之间的对应关系出发，可测度边际成本或边际产出，反映资源使用价值，其可定义为影子价格。

3.5.2 DEA实证生产可能集和、交形式转换算法

作为线性规划问题，DEA绩效评价模型可利用单纯型法求解，但单纯形法通常只能确定原线性规划问题或对偶问题的一个解，不能直接确定影子价格，因为确定影子价格通常需要知道对偶问题的全部解。

解决问题的一个办法是将DEA实证生产可能集 T_{CCR} 进行和、交形式转换。如式（3.6）~式（3.11）所定义的DEA实证生产可能集形式称为和形式，是因为DEA实证生产可能集中的部分元素可表示为给定DMU的加权和形式。考虑到集合 T_{CCR} 是 $\mathbf{R}^{m+s}$ 空间中的一个凸集，它必可表示为若干半空间的交集形式，这种形式称为交形式。交形式给出了DEA实证生产可能集前沿面的具体形式，明确了有效投入与有效产出之间的对应关系，在绩效评估、有效性判断方面具有一定优越性。有关生产可能集和、交形式方面的介绍，可参看魏权龄（2004）的论述。

事实上，若能确定DEA实证生产可能集前沿超平面法向量，即可确定要素影子价格向量。在这种情况下，生产要素影子价格与边际报酬相关，经济含义较为直观。本研究即根据DEA实证生产可能集和、交形式转换算法估计生产要素影子价格。

3.5.3 DEA影子价格基本特征

利用DEA方法估计得到的影子价格，具有支撑资源配置、利用的弱帕累托有效性特征。基于DEA的影子价格实际上是基于DEA实证生产可能集前沿面的影子价格，与前沿超平面法向量相关，是解释相关弱DMU有效性的主要依据，反映并支撑DMU在资源配置、利用上的绩效。

利用DEA方法估计得到的影子价格与供求规律是一致的。设每个DMU均从要素市场买进生产要素，在商品市场卖出其产品。由于有效的投入与产出

之间具有强相关性，投入与产出可视为一篮子商品，注意到买卖的异向性，将之记为$(-x, y)$。当然也可以将y看作经济人所拥有的实物形态的财富。

考虑 CCR 生产可能集T_{CCR}前沿面上的任意两个有效点$(-x_1, y_1)$及$(-x_2, y_2)$，设其所对应的影子价格分别为$(\bar{\omega}_1, \bar{\mu}_1)$与$(\bar{\omega}_2, \bar{\mu}_2)$，由

$$\begin{cases} \omega_1^T x_1 - \bar{\mu}_1^T y_1 = 0 \\ \omega_1^T x_2 - \bar{\mu}_1^T y_2 \geq 0 \\ \omega_2^T x_1 - \bar{\mu}_2^T y_1 \geq 0 \\ \omega_2^T x_2 - \bar{\mu}_2^T y_2 = 0 \end{cases}$$

可得

$$\begin{pmatrix} \Delta\omega \\ \Delta\bar{\mu} \end{pmatrix}^T \begin{pmatrix} -\Delta x \\ \Delta y \end{pmatrix} = \begin{pmatrix} \bar{\omega}_1 - \bar{\omega}_2 \\ \bar{\mu}_1 - \bar{\mu}_2 \end{pmatrix}^T \begin{pmatrix} x_2 - x_1 \\ y_1 - y_2 \end{pmatrix} \geq 0$$

价格变动与供给变动是同向的，这说明了供给与价格的相关性。换一个角度，若解释x为厂商的引致需求，则不难说明需求与价格的相关性。

事实上，各 DMU 总是寻求最为有利的权重辩护其有效性：若某种要素投入过多，其赋予的影子价格则偏低；若某种要素产出较高，其赋予的影子价格则偏高。反之，若某种要素的价格较低，满足经济人假设的 DMU 倾向于投入较多这种要素；若某种要素产出价格较高，则 DMU 选择提供更多的这种要素。

基于 DEA 基本理论，本研究拟采用 DEA 方法估计影子价格。从本质上而言，这种方法依旧属于数学规划特别是线性规划的范畴，但这种方法所导出的影子价格具有更为明显的效率含义，其衍生过程与准公共产品定价——听证机制具有相似性，在一定程度上能反映要素、商品市场的供求规律。

需要指出的是，利用 DEA 方法估计影子价格的优缺点都比较明显。作为一种非参数的统计方法，DEA 方法依托较弱的前提假设，适用范围较为广泛。但是 DEA 方法在评测有效性时所采用的标准是最优层面的，与平均意义下的有效性不同，这导致 DEA 方法所确定的影子价格受观测数据特别是奇异数据影响较大，不具有统计意义上的稳定性。

第4章 我国生产要素市场分析

如前面所指出的,本研究试图考察静态因素与动态因素对我国劳动资本分配格局形成的影响。本章试图对我国劳动力与资本市场进行分析,着重考察劳动力与资本要素各自的供给与需求状况及其相关影响因素。

无论就形式还是本质而言,相关因素对生产要素供求的影响表现为对生产要素价格特别是相对价格的影响,最终表现为对我国劳动资本分配格局的影响。考虑到一般生产要素都具有闲置成本,因此,相关因素对生产要素价格的影响尤以需求为重。尽管供求模型是西方经济学基本的分析框架,但是从实际应用层面来看,供给函数与需求函数形式的具体确定尚存在无法克服的技术难题,因此,本章仅就劳动力与资本要素供给、需求及其相关影响因素进行初步的统计分析,并以定性分析为主。

4.1 劳动力市场分析

4.1.1 劳动力与一般工资水平

劳动力是一种特殊商品,其与价格即一般工资水平之间的关系较为复杂。一方面,劳动力的供给固然受到一般工资水平的影响,但工资效应也有正反之别,因关系民生,一般工资水平往往招致政府干预。另一方面,劳动力的需求是一种引致需求,不仅受到一般工资水平的影响,还与经济技术状况、劳动力边际报酬等相关。事实上,在实证层面,很难明确给出劳动力供求与价格之间的对应关系，一般工资水平总可以在一定程度上反映劳动力的供求状况。

图4-1为1978—2022年我国就业人员与平均工资示意图，其中就业人员指就业人员数量，而平均工资指城镇单位就业人员平均工资（基期为1952年），并采用居民消费价格指数进行了平减。不难看出，在观察期内，我国就业人员与平均工资均呈增长态势，而平均工资增长尤其迅速，特别是1997年以来，我国就业人员平均工资的增长速度明显高于就业人员的增长速度。

考虑到就业人员与人口总量之间往往存在显著的线性相关性，就业人员基本上反映了我国劳动力潜在的供给状况与就业压力。考虑到我国国民收入水平尚低，工资的收入效应要小于其替代效应，劳动力供给的价格弹性较大，因此，图4-1事实上反映了我国劳动力平均工资水平的需求拉动倾向。基于这一事实，本书着重考虑从劳动力需求层面研究我国劳动资本分配格局问题，特别是我国劳动收入报酬的合理性问题。

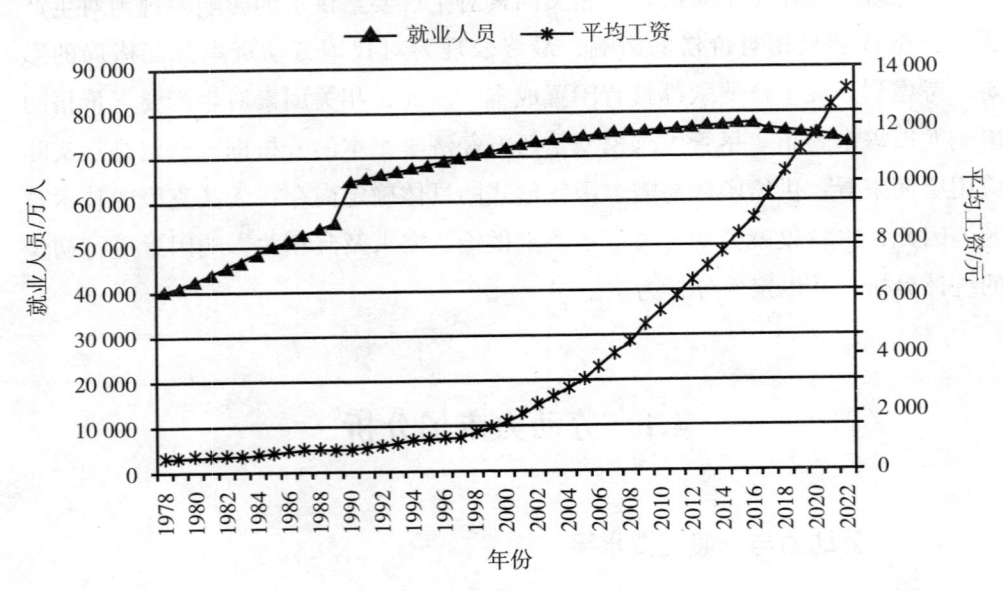

图4-1 1978—2022年我国就业人员与平均工资示意图

就理论而言，工资水平对劳动力供给的影响取决于收入效应与替代效应的权衡，与劳动力的效用函数相关，劳动力供给函数很难明确界定，因此经验分析是退而求其次的考虑。李树与陈刚（2015）使用2002年及2007年我国家庭收入调查数据，评估了主观幸福感对劳动力就业和隐性再就业概率的影响。其研究发现：幸福感上升不仅显著提高了劳动力的就业概率，还显著提高了失业劳动力实现隐性再就业的概率。之所以如此，是因为他们认为幸福感上升可增加劳动力的"关系"等社会资本，并促进其努力搜寻工作。

工资水平提高未必意味着连续的劳动力供给增加。即便在劳动力剩余的前提下，结论也可能是否定的。通过对内蒙古、甘肃两省1 500个农户的调查数据分析，丁守海（2011）认为，因为家庭分工的约束，劳动力供给曲线可能表现出特殊的阶梯形态，即随着劳动力供给的增加，农业劳动力的保留工资水平不断提高，且其幅度不断扩大。换言之，劳动力供给对工资的反应是非连续的，只有当工资上升到新的保留工资水平时，劳动力供给才有可能相应增加，否则，工资上涨并不意味着劳动力供给的增长。考虑及此，当劳动力需求扩张时，因工资的微调不能带动劳动力供给的微调，劳动力市场将长期难以出清。

4.1.2 需求影响因素分析

不失一般性，影响劳动力需求的因素包含两方面：其一是市场因素，其二是政府干预。前者主要包括经济增长、产业结构、城镇化水平、市场发育水平、技术进步与技术效率、资本因素等。后者则主要包括政府支出、最低工资标准、就业监管与就业保护等。

（1）经济增长。相对而言，规模较大的经济总量与较高速度的经济增长往往对劳动力有更高的需求。一般以就业弹性指标反映经济增长的就业吸纳能力，较高的就业弹性意味着一单位的经济增长能带来更多的就业机会。

张车伟（2009）分阶段地探讨了我国经济增长对就业的拉动效应，分析了我国劳动供求关系的变化及其演变趋势，肯定了我国经济增长的就业创造效应，认为我国劳动供求关系正在发生根本性转变。同时，指出了我国劳动供求关系所存在的结构性矛盾突出、就业非正规化严重、初次收入分配扭曲等问题。就经济增长与就业之间的关系而言，其研究指出："分阶段来看，尤其从非农就业增长来看，我国经济增长一直在大量创造就业，尤其是2002年后，随着劳动力市场改革对就业的冲击逐渐结束，经济增长和就业之间重现较强的关联性，劳动力供不应求局面在很多地区呈愈演愈烈之势。"

现有研究基本上都从实证层面验证了经济增长的就业效应，从规范性研究角度来看，有不少文献认为我国经济增长的就业弹性偏低，并试图对其进行解释。陆铭与欧海军（2011）从地方政府干预角度解释了我国经济增长创造就业能力较低的现象。根据我国城市级数据，陆铭与欧海军发现，外国直接投资（Foreign Direct Investment, FDI）能够显著提高单位 GDP 增长所带来的就业增长（就业弹性），但政府干预削弱了外资的就业创造能力。同时，具有生产性的省级政府基本建设支出与 GDP 的比值每上升 1 个百分点，城市就业弹性将下降 0.089。从趋势上来看，如果政府支出特别是基本建设支出与 GDP 的比值持续上升，那么，就业弹性将持续下降。

（2）产业结构。不同产业技术偏向不同，其就业吸纳能力也不同，产业结构必然对就业产生影响。

周勤与吴利华（2008）从产业和地区层面分析了区域产业结构、产业竞争力对区域就业的影响。其研究指出：在就业增长率、就业初始水平相同的条件下，就业初始结构决定了就业演变路径，地区初始工业化程度不同，就业演变的路径也不同。工业特别是制造业所占比重和产业竞争力差距是造成地区就业差异的主要原因。具体而言：第一，东部沿海地区制造业和金融保险业中心地位的逐步形成和加强，是其就业区域优势的主要来源。东部沿海地区制造业的竞争优势，促进了制造业和相关产业发展，带来了区域就业的增长。第二，在全国工业尤其是制造业快速发展的背景下，东北地区制造业和采掘业快速衰退，相关产业发展也随之受阻。东北地区就业下降的主要原因是制造业和采掘业产业竞争力的衰退。第三，经济发展中能源需求的增加拉动了西部地区拥有资源优势省份采掘业的发展，基础设施的改善和文化教育事业的发展带动了相关产业发展，市场开放程度提高带来了批发零售贸易和餐饮业的发展。这些产业的发展带动了西部地区就业的增长。第四，中部地区工业化程度低，就业发展差异大，制造业的竞争能力决定了中部地区省份吸纳就业能力。

类似地，马弘、乔雪与徐嫄（2013）也考察了我国制造业的就业创造与就业消失问题。运用 1998—2007 年工业企业微观就业数据，马弘、乔雪与徐嫄对我国制造业企业的就业创造与就业消失的规模、特征和趋势进行了分析。其结果表明：1998—2007 年，我国制造业同时经历了大规模的就业创造与就业消失，平均就业净增长为正，且在2002年以后达到3%—7%的净增长。马弘、乔雪与徐嫄还考察了行业属性、企业所有制、企业生命阶段、企业区域特征等制造业结构性特征对就业创造的影响，其中，就业创造和就业消失在不同行业之间具有显著的差异；私营企业就业创造率高于外资企业和国有企业，国有企业的就业消失率最高；企业越年轻，其就业创造率越高，对应的就业净增长率也越高；南部沿海地区有着最高的就业创造率，和东部沿海、北部沿海地区一起经历了就业净增长，而内陆地区则经历了就业的负增长，其中以西北和东北这些传统经济的工业生产基地最为严重。

（3）城镇化水平。关于我国城镇化水平对就业的影响，比较系统的分析可参见陆铭（2007）的研究。在分析我国劳动需求的演变时，陆铭分别研究了我国农村和城市的劳动需求机制及其变化，两者有明显区别。其中，改革开放前的我国农村劳动力需求决定于人民公社生产中的计划产量与自留地数量，改革开放后则决定于农村土地的数量和以乡镇企业为主的农村非农业产业的就业吸纳能力。而在我国城市，企业的劳动力需求演变具有阶段性特征，受计划经济影响，企业实际从业人员数量未必反映企业的真实劳动力需求。

基于1981—2009年样本数据，汪泓与崔开昌（2012）综合运用ADF检验、协整检验、误差修正模型、格兰杰（Granger）因果检验、脉冲响应分析及方差分解，考察了我国就业增长与城镇化水平之间的关系，其研究结果表明：我国就业增长与城镇化水平之间存在均衡关系，两者存在单向因果关系，城镇化是就业增长的格兰杰原因。

城镇化创造就业需求的内在机理是显然的。

其一，相较农村而言，城镇的劳动力市场更为完善，信息更为完全，城镇化无疑降低了摩擦性失业率。陆铭、高虹与佐藤宏（2012）考察了城市规模对个人就业的影响，其研究表明：城市发展的规模经济效应有利于提高劳动力个人的就业概率。

其二，城市建设本身即可创造就业机会。在城镇化进程中，基础设施建设、房地产开发会持续性地吸纳就业人口。张光南、李小瑛与陈广汉（2010）基于跨期利润函数和动态分析框架，利用我国1998—2006年各省工业企业面板数据，实证分析了基础设施投资短期和长期的就业效应、产出弹性和投资弹性。其研究发现：基础设施的就业效应在全国各地区都存在显著为正的短期与长期效应。

龚新蜀与胡志高（2015）指出，城镇化与就业之间并非简单的相关关系或者线性关系，而是随着服务业的发展表现出阶段性变化。我国31个省（区、市）的面板门槛回归模型结果显示：我国城镇化与就业的关系存在显著的"三门槛效应"；我国整体服务业发展水平不高，大部分省（区、市）仍未跨过第二门槛；我国服务业发展水平和城镇化水平均存在较大的区域差异，需要采取差异化战略促进就业。

（4）市场发育水平。蔡昉、都阳与高文书（2004）认为，就业增长固然与经济增长有关，但也受经济结构、劳动力市场机制的影响。因劳动力市场不健全，产业结构调整，以及各种不利于就业扩大的规制因素，城镇失业率持续提高，劳动参与率逐年下降，政府主导投资带动的就业增长效果十分不显著，从而导致在经济增长的同时并无显性的就业增长。20世纪90年代以来，我国的就业增长主要是通过中小企业、民营经济以及非正规经济，通过逐渐发育起来的劳动力市场机制所创造的。

在提供劳动力市场有关指标的基础上，蔡昉（2008）指出了如下事实：伴随着经济增长与改革开放的深入，我国劳动力市场发育水平得以提高，其结果是，就业总量增长和结构多元化、城镇就业压力得以有效缓解，剩余劳动力大幅度减少。

（5）技术进步与技术效率。技术进步对就业的影响具有双重性：一方面，技术进步往往伴随着资本存量的增加，而资本对劳动具有替代效应，降低了企业对劳动的需求；另一方面，技术进步催生了新产业与新产品，创造了新的就业岗位，具有补偿效应。黄赜琳（2006）根据国内外经济波动的不同特征，构建了用于研究我国经济波动的可分劳动实际经济周期（Real Business Cycle, RBC）模型，并对改革开放以来的我国经济进行了实证检验，在RBC模型框架下分析了技术进步对我国劳动市场的影响。其研究发现：技术进步对改革开放后我国就业状况产生了正向冲击效应。技术进步对就业增长产生了促进作用，但就业增长效应较小，致使我国的劳动需求增长率明显小于劳动供给增长率，劳动市场供需严重不平衡，这也是导致就业波动较为平缓、失业问题日趋严峻的一个重要原因。

技术进步对劳动需求的影响与产业结构存在一定的关系。朱轶与熊思敏（2009）的研究表明：我国第二产业技术进步对整体就业增长的影响并不显著，第三产业的技术进步制约了其对整体就业的贡献，产业结构变动过程所造成的结构性失业会对我国就业产生显著的负面影响。

王君斌与王文甫（2010）探讨了技术冲击对就业的影响。其研究基于我国的宏观季度数据，实证分析得出了我国劳动就业的如下经验特征：在技术冲击之下，劳动就业表现为持续的短期负效应，而生产率水平则表现为持久的正效应；而在非技术冲击之下，劳动就业表现为持续的短期正效应，生产率水平表现为短期正效应。在技术冲击之下，生产率水平和劳动就业的相关系数为负。其研究数值模拟一个动态新凯恩斯（Keynes）主义模型，较好地拟合了劳动就业和生产率水平对技术冲击和非技术冲击的脉冲反应经验特征，结果表明：我国劳动就业的波动主要是由非技术波动引起的。因此，在分析我国劳动力市场和制定相关政策时，要考虑商品市场和劳动力市场中的非完全竞争因素。

事实上，一个经济体或企业的资源配置与利用效率在很大程度上与其技术效率相关，不同的技术效率意味着不同的边际成本或边际产出，必然影响劳动力整体需求。孙文杰（2012）利用非竞争型投入产出模型，重点从需求结构和技术效率两个视角深入分析了开放背景下1987—2007年我国劳动报酬份额的演变趋势及其内在动因。研究表明：最终需求变动和技术效率对我国1987—2007年劳动报酬份额的演变具有非常显著的影响，最终需求结构、以需求衡量的产业结构、最终需求进口替代、劳动回报率、进口中间投入和投入产出效率对1987—2007年劳动报酬份额下降均有显著影响。

（6）资本因素。企业的要素需求函数与要素边际报酬有关，当资本与劳动力输入协同变动时，一般可相互提升要素的边际报酬，从而对企业的要素需求产生正向影响。关于资本拉动就业，实证分析以探究FDI的就业需求效应居多。关于FDI与东道国就业关系问题，存在两种相反的观点：一是FDI创造了当地的就业机会。Varblane等（2003）基于匈牙利等中欧国家的研究支持了这一论断。二是FDI对就业的影响并不显著，甚至可能导致失业。Jenkins（2004）探讨了越南相关问题，认为外资进入可能挤出本国投资，因此其就业效应有限，甚至抑制就业水平。

牟俊霖（2007）认为，初始阶段的 FDI 主要是技术水平偏低的劳动密集型投资，我国的 FDI 直接就业效应非常显著。随着技术水平及国内企业竞争力的提高，FDI 的直接就业效应逐步减小。进一步地，牟俊霖（2009）指出，FDI 的流量对就业有促进作用，但 FDI 存量则抑制了就业，因此，多数年份 FDI 的净就业效应有可能为负。

薛进军与高文书（2012）利用全国普查性数据描述我国城镇非正规就业的规模和特征，并分析其对收入分配差距的影响。其研究表明：2005 年，非正规就业已占我国城镇就业的 58.85%，正规与非正规就业者之间的小时收入差距达到 1.65 倍，其中约有 1/4 是由劳动力市场歧视造成的。与此同时，非正规就业人员的内部收入不平等程度很高，对总体收入不平等的贡献率达到 51.09%，而正规和非正规就业的组间收入差距，对总体收入不平等的贡献率达到 13.68%。因此，非正规就业已成为我国收入分配差距的重要来源，实现非正规就业的正规化，是缩小我国收入差距的有效政策之一。

刘宏与李述晟（2013）根据我国 1985—2010 年的数据，引入就业变量，通过构建向量自回归（Vector Auto Regression, VAR）模型对 FDI、经济增长以及就业这三个变量进行动态计量分析。其研究结果表明：FDI 对我国经济增长和就业具有明显的促进作用，我国经济增长对 FDI 的流入具有积极影响，但呈现波动态势。

（7）政府支出。因政府主导型市场经济类型，我国的政府支出规模大，所占 GDP 比重高，对我国就业需求的影响尤为显著。政府支出拉动就业可根据乘数效应予以解释，并不乏实证层面的验证。郭新强与胡永刚（2012）指出，政府支出增加的总效应是促进就业，但是财政支出结构的就业效应存在差异，增加政府投资性支出可以刺激就业，而增加服务性支出则可以抑制就业。

（8）最低工资标准。劳动力最低工资标准的设定与实施是政府直接调控劳动力市场的一种表现。最低工资标准的具体设定一般与经济发展水平相关，在一定程度上反映了劳动力实际使用价值。

最低工资可能蕴含了一个经济体劳动力供求状况基本信息。在一般情况下，若劳动力相对过剩现象极为严重，政府很少激励制定并推行最低工资标准，且相应的最低工资标准往往偏低，并无实际调控效用；反之，若劳动力极其短缺，一般工资水平有走高趋势，最低工资标准也无制定、实施的必要。因此，若理性政府选择制定并实施最低工资标准，则劳动供求状况应介于上述两种状态之间。

最低工资管制会提高雇佣劳动力的成本，但其就业效应还与劳动力市场结构有关。具体而言，最低工资管制在竞争性市场将降低就业量，而在垄断性市场则未必产生负向影响。直观而言，最低工资标准对底层劳动力就业的影响会更为明显。Brown 等（1982）的研究表明：最低工资每提高 10%，底层劳动力的就业将减少 1%—3%。

马双、张劼与朱喜（2012）利用 1998—2007 年我国各市（地区、自治州、盟）最低工资标准随时间变化的外生差异识别最低工资上涨与企业平均工资、企业雇佣人数之间的关系。以制造业为例，最低工资每上涨 10%，企业平均工资将整体上涨 0.4%—0.5%。整体工资水平的提升无疑会减少雇佣人数，其研究发现：最低工资每增加 10%，制造业企业雇佣人数将显著减少 0.6% 左右。

（9）就业监管与就业保护。就业监管与就业保护以间接方式提高了劳动力使用成本，对就业需求有重要影响。丁守海（2010）的研究表明：最低工资管制的就业效果不仅取决于最低工资管制本身，还取决于外部监管环境。当监管环境强化到一定程度时，最低工资管制的就业冲击会扩大。从其基于粤闽两省 439 家企业调查数据的实证分析结果来看，2008 年提高最低工资标准对农民工的就业冲击明显强于 2007 年，但对城镇劳动力的就业没有造成明显强化的冲击。进一步分析证明，农民工就业冲击的扩大主要源于《中华人民共和国劳动合同法》（以下简称《劳动合同法》）引起的监管环境的强化，而城镇劳动力就业冲击没有扩大主要源于二元就业制度对城镇劳动力利益的优先保护。

刘媛媛与刘斌（2014）考虑了我国实施《劳动合同法》对制造业企业雇佣劳动力的影响。他们认为《劳动合同法》的实施加剧了企业的人工成本粘性，具体表现为薪酬粘性，从而强化了企业用机器设备替代人工的可能性，换言之，降低了劳动力的雇佣数量。他们还指出，《劳动合同法》的实施对民营企业的影响更为明显。

孙睿君（2010）发现，对雇佣和解雇行为进行管制的就业保护制度可稳定就业。具体而言，当经济环境向好时，就业保护制度减缓了企业劳动力投入的增长速度；反之，当经济环境恶化时，就业保护制度减缓了企业裁减劳动力的速度。总体而言，就业保护有利于维护已然就业劳动力的利益，但增加了失业者及新进入劳动力市场的劳动力的就业难度。

另外，收入效应，养老保障制度会降低劳动供给。基于劳动参与模型和劳动供给模型，程杰（2014）利用农村住户抽样调查数据探讨了养老保障制度对劳动行为决策的影响。其研究表明：养老保障制度确实存在明显的劳动供给效应，养老保险覆盖显著降低了劳动参与率与劳动供给时间，对农业劳动供给的影响尤其明显。另外，程杰还发现，不同类型的养老保险制度的劳动供给效应有所区别，其中，新农保制度更倾向于将农村居民留在农业、农村，城镇职工养老保险和农民工综合保险则倾向于激励他们转移至城镇从事非农就业，而失地农民养老保险则鼓励他们直接退出劳动力市场。

4.1.3 供给影响因素分析

从严格的定义来看，劳动力供给应该是给定工资水平下的意愿就业。该概念可以继续细分，Heckman（1993）将劳动供给的变化细分为劳动力市场广度边际与深度边际两方面的调整，前者指就业变化，而后者指给定就业条件下工作时间的变化，它们也称为就业效应与工作时间效应。因此，影响劳动力供给的因素也可相应进行区分。一般而言，影响劳动力供给的因素主要有人口因素、人力资本、最低工资、就业政策等。

（1）人口因素。从长期来看，人口因素可能是影响劳动力供给的关键因素。与其他生产要素不同，劳动力有维持生存的需要，因此，在一般情况下，人口总量越大则劳动力供给的潜力越大。人口增长与劳动力供给基本上保持同步，两者应该有相同的增速。而从短期来看，人口增长对劳动力供给的增长具有时滞性。

考虑到人口总量、人口结构与劳动力供给之间的关系，我国政府所实施的人口制度对劳动力供给的影响不容小觑。不同性别、年龄阶段、家庭结构的劳动力的劳动意愿不同，因此，人口结构特别是性别结构、年龄结构、家庭结构都对劳动力供给有重要影响。

（2）人力资本。人力资本事实上表征了失业的机会成本，对劳动供给有重要影响。张川川（2011）使用中国健康与营养调查数据检验了居民健康状况对居民劳动供给和家庭收入的影响。通过控制基期健康状况和一系列个人特征，重点检验了可以被视作外生冲击的健康变化对居民劳动供给和家庭收入的影响。其研究发现：滞后期健康状况与当期劳动供给和家庭收入显著正相关，健康恶化可以显著降低劳动供给和家庭收入。而且，健康与劳动供给、家庭收入之间的关系在城乡居民和性别之间均存在差异。

一般而言，健康的劳动供给效应以中老年人较为明显。而考虑到我国目前较为严重的老年化问题，中老年人健康状况对于劳动供给的影响尤其值得关注。李琴、雷晓燕与赵耀辉（2014）选择以高血压为健康测度变量，运用中国健康与营养调查四期追踪数据，探讨了健康对农村和城市的中老年人劳动供给的影响。其研究发现：患高血压对城市中老年人劳动供给有明显的影响，但对农村人没有显著的影响。对城市的影响主要源于受教育程度较低的蓝领工人。之所以如此，他们认为主要是因为拥有养老保障的城市体力劳动者更容易在高血压影响下产生退休意愿，而这种现象在农村并不存在。

（3）最低工资。即便存在收入效应，最低工资的提升对大多数底层劳动力的就业仍有明显的促进作用。贾朋与张世伟（2013）将2005—2006年我国各省市最低工资的提升作为一项自然实验，就提升最低工资的劳动供给效应进行了分析。其结果表明：最低工资提升效果因性别不同而不同，对女性就业有显著的负面影响，而对男性的周工作时间则存在显著的正面影响；影响程度随最低工资的提升愈加明显，当最低工资提升30%以上时，对男性就业同样产生负面影响。

（4）就业政策。赖德胜、孟大虎与李长安等（2011）对我国1998—2008年的就业政策进行了评价，考察了就业政策支出的劳动供给效应。其研究发现：我国落实积极就业政策的支出、落实消极就业政策的支出与下岗失业人员的再就业之间确实存在长期稳定关系。其中，落实积极就业政策的支出每变动1%将导致下岗失业人员的再就业数量同向变动0.27%，而落实消极就业政策的支出每变动1%将引起下岗失业人员的再就业数量反向变动1.05%。

4.2 资本市场分析

资本存量无疑受众多因素的影响，其中比较重要的因素有经济增长、工业化水平、城镇化水平。本书致力于考察固定资本形成总额的相关影响因素，因为固定资本形成总额基本上反映了资本存量的年度变更情况。

4.2.1 资本存量核算

为探讨资本市场状况，首先必须考虑资本存量的估算问题，相关研究较多，其中贺菊煌（1992），张军、吴桂英与张吉鹏（2004）的工作具有一定代表性。因估算方法不同，估算结果差异较大。李宾（2011）对一些主要的估算方法进行了系统的比较分析。

本书采用永续盘存法估算我国资本存量，张军、吴桂英与张吉鹏（2004）在核算我国省际物质资本存量时即采用这一方法。其核算公式为

$$K_t = K_{t-1}(1-\delta_t) + I_t \tag{4.1}$$

其中：t 指第 t 年，K_t, δ_t, I_t 分别表示第 t 年的资本存量、经济折旧率与年度投资量。采用永续盘存法估算资本存量具体涉及四个变量，它们分别是固定资产投资价格指数、年度投资量、经济折旧率以及基年资本存量。

毫无疑问，即便同样使用永续盘存法估算资本存量，相关变量取值不同则核算结果差异较大。李宾（2011）发现，折旧率的设定对资本存量估算结果的影响最大，对基期资本存量的影响很小，而固定资本形成总额与全社会固定资产投资的影响相近，前者略优。设定不变折旧率较为常见，陈昌兵（2014）采用计量法比较系统地探讨了可变折旧率估计问题，他利用生产函数以极大似然法估计我国不变及可变折旧率，并采用该可变折旧率核算了我国 1978—2012 年的资本存量。

本书以 1952 年价格为基准货币单位，并参考张军、吴桂英与张吉鹏（2004）的核算结果，设定 1952 年资产存量为 807 亿元。为得到以基准年即 1952 年不变价格所表示的固定资本形成总额实际值，必须对各年数据进行平减。

第 4 章　我国生产要素市场分析

为此，本书首先以 1952 年为基期，考察按照当年价格核算的固定资本形成总额的增长情况，进而将其与固定资本形成总额发展速度相比，从而推算得到投资价格平减指数。根据《中国国内生产总值核算历史资料 1952—1995》相关指标数据，可得到 1952—1995 年固定资产投资价格指数。若以 1990 年为基期，《中国统计年鉴 2023》列有 1990—2022 年的固定资产投资价格指数，之前的则需要进行推算。2020 年以后中国统计年鉴中的固定资产投资价格指数停止更新，工业生产者出厂价格指数（Producer Price Index, PPI）可以作为其替代指标。

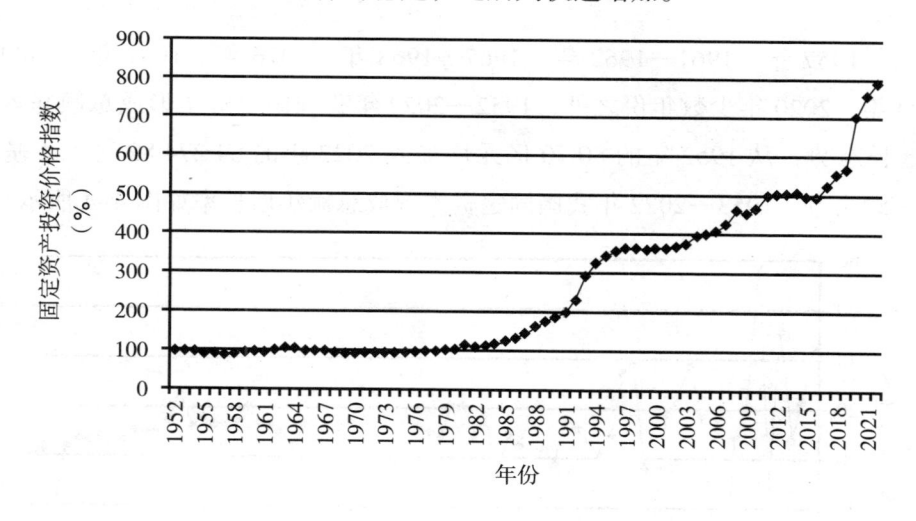

为得到 1952—2022 年我国固定资产投资价格指数，需要将两个不同基期价格指数进行合并。无疑，简单合并存在误差，在数据不完全的情况下只能进行简化处理，具体情况如图 4-2 所示。由图 4-2 不难看出，在 1952—1984 年，固定资产投资价格指数基本保持稳定，之后则快速增加。

图 4-2　1952—2022 年我国固定资产投资价格指数

在现有研究中表征年度投资量的指标主要有三种类型："积累"的概念及其相应统计口径、全社会固定资产投资、资本形成总额或固定资本形成总额。本书以固定资本形成总额表征年度投资量。在进行价格平减后，可得到不变价格核算下的 1952—2022 年我国固定资本形成总额，处理结果如图 4-3 所示。

· 087 ·

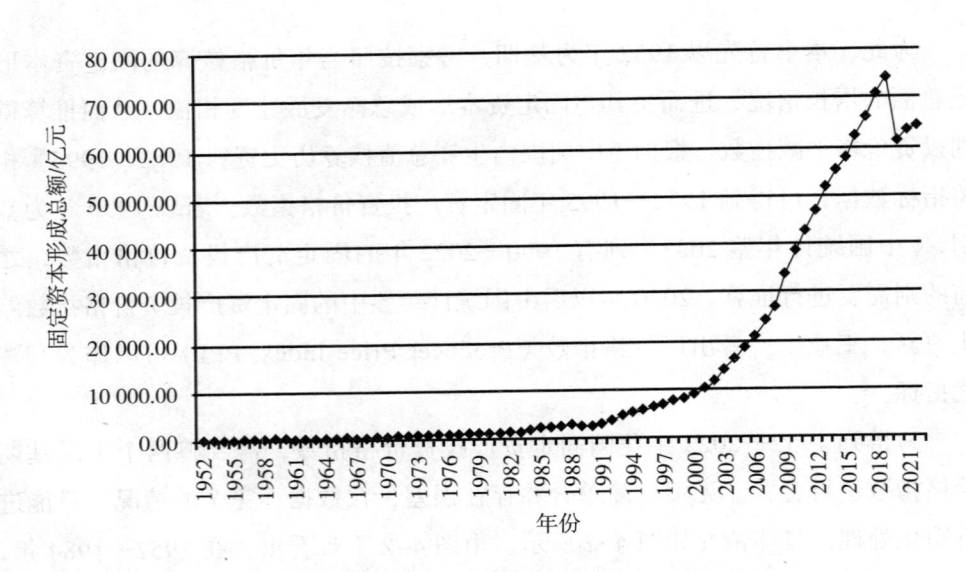

图 4-3　1952—2022 年我国固定资本形成总额（基期为 1952 年）

除 1957 年、1961—1962 年、1967—1968 年、1976 年、1981 年、1989—1990 年、2020 年少数年份之外，1952—2022 年我国固定资本形成总额基本保持增长态势，从 1952 年的 80.70 亿元增加到 2022 年的 64 274.82 亿元（基期为 1952 年）。1953—2022 年我国固定资本形成总额年增长率如图 4-4 所示。

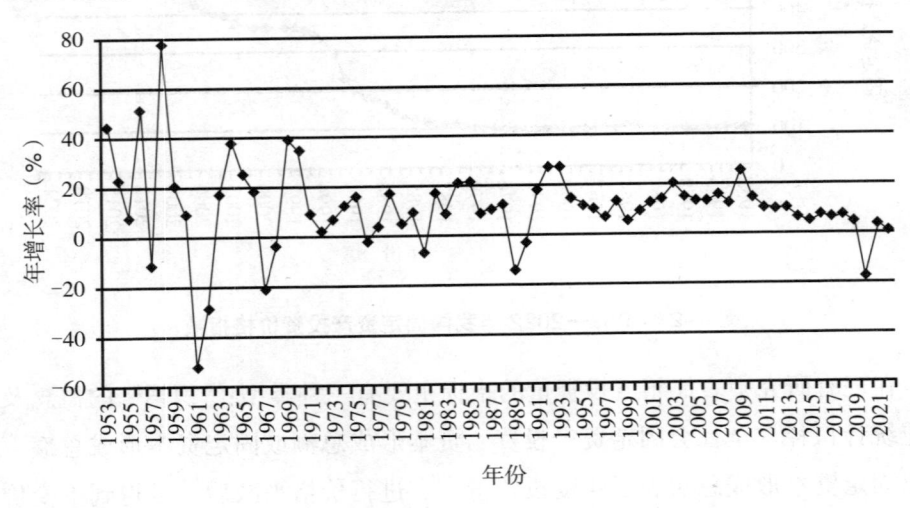

图 4-4　1953—2022 年我国固定资本形成总额年增长率

根据资本存量核算公式，若以固定资本形成总额表征年度投资量，则固定资本形成总额反映了资本存量的近似变化。1978 年以前，固定资本形成总额年度增长率的振幅较大，之后则趋于平稳。比较反常的是，1989 年，我国固定资本形成总额存在一个较大的下降幅度，从 1988 年的 2 871.66 亿元下降至 1989 年的 2 457.72 亿元（基期为 1952 年），跌幅约为 14.41%。另一个较大的降幅在 2020 年，从 2019 年的 74 239.30 亿元降至 2020 年的 61 322.49 亿元，跌幅约为 17.40%，其原因可能有两个：其一，2020 年全球范围出现新型冠状病毒肺炎疫情；其二，用 PPI 代替固定资产投资价格指数，可能由核算标准不同，导致结果偏差。与此相反，2009 年，我国固定资本形成总额有显著的增长，由 2008 年的 26 939.49 亿元增长到 2009 年的 33 771.97 亿元（基期为 1952 年），年增长率约为 25.36%。

经济折旧率对资本存量核算结果的影响较大，关于其设定，现有研究并未形成一致意见，其大体取值为 5%—10%。若折旧率为 5%，由永续盘存法所核算的我国资本存量由 1952 年的 807.00 亿元增长到 2022 年的 680 435.55 亿元；若折旧率为 10%，2022 年核算结果为 494 693.97 亿元。不同折旧率下 1952—2022 年我国资本存量如图 4-5 所示。

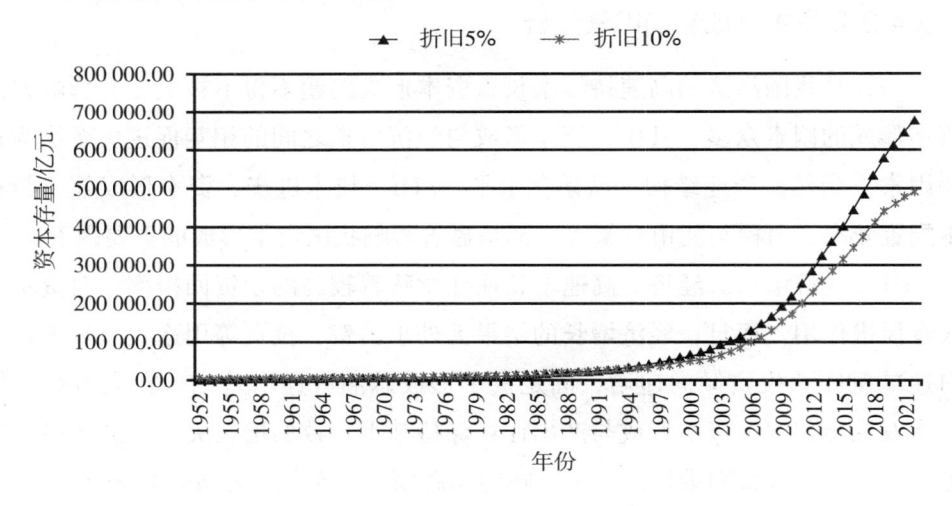

图 4-5　1952—2022 年我国资本存量（基期为 1952 年）

尽管经济折旧率是影响资本存量的重要因素，但是，在不同折旧率下，资本存量的增长趋势是一致的,资本存量的增长率并无明显区别,如图4-6所示。1993—2015年,我国资本存量以每年10%以上的速率持续增长,2009—2010年增长率甚至超过15%。2016—2022年,我国资本存量年增长率逐年下降。

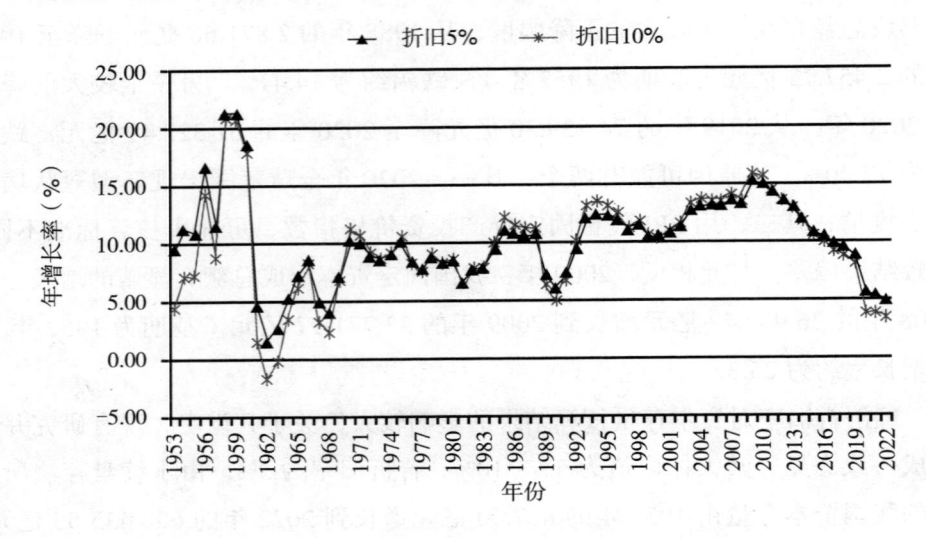

图4-6 1953—2022年我国资本存量年增长率

4.2.2 资本形成影响因素分析

为解释我国经济的高速持续增长,资本形成问题不得不被关注。影响我国资本形成的因素众多,其中,资本形成与经济增长之间的相互促进关系当为首要因素。当然,产业结构、城镇化水平、FDI、技术进步、资本形成效率与资本配置效率、财税与货币政策等也都是显著影响我国资本形成的重要因素。

(1)经济增长。经济的高速增长往往意味着较高的投资回报率,对资本形成有促进作用。而且,经济增长的结果无外乎消费、投资等用途,边际消费倾向递减意味着投资倾向递增,固定资本形成总额有递增趋向。在大多数市场经济发展历程中,资本形成与产出往往保持基本一致的增长关系,或者说,资本—产出比率将长期维持稳定和下降的动态模式(布兰查德等,1998)。

李治国与唐国兴(2003)综合考察了我国生产性资本的总量水平、形成路径及其调整机制。他们采用改进的方法估算我国资本存量,其核算结果表明:我国资本存量自改革开放以来积累迅速,年均增长率约为7.36%。其研究指出,我国资本形成路径明显分为两个阶段，不同阶段有其不同的推动力，增量改革推动的配置效率改进使资本—产出比率在1994年之前持续下降，而近年来的资本形成过快则是因为经济增长越来越倚重资本深化。进一步地，他们提出了我国转型期资本存量调整的供求决定框架，并获得如下实证分析结果：需求导向的资本存量调整机制和投资行为已经在我国的转型经济中基本形成，产出水平与资本成本都是我国资本调整与投资需求的主要决定因素。

周建与汪伟（2006）根据1978—2004年样本，利用向量自回归模型研究了改革开放以来我国资本形成、投资效率与经济增长之间的动态相关性，进而使用脉冲响应函数、方差分解模型以及动态相关系数等方法对公共资本、私人资本与产出增长之间的作用机理进行了系统分析。其研究结论表明：实际产出增长率、公共资本增长率和私人资本增长率之间体现出较强的当期相关性。

根据1952—2005年样本数据，赵娜与张少辉（2007）利用带结构突变的单位根检验方法及协变模型判定了我国GDP和资本形成总额时间序列均为带有一次均值突变的趋势平稳过程，证实了我国经济增长与资本形成之间所存在的同期协变关系，并利用脉冲响应函数、方差分解以及动态相关系数研究了我国经济增长和资本形成间的动态相关性，结果显示：资本形成增长率与经济增长率之间具有最大值为0.89的当期交互相关性，且它们之间的相关性在较长时间范围内具有稳定性。

当然，有必要指出的是，因政府干预的影响，资本形成未必总是敏感于经济增长。张军（2002）分析了改革以来我国实际资本—产出比率的变动模式，其研究发现：我国资本—产出比率的增长率与经济增长率之间存在着清晰的发散变动模式。其内在机理是，因过度投资及过度竞争问题，我国企业的技术选择出现资本替代劳动的偏差，技术路径与资源禀赋相违背，资本－劳动比率持续性上升，从而加速了资本的深化，并导致投资收益率持续而显著地恶化。

刘大志与蔡玉胜（2005）有类似的关于过度竞争的研究，他们采用博弈方法考察了地方政府竞争、资本形成与经济增长之间的关系。其研究指出，相对于整体经济转型来说，我国资本形成的主体机制仍然与市场经济发展步伐不相匹配，资本形成的格局演变呈现出一种特殊局面，即非国有经济投资规模扩张与市场性资本形成的制度空缺对应不相称。地方政府间的竞争引致了资本行政性形成过度，由此带来了我国经济增长的低效率。

（2）产业结构。产业结构调整无疑是影响固定资本形成总额的重要因素。不同产业对资本的依赖程度截然不同，其中第二产业对资本的依赖性更为显著。而且，不同产业的资本边际收益存在差别。另外，产业结构还是影响投资品供给的重要因素。如图 4-7 所示，第二产业增加值序列与固定资本形成总额序列具有明显的线性相关性，两者的皮尔逊（Pearson）相关系数高达 0.997。

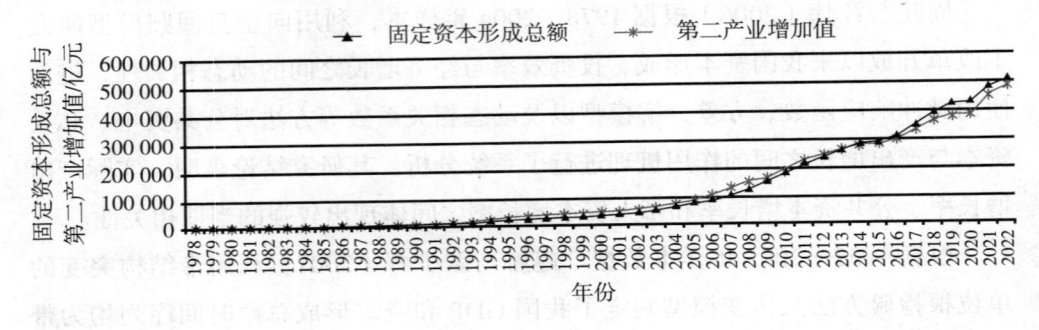

图 4-7　1978—2022 年我国固定资本形成总额与第二产业增加值（当年价格）[①]

不仅如此，第二产业内部二级产业结构对固定资本形成总额也有明显的影响，其中，第二产业中工业增加值与固定资本形成总额之间的皮尔逊相关系数高达 0.995，而建筑业增加值与固定资本形成总额之间的皮尔逊相关系数为 0.999，如图 4-8 及图 4-9 所示。换言之，工业化水平对固定资本形成总额有明显的正向冲击。

---

① 　根据《中国统计年鉴 2023》相关指标数据绘制。

第4章 我国生产要素市场分析

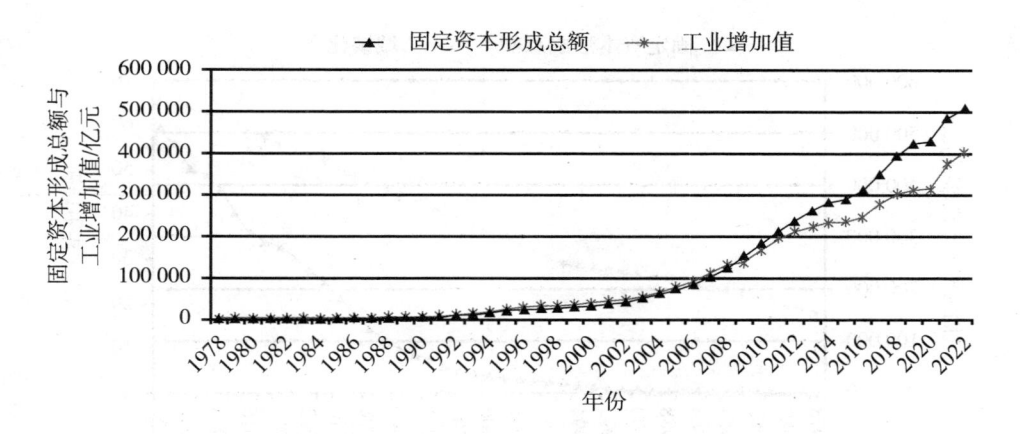

图4-8　1978—2022年我国固定资本形成总额与工业增加值（当年价格）①

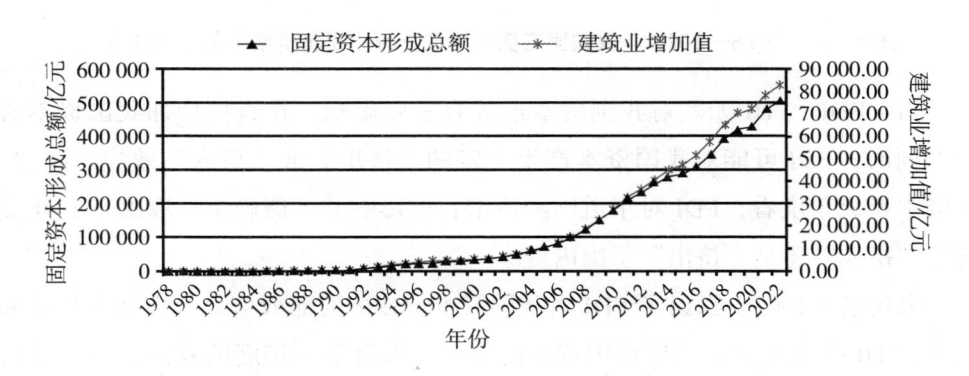

图4-9　1978—2022年我国固定资本形成总额与建筑业增加值（当年价格）②

（3）城镇化水平。城镇化伴随城市建设，其中城市住房、交通设施、供水设施建设对固定资本形成有促进作用。同时，城镇化往往与工业化、信息化同步，加速推进资本形成。图4-10为固定资本形成总额与城镇化率基本趋势，两者的皮尔逊相关系数为0.929 4，它们具有统计意义显著且较强的线性相关性。

---

① 根据《中国统计年鉴2023》相关指标数据绘制。
② 根据《中国统计年鉴2023》相关指标数据绘制。

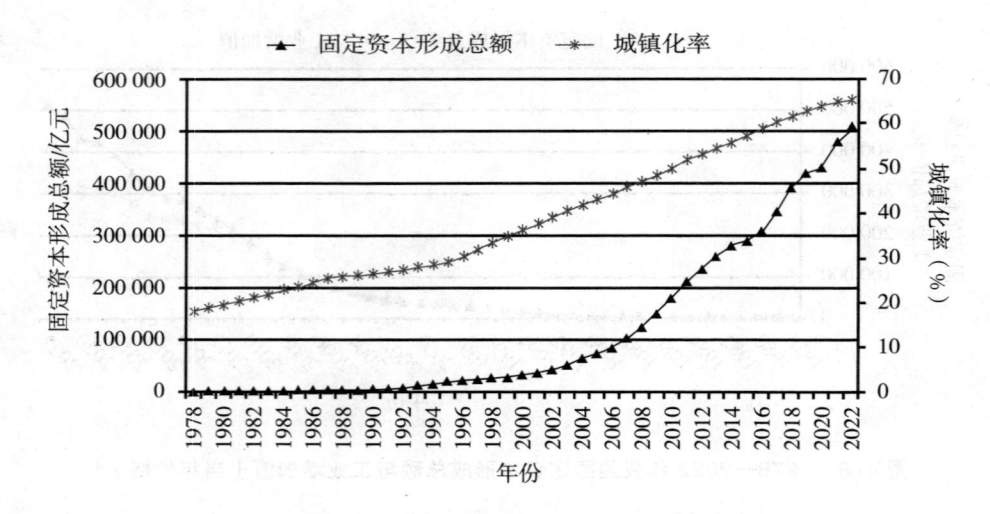

图 4-10　1978—2022 年我国固定资本形成总额（当年价格）与城镇化率①

（4）FDI。FDI 无疑对我国资本形成有重要影响。在直接增加我国资本流量的同时，FDI 可能对我国资本产生一定的"挤出"或"挤入"效应。因此，从资本形成角度看，FDI 对东道国经济增长的影响并不能确定，取决于 FDI 最终是"挤入"还是"挤出"了国内资本。

朱劲松（2001）探讨了 FDI 对我国资本形成的时滞效应，其实证分析结果表明：FDI 固然有助于当年我国资本的形成，但对下一年度的我国资本形成具有明显的"挤出"效应。

王永奇（2005）肯定了 FDI 对资本形成的正向效应，但其研究更为深入，探究了 FDI 对资本形成的结构效应。王永奇从总量和产业两个层次对 FDI 与我国资本形成进行了分析，其研究发现：从总量上来看，FDI 与我国资本之间存在直接或间接的互补关系，FDI 并没有对我国资本产生挤出效应；但从产业结构上来看，虽然绝对挤出效应并不存在，但相对挤出效应确实存在，并且，FDI 还倾向于投向相对挤出效应较大的行业。

杨新房、任丽君及李红芹（2006）利用我国 1985—2003 年相关数据，采用经济计量模型进行了实证分析，其结果表明：FDI 虽然对我国资本的"挤出"效应和"挤入"效应并存，但总体上有一个"净挤入"的效果，换言之，FDI

---

① 根据《中国统计年鉴 2023》相关指标数据绘制。

对我国资本形成有正向影响，增加了资本存量。

关于 FDI 对我国资本形成的影响，毛定祥（2006）有类似结论。在对数据进行单位根检验、格兰杰因果检验和有序样本最优分割的基础上，毛定祥运用协整理论，建立了 FDI 与我国资本形成的协整模型和误差修正模型。其实证分析结果表明：FDI 与我国资本形成互为格兰杰原因，无论是从长期还是短期来看，FDI 对我国资本形成都有显著的促进作用。

与王永奇（2005）类似，司言武与万军（2007）以长三角地区为例，从宏观、中观两个层面探讨了 FDI 与我国资本形成之间的关系。其研究表明：从宏观层面上看，FDI 与我国资本形成之间存在直接或者间接的互补关系，FDI 的资本挤出效应并不存在；但从中观层面上看，在一部分行业内 FDI 确实存在挤出效应，并且 FDI 也倾向于投资那些挤出效应较大的行业。

（5）技术进步。一方面，技术进步通常可提高资本要素的边际报酬，对投资有促进作用，有助于资本形成。另一方面，从技术进步的方向来看，它可能偏向资本也可能偏向劳动力。

戴天仕与徐现祥（2010）考察了我国 1978—2005 年的技术进步方向，其研究发现：观察期内我国的技术进步大致是偏向资本的，且偏向资本的速度趋快。这表明，我国的技术进步更有助于提高资本相对于劳动力的边际产出。据此人们能理解我国劳动报酬份额下降的现象。

（6）资本形成效率与资本配置效率。基于"投资–资本–产出"的经济学逻辑，孔睿、李稻葵与吴舒钰（2013）提出资本形成效率的概念，即单位投资所形成的资本比例。经调整和计算，他们发现我国资本形成效率近年来有下降趋势，从 2003 年的 93% 下降到 2010 年的 77%。其内在机理是，我国民营企业处于相对弱势地位，交易成本偏高，投资损耗严重，难以足额形成资本，民营经济投资比重显著降低了资本形成效率。

曾五一与赵楠（2007）构建了 32 组包含我国各行业近 11 万个数据的大型面板数据集，分行业系统地测算了我国各区域的资本配置效率，并比较分析了我国区域与省际资本形成的相关影响因素。其研究发现：从短期来看，我国各地区资本形成依赖于金融机构贷款的支持；绝大多数省份的资本形成存在自我约束与收敛机制；不同省份之间金融要素对固定资本形成的影响存在差异，说明我国地区之间存在资本流动障碍,这影响了资本配置效率。

(7)财税与货币政策。我国政府市场调控力度大,资本扩张往往受财税与货币政策的充分支持。

汪柱旺与于瀚尧(2012)采用我国28个省(区、市)1994—2010年17个年份的宏观经济数据,建立了一个以GDP实际增长率及社会物质资本形成额比率为内生变量的联立方程模型,并运用递归系统模型的最小二乘估计方法进行了实证研究,以探究我国财政支出、社会物质资本形成及经济增长之间的内在关系。结果表明:我国财政物质资本性支出比率对固定资本形成有显著的正向影响,或者说,财政物质资本性支出有利于社会物质资本的形成。事实上,我国财政支出中的基本建设拨款与企业挖潜改造支出形成了大量社会固定资产等物质资本。

李治国、张晓蓉与徐剑刚(2010)则关注我国过度投资和信贷扩张两方面的问题,分析资本形成加速与货币过快增长的内在原因,认为我国资本形成与货币扩张之间存在长期稳定的互动关系和正循环过程,持续推动我国经济的快速增长。李治国、张晓蓉与徐剑刚指出,因分割经济环境的存在,我国转型时期的经济增长主要依赖于两个渠道:其一,资本形成受信贷扩张和新增货币供给的重要影响,信贷扩张促进资本形成进而使经济实现增长;其二,货币扩张受过度投资和资本加速形成的重要影响,过度投资导致货币扩张进而使经济实现增长。

第 5 章　关于我国劳动资本分配格局的一般性分析

本章对我国劳动资本分配格局进行一般性分析。所谓一般性分析，一方面是指本章所采用的分析框架具有一般性，后续章节将继续采用该框架分析相关问题；另一方面则是指研究方法所持的数据分类假设具有一般意义，确切而言，本章将在传统的数据双分类假设下考察我国劳动资本分配格局的相关问题。

在规模报酬不变技术假设下，本章采用 DEA 实证生产可能集界定了我国宏观生产技术状况，并对我国 1978—2022 年宏观经济生产状况进行了相对有效性评估。与此相对应，本章估计了劳动力与资本影子价格，以核算我国劳动资本分配的合理份额，进而对我国要素市场有效性、劳动资本分配格局合理性做出规范性判断。

考虑到 DEA 实证生产可能集欠缺统计意义下的稳健性：一方面，采用基于 DEA 实证生产可能集前沿面的聚类分析方法予以弥补；另一方面，采用不变替代弹性（CES）生产函数对 DEA 实证生产可能集前沿面进行光滑处理。

5.1　宏观经济生产相对有效性

如前所述，DEA 实证生产技术描述与相对有效性评价具有内在一致性。本节首先对我国 1952—2022 年宏观经济生产状况进行评价，以确定 DEA 实证生产可能集的前沿面。考虑到要素收入份额核算目的，本章采用满足规模报酬不变性的 CCR 模型评价有效性并描述生产技术状况。

以资本存量、就业人员为输入指标，以 GDP 为输出指标，采用输出导向的 CCR 模型核算我国宏观经济生产效率，DEAP Version 2.1 软件处理结果中满足弱 DEA 有效性的年份有 12 个，具体如表 5-1 所示。

表 5-1　弱 DEA 有效性年份相关经济指标（基期为 1952 年）

年份	GDP/亿元	就业人员（按城乡分）/万人	资本存量/亿元	劳动力影子价格/万元	资本影子价格
1953	784.92	21 364	846.22	0.005 8	0.780 5
1956	1 005.60	23 018	1 116.61	0.011 8	0.657 4
1958	1 280.59	26 600	1 470.64	0.020 1	0.507 9
1994	14 438.56	67 455	25 765.37	0.037 5	0.462 2
1995	16 019.47	68 065	29 136.52	0.054 0	0.423 8
1996	17 609.95	68 950	32 777.14	0.054 1	0.423 4
1997	19 235.48	69 820	36 504.96	0.078 7	0.376 4
2007	49 785.95	75 321	116 515.69	0.193 6	0.302 1
2008	54 592.42	75 564	132 269.67	0.281 5	0.251 9
2010	66 076.34	76 105	177 255.47	0.307 6	0.240 7
2011	72 377.67	76 420	203 030.32	0.321 5	0.235 5
2022	142 795.14	73 351	506 257.36	—	—

1952—2022 年我国宏观经济生产效率如图 5-1 所示。粗略而言，在观察期内，我国宏观经济生产效率具有明显的阶段性特征。初期效率值较高；1958 年后则显著下降，波动性较大，1962 年陷入最低谷；1977 年后，我国宏观经济生产状况明显改善，20 世纪 90 年代以来特别是 1994 年之后生产效率一直维持在一个较高水平，且较为稳定。尽管样本容量较大，但是满足弱 DEA 有效性的年份仅 12 个，且主要集中在 20 世纪 90 年代之后。

第 5 章 关于我国劳动资本分配格局的一般性分析

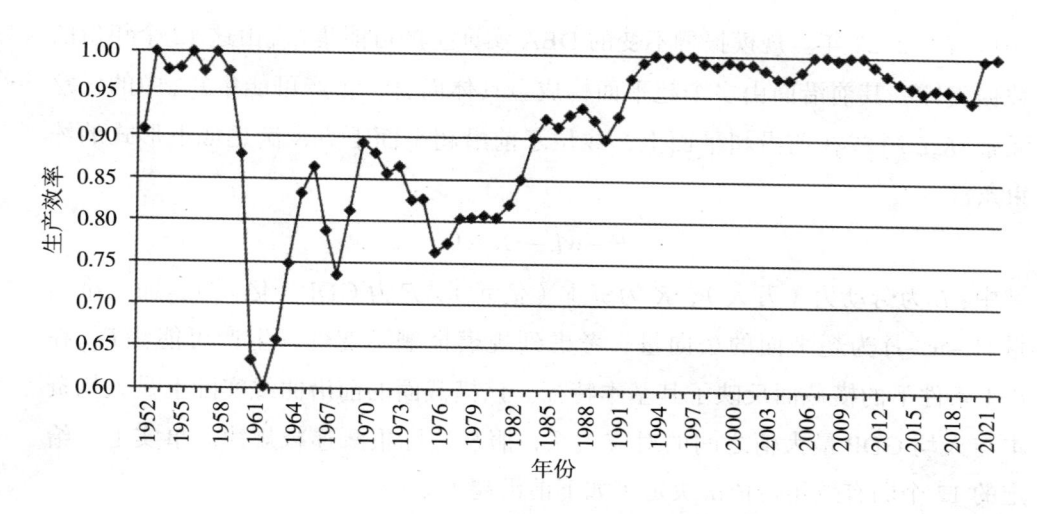

图 5-1 1952—2022 年我国宏观经济生产效率

毫无疑问，经济折旧率会影响该效率指标值。就本例而言，不论采取何种折旧率，经济运行的弱 DEA 有效性并无明显变化。事实上，在 71 个年份中，在折旧率设定为 5% 时除了多了 2021 年弱有效之外，其余弱 DEA 有效的年份与折旧率 9.6% 下 12 个弱 DEA 有效的年份保持一致。

5.2 DEA 实证生产可能集

在得到 CCR 效率值基础上，本节通过进一步考虑相应 DEA 实证生产可能集即 CCR 生产可能集的具体形式，可确定生产可能集的有效前沿面，进而估计出要素投入的相对影子价格，并将其作为核算劳动收入合理份额的依据。如无特别声明，本节实证分析中所用到的资本存量数据系设定经济折旧率为 9.6% 时的核算值。

5.2.1 生产可能集前沿面

为考察我国劳动资本分配格局的阶段性特征，本节先探讨我国宏观经济生产可能集的基本结构。经相对有效性评价发现，71 个年份中弱 DEA 有效的年份为 1953 年、1956 年、1958 年、1994—1997 年、2007—2008 年、2010—

2011 年、2022 年。规模报酬不变的 DEA 实证生产可能集 T_{CCR} 由这 12 个年份的数据支撑，其前沿面由多个超平面构成。具体而言，生产可能集 T_{CCR} 中的任意元素 (K,L,F) 或在前沿超平面上，或位于前沿超平面下方，满足如下形式的约束条件：

$$F - wL - rK \leq 0$$

其中：L 为劳动力（万人），K 为资本（亿元），F 为 GDP（亿元），而三维向量 $(1,-w,-r)$ 为超平面的法向量。考虑到规模报酬不变性，生产可能集 T_{CCR} 在 $L=1$ 条件下的横截面反映了其基本特征。该横截面的前沿曲线实际上是人均资本与人均 GDP 最大值之间的对应关系，服从边际报酬递减规律。事实上，给定的 12 个弱有效年份依次决定了如下前沿超平面：

$$F = 0.005\,8L + 0.780\,5K$$
$$F = 0.011\,8L + 0.657\,4K$$
$$F = 0.020\,1L + 0.507\,9K$$
$$F = 0.037\,5L + 0.462\,2K$$
$$F = 0.054\,0L + 0.423\,8K$$
$$F = 0.054\,1L + 0.423\,4K$$
$$F = 0.078\,7L + 0.376\,4K$$
$$F = 0.193\,6L + 0.302\,1K$$
$$F = 0.281\,5L + 0.251\,9K$$
$$F = 0.307\,6L + 0.240\,7K$$
$$F = 0.321\,5L + 0.235\,5K$$

关于 DEA 实证生产可能集前沿超平面法向量的决定，Yan 等（2000）提供了成熟的算法支撑。因本例仅为三维情形，空间中不在同一直线上的三个点即可决定一个平面，因此，本书只需根据两个相邻年份、坐标原点数据即可确定超平面具体形式。当然，根据无效性及锥性公理，1953 年及 2022 年还分别决定了两个前沿超平面，其与生产要素超额供给相关，此时，劳动力与资本影子价格分别为 0 万元、0，本例忽略了这种可能性。

5.2.2 前沿超平面法向量与生产要素影子价格

弱有效的 DMU 支撑了前沿超平面，决定了前沿超平面的法向量，这些超平面的法向量事实上是劳动力与资本相对于 GDP 的有效价格或影子价格向量，是对生产要素边际产出的一种近似估计，相关理论依据已于前面论述。

在给定技术条件下，生产要素影子价格主要由 DEA 输出弱有效的 DMU 决定。就 1952—2022 年 71 个年份而言，各年份的劳动力与资本影子价格分别按照如下两种不同方式予以确定：

（1）输出弱有效年份的生产要素影子价格根据 DEA 实证生产可能集前沿面的法向量确定。因生产可能集前沿面并不光滑，输出弱有效的年份往往对应无穷多影子价格向量。以其中任意一组影子价格或所有影子价格的简单平均数为要素真实价值的表征，据此可确定 12 个弱有效年份的生产要素影子价格。

（2）对于不满足输出弱有效性的年份，其生产要素影子价格由其所在的投影前沿面的法向量及输出效率共同决定，将该法向量与相应输出效率做数乘运算，从而确定生产要素影子价格。

如此操作有其理论依据，其好处是，任意年份的 GDP 都可以根据要素投入做全部分解。按照这一程式，5.3 将对劳动力影子价格进行估算，并将估算结果作为我国劳动力一般工资水平与资本回报率的合理性判断依据。

5.3 生产要素市场有效性分析

经生产相对有效性评估，可确定 DEA 实证生产可能集及其前沿面，并估算出劳动力与资本影子价格，具体计算方法在 5.2.2 中已给出。考虑到本研究的目标，本节核算我国 1978—2022 年劳动力与资本影子价格，并考察其与相应生产要素市场价格之间的相关性，以此为依据对我国生产要素市场进行有效性分析。

5.3.1 劳动力市场有效性

生产要素影子价格核算结果如图 5-2 所示，其中，弱有效年份的生产要素影子价格取相应法向量分量的均值①。必须承认，利用DEA方法所核算的生产要素影子价格缺乏稳健性，后面将通过生产函数的光滑处理予以完善。

合理的工资水平应该反映劳动力真实价值，与其影子价格相匹配。图5-2中平均工资以全国职工平均工资为统计口径，而劳动力影子价格系根据全部就业人员工资核算所得，从统计口径来看，前者似乎应该高于后者。大家必须意识到就业人员统计数据可能小于实际劳动力投入量，据此估算的劳动力影子价格亦有高估倾向。因此，本研究认为我国职工平均工资水平存在高估劳动力实际价值倾向②。

尽管如此，我国职工平均工资水平与DEA方法所核算的劳动力影子价格仍具有相同的增长态势，两者之间表现出显著的线性相关性，图5-2反映了这一点。

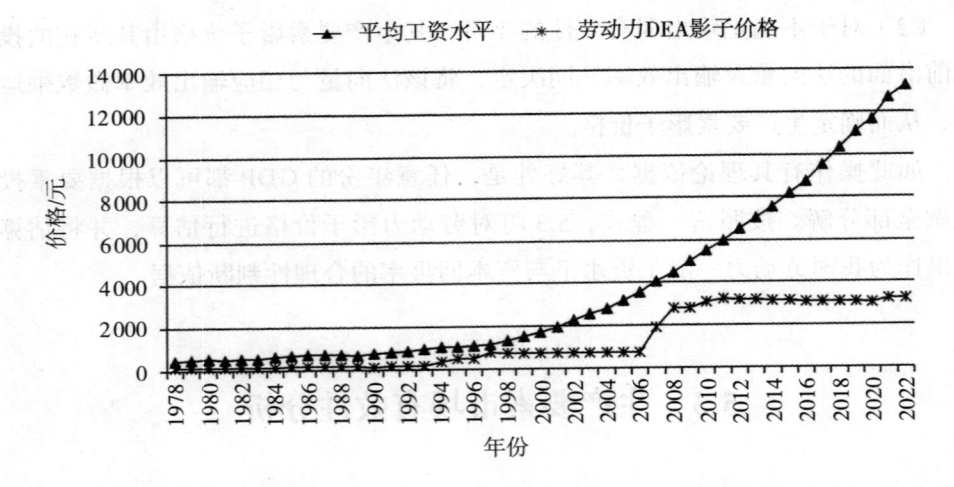

图5-2 1978—2022年我国职工平均工资水平与劳动力DEA影子价格（基期为1952年）

事实上，经SPSS 22.0软件核算，我国职工平均工资水平与劳动力DEA影子价格之间的皮尔逊相关系数高达0.913，两者之间具有统计意义显著的线性相关性。

考虑到生产要素影子价格与宏观经济生产效率相关，上述分析事实上反映

---

① 1953年及2022年均对应了一个要素超额供给假设下的超平面，人们忽略了这种可能性。
② 在同种参照标准下，资本市场价格要低于其影子价格。因此，这一论断具有逻辑合理性。

了我国职工平均工资水平与宏观经济生产效率之间的强相关性，换言之，我国职工平均工资水平具有明显的绩效工资意味，劳动力市场价格在很大程度上支撑了宏观经济生产的有效性。

另外，我国劳动力市场价格与影子价格之间的相关性具有阶段性特征。在1978—1993年，劳动力影子价格的变化完全决定于宏观经济生产效率，在该阶段劳动力市场价格与影子价格之间的相关系数高达0.9525。与此相区别，在1994—2022年，劳动力影子价格不完全决定于宏观经济生产效率，在该阶段劳动力市场价格与影子价格之间的相关系数为0.8624，相关性有所降低。

因此，尽管从长期来看，我国劳动力影子价格与就业人员平均工资水平之间存在较强的线性相关性，但局部相关性要稍弱于长期相关性，改革开放初期的相关性更低。这或许反映了我国生产要素分配格局中存在的问题，但也有可能根源于DEA方法固有的稳健性缺陷，作者将在5.5进一步分析这一问题。

5.3.2 资本市场有效性

类似地，从资本影子价格角度入手分析1978—2022年我国资本回报率的合理性问题。为此，首先按照DEA实证生产可能集前沿超平面的法向量确定资本相对于GDP产出的影子价格，结果如图5-3所示。

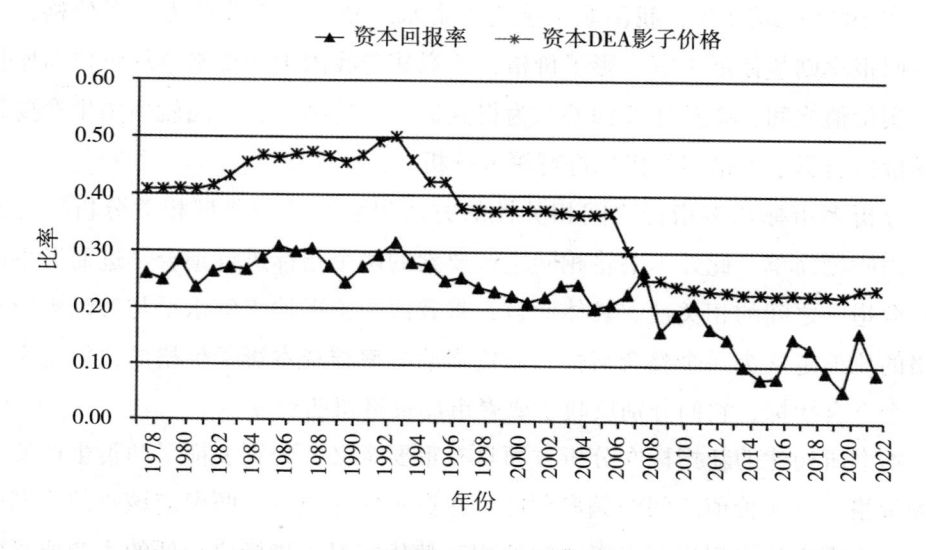

图5-3 1978—2022年我国资本回报率与资本DEA影子价格

下面依旧根据资本实际价格与影子价格之间的相关系数探讨资本回报率的合理性，经 SPSS 22.0 软件核算，皮尔逊相关系数为 0.88，两者之间具有统计意义显著的线性相关性。

资本回报率与资本影子价格之间的显著相关性表征了我国资本回报率所蕴含的有效价格意义，或者说，资本回报率确实在一定程度上反映了资本使用价值，资本要素市场支撑了宏观经济生产的有效性。这一点与劳动力要素市场具有相似性。根据图 5-3 不难看出，1978—2022 年我国资本回报率明显低于资本影子价格，即投资存在超额利润，这事实上是我国投资增长的原动力，解释了我国相应阶段的高速经济增长。

5.3.3 生产要素市场整体有效性

前面本书相对独立地考察了劳动力、资本的市场价格与影子价格之间的相关性，并以此分析了我国生产要素市场的有效性。若考虑生产要素之间可能的相互替代性，其分析并不系统，还需要从整体上把握生产要素市场价格与影子价格之间的相互关系，换言之，还需要考察两类生产要素实际价格指标与影子价格指标之间的相关性。

根据图 5-2 及图 5-3 可以看出，我国要素市场存在价格扭曲现象。粗略而言，在 1978—2022 年，我国职工平均工资水平整体高于劳动力影子价格，而资本回报率则整体低于资本影子价格，这意味着我国生产要素市场价格与所估计真实价值之间存在整体性偏差。为得到进一步的结论，下面就两类生产要素市场价格与影子价格四个指标进行深入分析。

分析多指标与多指标之间相关性的方法很多，其中典型相关分析较为常见。因问题简单，此处本书将相同生产要素的两个指标进行整合，进而考察两个整合指标之间的相关性。具体而言，将我国职工平均工资水平与劳动力影子价格的比值定义为一个整合指标，而资本回报率与资本影子价格的比值定义为另一个整合指标，它们分别反映了要素市场价格扭曲程度。

本书所构建的新指标在分析方面具有重要意义，分别表征了两类生产要素市场价格与真实价值之间的偏离程度。在竞争性环境下，两者应该收敛至同一水平，否则必然出现生产要素之间的相互替代情况，指标值较低的生产要素将

第 5 章　关于我国劳动资本分配格局的一般性分析

被指标值较高的生产要素替代。事实上，在生产者均衡条件下，生产要素边际替代率势必等于其各自市场价格之比，否则，将存在生产要素相互替代的动力，这是微观经济学基本原理。

1978—2022 年我国劳动力、资本市场价格扭曲情况如图 5-4 所示。估算结果表明：1978—2022 年我国资本回报率与资本影子价格的比值基本保持稳定，而平均工资水平与劳动力影子价格的比值则存在较大的波动性。另外，由图 5-4 不难看出，在 1978—2022 年的每一个年份，我国职工平均工资水平与劳动力影子价格的比值均高于资本回报率与资本影子价格的比值，这反映了我国资源配置方面存在的问题。因生产要素市场价格比与影子价格比不一致，我国宏观经济生产一直存在资本替代劳动力的动力与可能性。这种情况在最近有所缓和，生产要素边际替代率与其价格之比存在回归倾向。

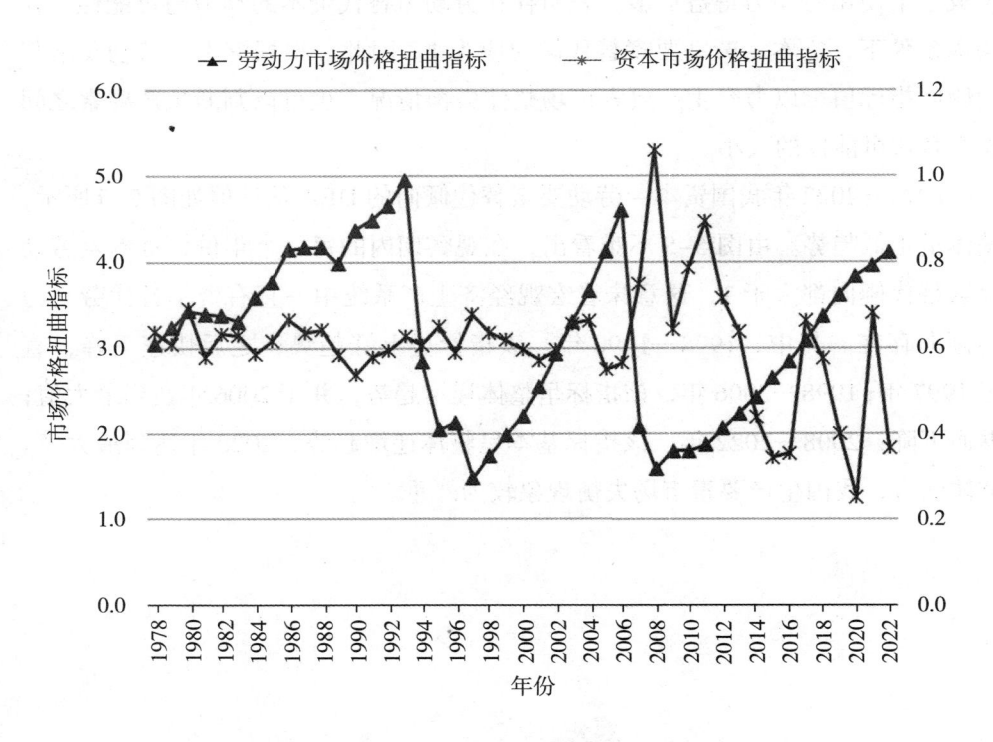

图 5-4　1978—2022 年我国劳动力、资本市场价格扭曲情况

针对本研究需要，本书构造资本-劳动要素替代倾向指标以反映给定生产

状态下资本替代劳动倾向的强弱，这里，资本-劳动要素替代倾向被定义为

$$资本\text{-}劳动要素替代倾向 = \frac{\dfrac{平均工资水平}{劳动力影子价格}}{\dfrac{资本回报率}{资本影子价格}} = \frac{平均工资水平}{劳动力影子价格} \times \frac{资本影子价格}{资本回报率}$$

显然，若资本-劳动要素替代倾向大于1，则职工平均工资水平与劳动力影子价格的比值大于资本回报率与资本影子价格的比值，单位成本下使用资本得益更多，表明存在资本替代劳动力的动力与可能性。事实上，该指标值越大，表明资本带来的潜在收益要高于劳动力带来的潜在收益，经济体更倾向于使用资本替代劳动力。反之，若资本-劳动要素替代倾向小于1，则职工平均工资水平与劳动力影子价格的比值小于资本回报率与资本影子价格的比值，单位成本下使用劳动力得益更多，表明存在劳动力替代资本的动力与可能性。在均衡条件下，资本-劳动要素替代倾向应为1。因此，根据资本-劳动要素替代倾向指标值可以考察生产要素市场整体失衡情况，也可以判断生产要素之间相互替代可能性的大小。

1978—2022年我国资本-劳动要素替代倾向的DEA估计值如图5-5所示，整体呈走低趋势。由图5-5不难看出，在观察期内的每一个年份，资本-劳动要素替代倾向都大于1，这意味着宏观经济生产系统中一直有资本替代劳动力的倾向存在。其中，1978—1990年，该指标呈上涨趋势；之后快速下降，直至1997年；1998—2006年，该指标呈整体递增趋势，并于2006年达到最大值；继而下降，2008—2022年，该指标基本呈整体递增趋势，2020年达到最大值。整体而言，我国生产要素市场失衡现象较为严重。

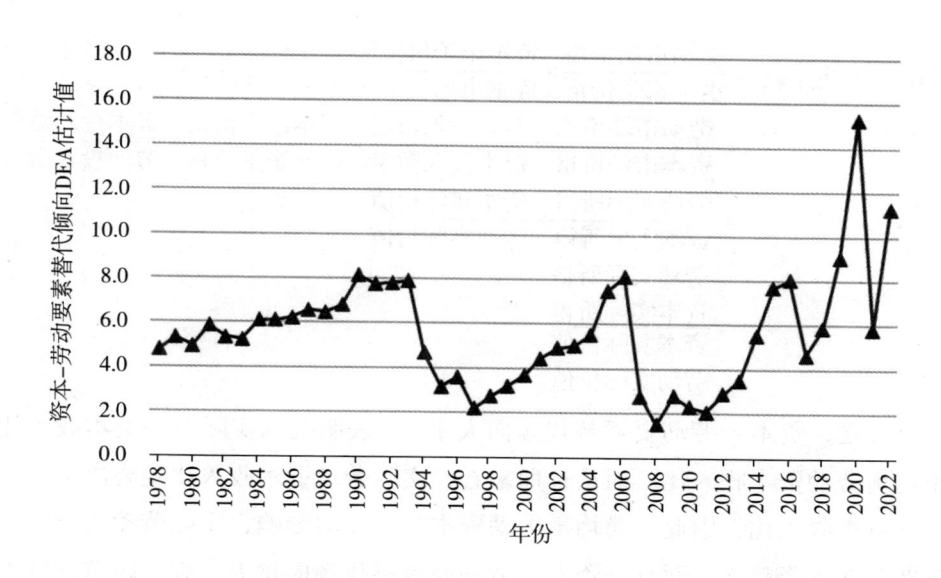

图 5-5　1978—2022 年我国资本 – 劳动要素替代倾向的 DEA 估计值

考虑到我国生产要素禀赋实际情况，并不难理解我国宏观经济生产在资源配置方面存在的问题。尽管平均工资水平与劳动力影子价格的比值远高于资本回报率与资本影子价格的比值，在宏观经济生产中倾向于使用更多资本替代劳动力投入，但这种倾向可能与我国劳动力、资本禀赋状况相违背，势必受到政府宏观调控的影响。下面就劳动力因市场供求不一致而产生的数据属性变化问题展开研究。

资本 – 劳动要素替代倾向大于 1 具有重要现实意义，不仅表明了我国自 1978 年以来一直存在资本替代劳动力的可能性与动力，也充分解释了我国自 20 世纪 90 年代以来的劳动收入份额呈下降趋势。事实上，若考虑对资本 – 劳动要素替代倾向核算公式进行变形，可以得到如下公式：

$$\text{要素替代倾向}_{\text{资本-劳动}} = \frac{\text{劳动市场价格}}{\text{劳动影子价格}} \times \frac{\text{资本影子价格}}{\text{资本市场价格}}$$

$$= \frac{\text{劳动市场价格}}{\text{资本市场价格}} \times \frac{\text{劳动投入数量}}{\text{资本投入数量}} \times \frac{\text{资本影子价格}}{\text{劳动影子价格}} \times \frac{\text{资本投入数量}}{\text{劳动投入数量}}$$

$$= \frac{\text{劳动实际所得}}{\text{资本实际所得}} \times \frac{\text{资本实际价值}}{\text{劳动实际价值}}$$

$$= \frac{\dfrac{\text{劳动实际所得}}{\text{资本实际所得}}}{\dfrac{\text{资本实际价值}}{\text{劳动实际价值}}}$$

换言之，资本－劳动要素替代倾向大于1，表明我国实际劳动资本收入比高于均衡劳动资本收入比。而从长期来看，实际劳动资本收入比主要决定于均衡劳动资本收入比，因此，受均衡劳动资本收入比的影响，实际劳动资本收入比必然存在下降趋势。而且，资本－劳动要素替代倾向越大，则实际劳动资本收入比下降的压力就越大。5.5将继续对此问题进行分析。另外，考虑到资本－劳动替代倾向的定义，其时间序列可解释我国人均资本变动情况，这将在后面进行专门讨论。

需要指出的是，全国职工平均工资水平与劳动力市场价格、劳动力实际投入量与就业人员数据在统计口径方面必然存在差异，这可能会对上述结论产生影响。考虑到我国人口总量数据与就业人员数据之间存在显著的线性相关性，且CCR模型所核算的生产要素影子价格线性相关于指标初始权重的设置，因此，基于职工平均工资水平与就业人员影子价格比值的相关研究结论仍具有较高的可信度。

5.4 劳动收入份额分析

遵循效率优先原则，下面将根据生产要素投入量、影子价格核算要素均衡收入份额，以考察我国劳动资本分配格局的合理性。无疑，要素均衡收入份额可根据劳动或资本均衡收入份额确定，其称为相应要素收入份额的影子值，是一种合理或有效的要素收入份额。为简单起见，本书仅核算劳动收入份额的影子值，据此不难核算得到资本收入份额的影子值，毕竟，两者之和为 1。

具体核算方法是，以生产要素投入量与其影子价格相乘得到该生产要素的影子收入，而影子收入与实际收入的比值则为该生产要素收入份额的影子值。1978—2021 年我国劳动收入份额的影子值估算结果如图 5-6 所示。

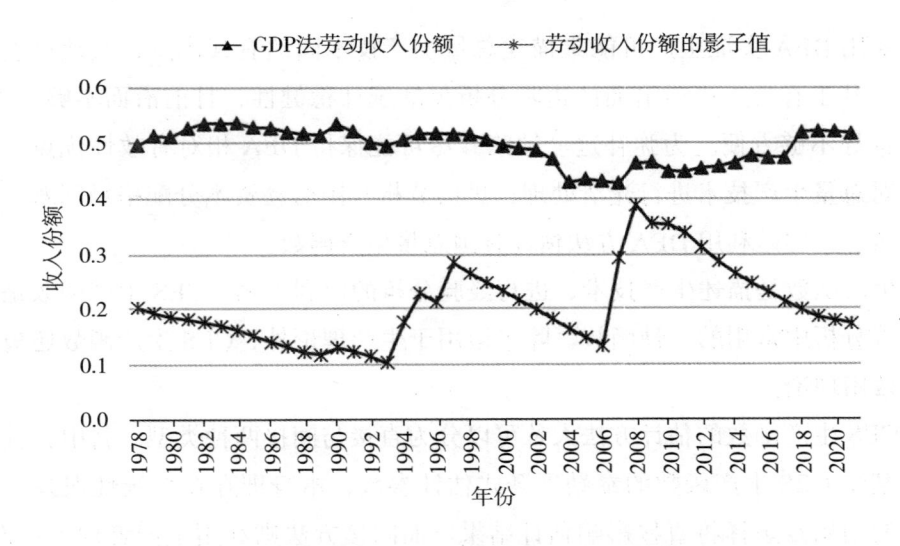

图 5-6　1978—2021 年我国劳动收入份额的影子值与实际值

显然，1978—2021 年的任何一个年份，我国劳动收入份额实际值均明显高于影子值。毕竟，观察期内的我国劳动力影子价格低于其市场价格，而资本影子价格则高于其市场价格，资本有替代劳动倾向，人均资本存量累增。当然，尽管劳动收入份额实际值与影子值之间存在差异，但不可否认的是，两者存在逐步接近趋势。

因劳动收入份额的均衡值低于劳动收入份额实际值，故劳动收入份额实际值长期面临下行压力，这充分解释了我国自 1990 年以来的劳动收入份额下降趋势。但是这并不能解释我国 1978 年至 20 世纪 90 年代初期劳动收入份额的上升趋势。因此，其中或存在非市场因素影响我国劳动资本分配格局的形成。

综上所述，考虑到基于 DEA 方法核算的劳动收入份额与宏观经济生产效率指数之间的相互关系，本研究可以得到如下简单结论：总量生产技术及宏观经济生产效率可以在一定程度上解释我国劳动资本分配格局的形成，特别是，可以充分解释我国 1990—2021 年劳动收入份额下降的长期趋势。

5.5 生产技术的光滑处理

采用 DEA 实证生产可能集描述总量生产技术固然有其优点，其缺点也很明显，基于有效生产前沿面的边际分析欠缺统计稳健性，且前沿面不够光滑，数理推导不够方便。为弥补这一缺陷并尽可能保持 DEA 相对有效性优点，本节将对总量生产技术进行光滑处理，进而分析我国劳动资本分配格局问题。本节的核心内容是利用 DEA 方法估计我国总量生产函数。

生产函数是描述生产技术、进行经验分析的便利工具。CES 生产函数是现代经济分析中常用的一种函数，除了运用于生产理论外，CES 生产函数还被运用于效用理论。

CES 生产函数的估计方法大致可以分为直接与间接两种类型。其中，直接方法基于 CES 生产函数的泰勒展开式估计参数，本身即存在系统性误差，且不同的初始点选择将直接影响估计结果。而间接方法则利用生产者均衡条件，确立生产要素边际产出与生产要素市场价格之间的关系，以生产要素市场价格为辅助数据，对 CES 生产函数所含参数进行估计。

在 CES 生产函数形式基本假设下，本研究拟对我国 1978—2022 年总量生产函数具体形式进行估计，其核心思想是以给定生产要素投入下的有效产出替代实际产出，以相应的生产要素影子价格替代生产要素实际价格，进而估计 CES 生产函数的具体形式，其基本思路如图 5-7 所示。

第 5 章 关于我国劳动资本分配格局的一般性分析

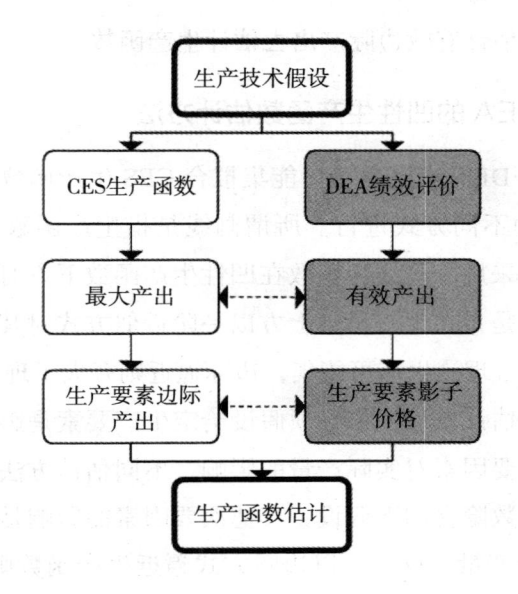

图 5-7 估计 CES 生产函数的基本思路

毕竟，生产要素边际产出与实际情况存在差距，生产要素的边际产出可能偏离生产要素的相对价格，或者说最优投入生产要素组合不符合边际条件，这与生产的有效性以及市场的非竞争性有关。换言之，如果能在一定程度上保证生产效率以及价格的竞争性，边际生产方法应该是适用的。基于这一想法，考虑对原始数据进行初步筛选，可使之满足生产有效性，并衍生相应的影子价格向量，进而推测其所含参数，估计出生产函数具体形式。在某些情况下，这一程式可借助评价相对有效性的 DEA 方法实现。

利用 DEA 方法估计生产函数并不少见。Charnes 等（1983）曾借助 DEA 方法估计分段 C—D 函数；祝善训、钟学义与王羽（1990）则用 DEA 方法估计超越对数生产函数；郑方贤与杨科威（2004）推导了 DEA 方法估计生产函数的统计特性；马赞甫与刘妍珺（2010，2012）从边际产出角度出发考察了生产函数特别是凹性生产函数的估计问题。这些方法皆具有如下特点：需要就观测数据进行有效性分析，区分有效与无效投入产出单元，并以有效投入产出单元为基础估计参数。

本研究估计生产函数亦如是，着重采用马赞甫与刘妍珺（2010，2012）所

· 111 ·

倡导的方法，通过估计有效边际产出去估计生产函数。

5.5.1 基于 DEA 的凹性生产函数估计方法

利用非参数的 DEA 实证生产可能集拟合 CES 生产函数，可按照割线逼近或者边际逼近两种不同方式进行。所谓割线是指生产函数上任意两点的连线段，割线逼近是指采用分段线性函数在凹性生产函数下方对其进行拟合；边际逼近则刚好相反，是指在生产函数上方以一阶近似方式对其进行线性逼近。因此，割线逼近缩小了理论生产可能集，边际逼近则夸大了理论生产可能集。

不论采用何种估计方法，都必须假设给定生产要素是影响产量的最主要因素，但对于其他次要因素对实际产量的影响，不同估计方法有不同看法。以割线方式逼近生产函数隐含如下假设：其他次要因素的影响是消极的，使实际产量不可能高于理论产量。反之，以边际方式逼近生产函数则对应较弱的假设：其他次要因素的影响可能是积极的也可能是消极的，或者说，实际产量可能高于理论产量也可能低于理论产量。

边际逼近具有较好的经济直观性。若生产函数 $y = f(\boldsymbol{x})$ 为定义在凸集上的连续可微凹函数，给定定义域中任意的 $\boldsymbol{x}_0$，则对于定义域内的每一个 $\boldsymbol{x}$ 都有

$$\begin{aligned} f(\boldsymbol{x}) &\leqslant f(\boldsymbol{x}_0) + f_{\boldsymbol{x}}(\boldsymbol{x}_0)^{\mathrm{T}}(\boldsymbol{x} - \boldsymbol{x}_0) \\ &= \left[f(\boldsymbol{x}_0) - f_{\boldsymbol{x}}(\boldsymbol{x}_0)^{\mathrm{T}} \boldsymbol{x}_0 \right] + f_{\boldsymbol{x}}(\boldsymbol{x}_0)^{\mathrm{T}} \boldsymbol{x} \end{aligned} \quad (5.1)$$

其中：$f_{\boldsymbol{x}}(\boldsymbol{x}_0)$ 为 $y = f(\boldsymbol{x})$ 在点 $\boldsymbol{x}_0$ 处的梯度向量，是各生产要素的边际产出。显然，若能确定生产要素 $\boldsymbol{x}_0$ 所对应的产出 $f(\boldsymbol{x}_0)$ 及其边际产出 $f_{\boldsymbol{x}}(\boldsymbol{x}_0)$，则不难得到任意 x 所对应的 $y = f(\boldsymbol{x})$ 的一个近似估计。

对于任意一个投入向量，式（5.1）都给出了生产函数 $y = f(\boldsymbol{x})$ 的一个上界。如果能就多个投入向量确定对应的产出及其边际产出，则可更为精确地给出 $y = f(\boldsymbol{x})$ 的一个估计。此时由多个不等式构成的不等式组可界定一个凸集，该集合包含理论生产可能集，称该凸集为生产函数受限凸集。显然，理论生产函数的下图是所有满足这一定义的凸集的交集。

这一程式并不现实，实际产出、边际产出都不容易确定。退而求其次，一个可供选择的方法是 DEA 近似测度：利用 DEA 实证生产可能集近似上述凸集；

然后，利用 DEA 模型估计有效产出与生产要素影子价格向量，该向量可近似当成生产要素的边际产出；在此基础上确立生产函数受限凸集与交形式 DEA 实证生产可能集之间的对应关系；最后，利用该对应关系估计生产函数所含参数。

特别地，若 CES 生产函数满足规模报酬不变性，则根据欧拉定理有 $f(\boldsymbol{x}_0) = f_x(\boldsymbol{x}_0)^\mathrm{T} \boldsymbol{x}_0$，于是，式（5.1）即 $f(\boldsymbol{x}_0) \leqslant f_x(\boldsymbol{x}_0)^\mathrm{T} \boldsymbol{x}$，具有 CCR 生产可能集前沿超平面的一般特征，CES 生产函数受限凸集与 CCR 生产可能集之间具有明显的对应关系。

综上所述，利用 DEA 方法估计 CES 生产函数的基本步骤如下：

首先，根据规模报酬假设构造 DEA 实证生产可能集，利用给定 DMU 确定 DEA 实证生产可能集的交形式，以此限制 CES 生产函数的上界。

其次，推导最优拟合条件，即相切条件，以保证 DEA 实证生产可能集前沿面尽可能地逼近 CES 生产函数。注意相切条件可能存在选择问题，若满足弱 DEA 有效性的 DMU 数量较多，则 DEA 实证生产可能集可能存在较多的前沿超平面，大家需要从中选择前沿超平面作为 CES 生产函数的切平面。一般的做法是，将非 DEA 有效 DMU 投影点最为集中的前沿超平面作为 CES 生产函数切平面，这可以保证函数有更好的拟合效果。

最后，根据相切条件估计 CES 生产函数所含的参数，确定 CES 生产函数的具体形式。整个过程类似于以导数推测原函数，或者说，该程式类似于求不定积分，而区别是，大家仅仅知道导函数的部分信息。

5.5.2 我国总量生产函数的 CES 估计

CES 生产函数是替代弹性为常数的一种生产函数，对 CES 生产函数所含参数的赋值不同，对应的规模报酬特征也不同，其中，满足规模报酬非增的 CES 生产函数的一般形式是

$$F(L,K) = A(\alpha L^\rho + \beta K^\rho)^{\frac{\mu}{\rho}} \tag{5.2}$$

其中：参数 $A, \alpha, \beta \geqslant 0$，而 $\rho, \mu \leqslant 1$。可证明，满足规模报酬非增的 CES 生产函数是一个凹函数，事实上，该函数的一阶偏导数分别为

$$\frac{\partial F(L,K)}{\partial L} = A\alpha\mu L^{\rho-1}\left(\alpha L^{\rho}+\beta K^{\rho}\right)^{\frac{\mu-\rho}{\rho}}$$

$$\frac{\partial F(L,K)}{\partial K} = A\beta\mu K^{\rho-1}\left(\alpha L^{\rho}+\beta K^{\rho}\right)^{\frac{\mu-\rho}{\rho}}$$

其二阶偏导数分别为

$$\begin{cases} \dfrac{\partial^2 F(L,K)}{\partial L^2} = A\alpha\mu\left[\alpha(\mu-1)L^{\rho}+\beta(\rho-1)K^{\rho}\right]L^{\rho-2}\left(\alpha L^{\rho}+\beta K^{\rho}\right)^{\frac{\mu-2\rho}{\rho}} \\ \dfrac{\partial^2 F(L,K)}{\partial K^2} = A\beta\mu\left[\alpha(\rho-1)L^{\rho}+\beta(\mu-1)K^{\rho}\right]K^{\rho-2}\left(\alpha L^{\rho}+\beta K^{\rho}\right)^{\frac{\mu-2\rho}{\rho}} \end{cases}$$

考虑到参数取值范围，CES 生产函数关于劳动力与资本的二阶偏导数都非正。而 CES 生产函数关于生产要素的交叉导数为

$$\frac{\partial^2 F(L,K)}{\partial L \partial K} = A\alpha\beta\mu(\mu-\rho)L^{\rho-1}K^{\rho-1}\left(\alpha L^{\rho}+\beta K^{\rho}\right)^{\frac{\mu-2\rho}{\rho}}$$

其平方是

$$\left[\frac{\partial^2 F(L,K)}{\partial L \partial K}\right]^2 = A^2\alpha\beta\mu^2\left[\alpha\beta\left[\mu-\rho^2(LK)^{\rho}\right](LK)^{\rho-2}\left(\alpha L^{\rho}+\beta K^{\rho}\right)^{\frac{2\mu-4\rho}{\rho}}\right.$$

注意到

$$\begin{aligned} \alpha\beta(\mu-\rho)^2(LK)^{\rho} &= \alpha\beta[(\mu-1)-(\rho-1)]^2(LK)^{\rho} \\ &= \alpha\beta\left[(\mu-1)^2+(\rho-1)^2\right](LK)^{\rho} - 2\alpha\beta(LK)^{\rho}(\mu-1)(\rho-1) \\ &\leq \alpha\beta\left[(\mu-1)^2+(\rho-1)^2\right](LK)^{\rho} + \left(\alpha^2 L^{2\rho}+\beta^2 K^{2\rho}\right)(\mu-1)(\rho-1) \end{aligned}$$

从而可证明 CES 生产函数海塞矩阵的行列式

$$\det\begin{pmatrix} \dfrac{\partial^2 F(L,K)}{\partial L^2} & \dfrac{\partial^2 F(L,K)}{\partial L \partial K} \\ \dfrac{\partial^2 F(L,K)}{\partial K \partial L} & \dfrac{\partial^2 F(L,K)}{\partial K^2} \end{pmatrix} \geq 0$$

综上可知，CES 生产函数海塞矩阵的奇数阶主子式非正，而偶数阶主子式非负，故 $F(L,K)$ 为凹函数，其相应的理论生产可能集必为凸集，从而可以利用满足凸性、规模报酬非增的 DEA 实证生产可能集对其进行线性拟合。特别地，当参数 $\alpha+\beta=1$ 时，CES 生产函数 $F(L,K)$ 满足规模报酬不变性，可利用满足凸

性、锥性的 CCR 生产可能集进行近似估计。

按照生产函数估计思路，先考虑生产函数与实证生产可能集有效前沿面相切条件。不难证明，超平面 $rK+wL-F=0$ 与 CES 生产函数 $F=A\left(\partial L^\rho+\beta K^\rho\right)^{\frac{1}{\rho}}$ 相切的条件是

$$\left(\frac{1}{w}\right)^{\frac{\rho}{\rho-1}} A^{\frac{\rho}{\rho-1}} \alpha^{\frac{1}{\rho-1}} - \left(\frac{r}{w}\right)^{\frac{\rho}{\rho-1}} \alpha^{\frac{1}{\rho-1}} \beta^{\frac{1}{1-\rho}} = 1 \tag{5.3}$$

事实上，先对生产函数进行如下变形：

$$\left(\frac{F}{L}\right)^\rho = A^\rho\left[\alpha+\beta\left(\frac{K}{L}\right)^\rho\right] \tag{5.4}$$

因而得到

$$\begin{cases} w = \alpha A^\rho \left(\dfrac{F}{L}\right)^{1-\rho} \\ r = \beta A^\rho \left(\dfrac{F}{K}\right)^{1-\rho} \end{cases} \tag{5.5}$$

两式相除，整理得到

$$\left(\frac{K}{L}\right)^\rho = \left(\frac{\beta}{\alpha}\frac{w}{r}\right)^{\frac{\rho}{1-\rho}} \tag{5.6}$$

根据式（5.4）与式（5.5）可推出

$$\beta\left(\frac{K}{L}\right)^\rho = \left(\frac{w}{A\alpha}\right)^{\frac{\rho}{1-\rho}} - \alpha \tag{5.7}$$

将式（5.6）代入式（5.7），整理即得到式（5.3）。在此基础上，若将 DEA 实证生产可能集有效前沿面的法向量代入式（5.3），即可得到一系列方程组，从而确定未知参数。这就是马赞甫等（2010）采用 DEA 方法估计凹性生产函数的大致思路。

上述 CES 生产函数估计程式存在一个问题，即若满足弱 DEA 有效性的 DMU 较多，甚至远远超过未知参数个数，则存在选择性难题。毕竟，不能保证 DEA 实证生产可能集所有的前沿超平面法向量均与 CES 生产函数相切。

现考虑对这种生产函数估计程式进行修正。假设生产函数为 CES 形式，则根据生产者均衡条件有

$$\frac{w}{r} = \frac{\alpha}{\beta}\left(\frac{K}{L}\right)^{1-\rho}$$

取对数可得到如下线性方程形式：

$$\ln\frac{w}{r} = \ln\frac{\alpha}{\beta} + (1-\rho)\ln\frac{K}{L} \tag{5.8}$$

在生产要素市场价格可观测情况下，利用最小二乘法可得到参数 α 与 ρ 的估计值，于是可估计出 $\alpha L^\rho + \beta K^\rho$，进而可确立产出 $F(L,K)$ 与 $\alpha L^\rho + \beta K^\rho$ 之间的如下线性关系式：

$$\ln F(L,K) = \ln A + \frac{1}{\rho}\ln(\alpha L^\rho + \beta K^\rho) \tag{5.9}$$

就本例而言，假设总量生产函数形式为 $F(L,K) = A(\alpha L^\rho + \beta K^\rho)^{\frac{1}{\rho}}$，它满足规模报酬不变性。按照前面的思路，式（5.8）依旧成立。在相关指标数据预备下，利用最小二乘法估计得到该线性方程的具体形式为

$$\ln\frac{w}{r} = -1.3726 + 1.1538\ln\frac{K}{L}$$

回归模型对应的决定系数为 0.9364，且该模型整体显著。考虑到 $\ln\frac{\alpha}{\beta} = -1.3726$，且 $\alpha + \beta = 1$，最终可解得 $\alpha = 0.2022, \beta = 0.7978, \rho = -0.1538$。

在此基础上，还需要估计参数 A。采用前面参数估计值核算 $(\alpha L^\rho + \beta K^\rho)^{\frac{1}{\rho}}$，将其作为解释变量解释有效产出，利用无截距回归得到参数 A 的估计值为 0.4309。该模型整体显著，决定系数高达 0.9997。于是最终的 CES 生产函数形式为

$$F(L,K) = 0.4309(0.2022L^{-0.1538} + 0.7978K^{-0.1538})^{-\frac{1}{0.1538}}$$

CES 生产函数拟合情况如图 5-8 所示。由图 5-8 不难看出，1994 年之前函数拟合效果一般，而之后则具有非常高的拟合精度。事实上，若定义拟合相对误差为

$$相对误差 = \frac{拟合对象 - 拟合值}{拟合对象}$$

则 1978—2022 年 CES 生产函数拟合实际产出的相对误差如图 5-9 所示，在不同阶段，总量生产函数表现出不同的拟合优度。其中，1978—1993 年拟合优度较低，而 1994—2022 年，拟合优度较高。其原因不难理解，1978—1993 年我国宏观经济生产效率较低。

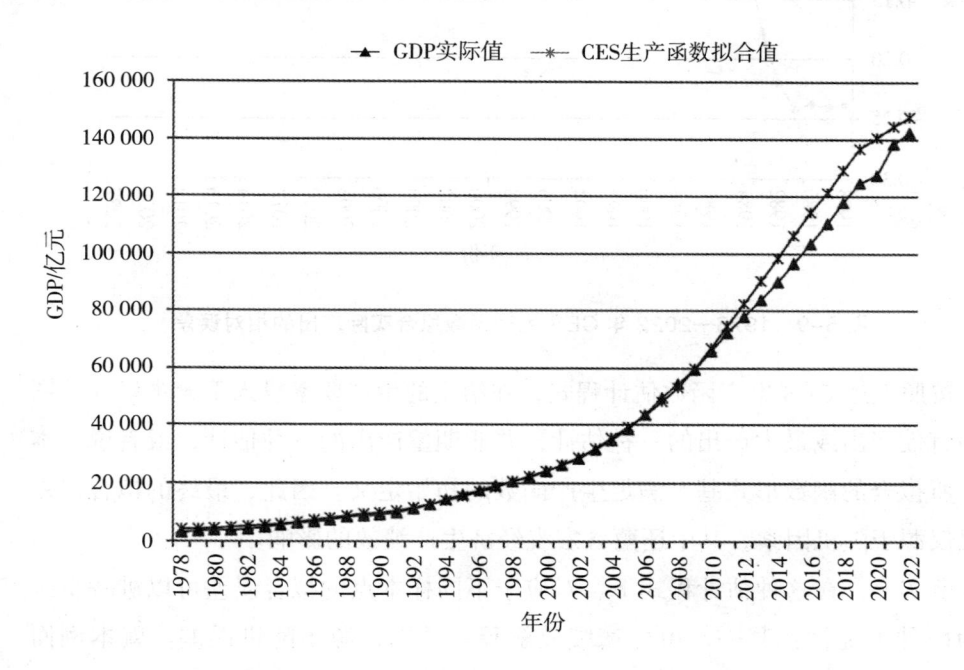

图 5-8 1978—2022 年我国 GDP 实际值与 CES 生产函数拟合值

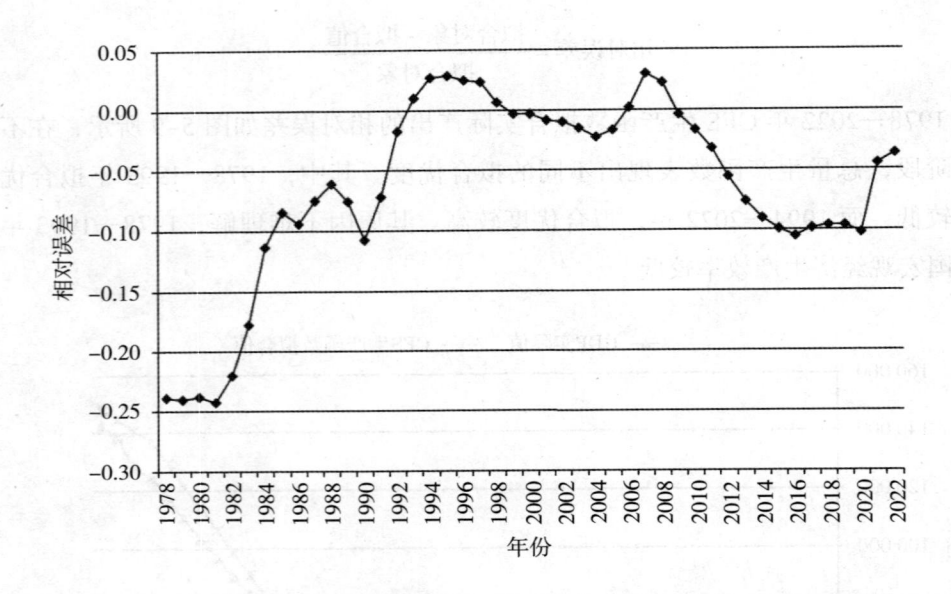

图 5-9　1978—2022 年 CES 生产函数拟合实际产出的相对误差

按照上述 CES 生产函数估计程式，在给定的生产要素投入下，本研究试图得到有效产出或最大产出的一种估计，并非期望产出的一种估计，或者说，本研究所拟合的函数形式基本满足生产函数的初始定义。因此，最终的拟合误差不仅仅源于随机因素，其中还蕴含宏观经济生产绩效的影响。

事实上，在这种估计程式下，对应于不同样本点的拟合误差可以进一步区分为两种可能性：其一，由生产绩效解释；其二，源于随机误差。就本例而言，CES 生产函数拟合值与有效产出较为接近，拟合相对误差情况如图 5-10 所示。

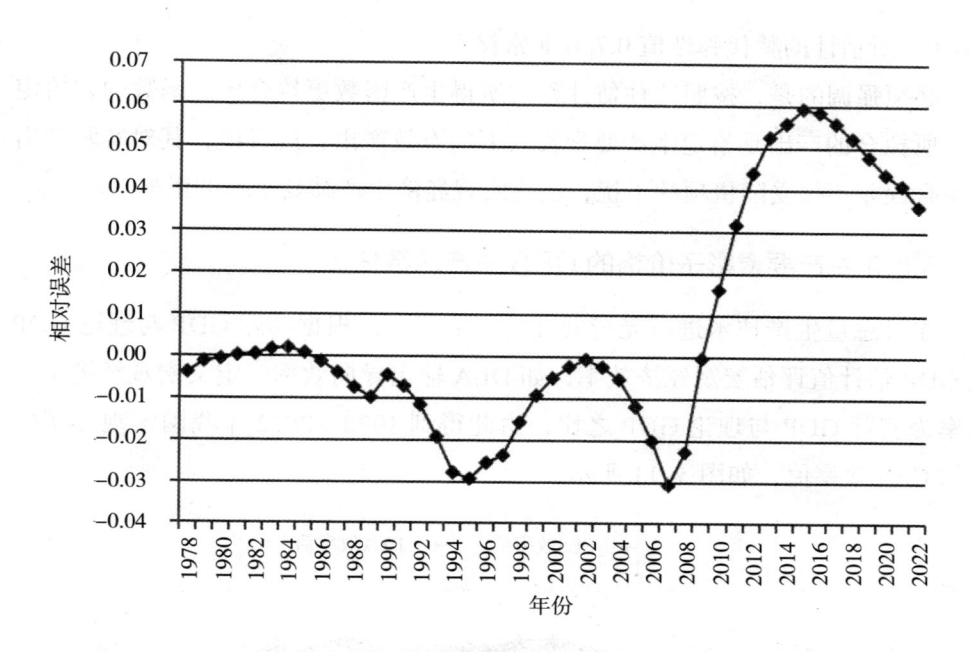

图 5-10　1978—2022 年 CES 生产函数拟合有效产出的相对误差

在 1978—2022 年，CES 生产函数拟合值对有效产出的偏离基本上控制在 ±5% 的范围之内，仅 6 个年份超出该范围。也就是说，在给定生产要素投入的情况下，CES 估计确实给出了最大产出值，CES 生产函数估计值与 DEA 拟合产出之间具有内在一致性。

无疑，在不同规模报酬假设下，本方法可以测评出不同标准下的宏观经济生产绩效，估算出相应的生产要素影子价格及有效输出，进而估计出不同的 CES 生产函数形式。就本例而言，因方程拟合优度已较高，本书不另行尝试。

在前面所述估计 CES 生产函数思路的基础上，考虑采用 DEA 方法估计有效产出及相应的生产要素影子价格，以它们分别替代实际产出与生产要素市场价格，进而利用有效产出、生产要素边际产出、生产要素影子价格之间的均衡关系估计 CES 生产函数所含参数。根据这种程式，本书估计了我国总量生产函数的具体形式。

实证分析表明，在 1978—2022 年，我国劳动力对 GDP 产出的贡献率约为 20.22%，而资本约为 79.78%；相应的要素替代弹性约为 0.729 9，与戴天仕等

（2010）所估计的替代弹性值 0.736 非常接近。

必须强调的是，按照这种估计程式所得生产函数更符合生产函数的初始定义，所拟合的产出是给定生产要素投入下的有效产出，或者说，其对实际产出的拟合误差不仅受随机项的干扰，还受宏观经济生产绩效水平的影响。

5.5.3 生产要素影子价格的 CES 生产函数估计

在对总量生产技术进行光滑处理后，依旧可以根据实际 GDP 与理论 GDP 或 GDP 估计值评估宏观经济效率，如 DEA 输出导向效率，定义宏观经济生产效率为实际 GDP 与理论 GDP 之比，由此得到 1978—2022 年我国宏观经济生产的 CES 效率值，如图 5-11 所示。

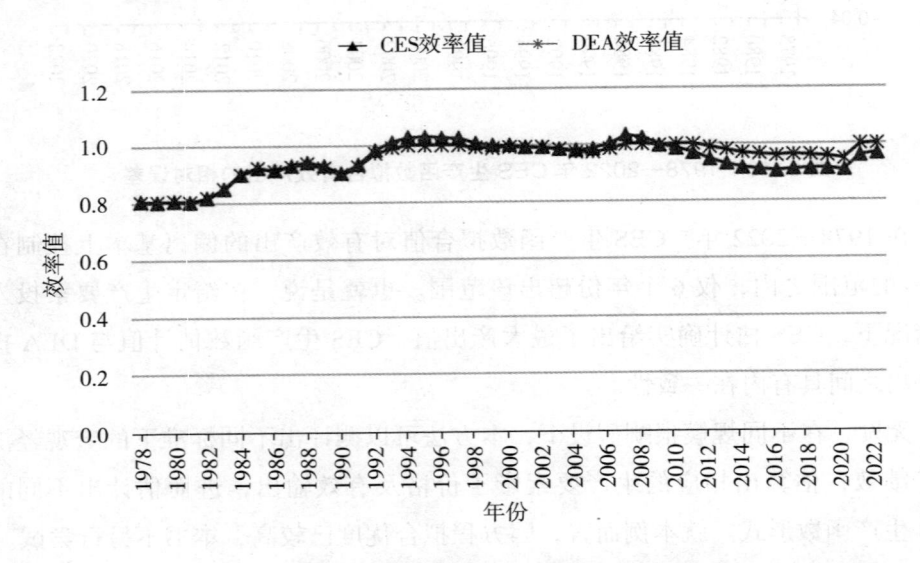

图 5-11 1978—2022 年我国宏观经济生产的 DEA 效率值与 CES 效率值

必须指出，如此定义的 CES 效率值未经归一化处理，可能大于 1，与 DEA 效率值有所区别。尽管如此，经光滑处理得到的宏观经济生产效率或称 CES 输出效率与之前核算的 DEA 输出效率存在很强的线性相关性，利用 SPSS 22.0 软件核算得到两者之间的皮尔逊相关系数为 0.909，在 0.01 水平（双侧）上显著相关。毕竟，本书所拟合的 CES 生产函数事实上是 DEA 实证生产可能集前沿面的一种近似。

根据1978—2022年我国总量生产函数的CES函数形式，可分别计算劳动力与资本的边际产出，得到生产要素边际产出估计值，进而根据年度宏观经济生产效率核算出生产要素影子价格。

现就劳动力影子价格与全国职工平均工资水平进行对比，如图5-12所示，两者表现出显著的线性相关性。

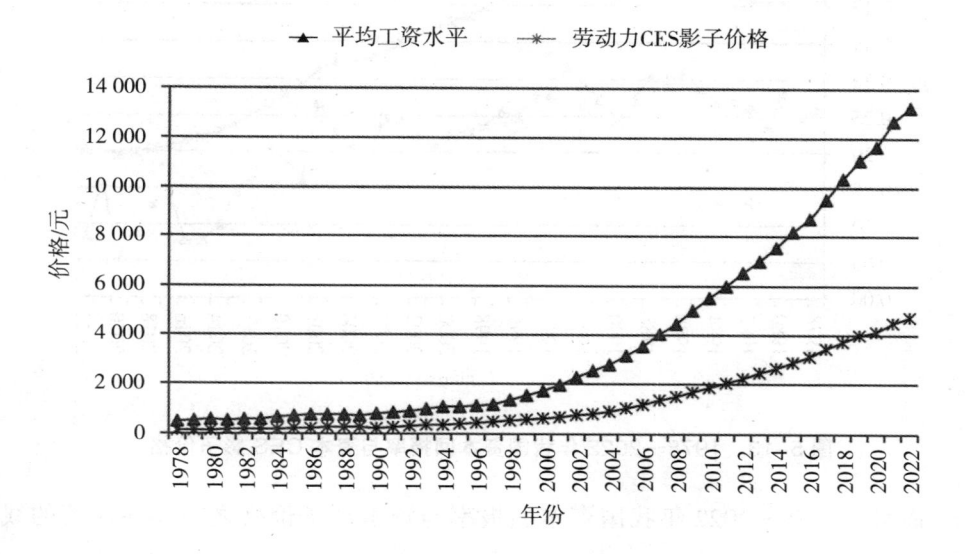

图5-12　1978—2022年我国职工平均工资水平与劳动力CES影子价格（基期为1952年）

事实上，经SPSS 22.0软件核算，两者之间的皮尔逊相关系数高达0.999 4，在0.01水平（双侧）上显著相关。换言之，与前面结论类似，我国职工平均工资水平具有极为明显的效率工资意义。

与前面结论类似，从1978—2022年数据来看，我国劳动力影子价格明显低于全国职工平均工资水平，这与微观厂商理性行为相违背，其间或存在市场之外的影响因素。因两者之间存在统计意义显著的序列相关性，作者仍旧认为我国职工平均工资水平具有其效率层面的合理性，或者说，支撑了宏观经济生产相对有效性。

同样，根据资本回报率与其CES影子价格之间的相关性考察1978—2022年我国资本回报率的合理性，此处资本回报率仍为剔除生产税前的资本回报率。1978—2022 年我国资本回报率与资本 CES 影子价格如图 5-13 所示，受边际报酬递减规律约束，两者均表现出明显的下降趋势。

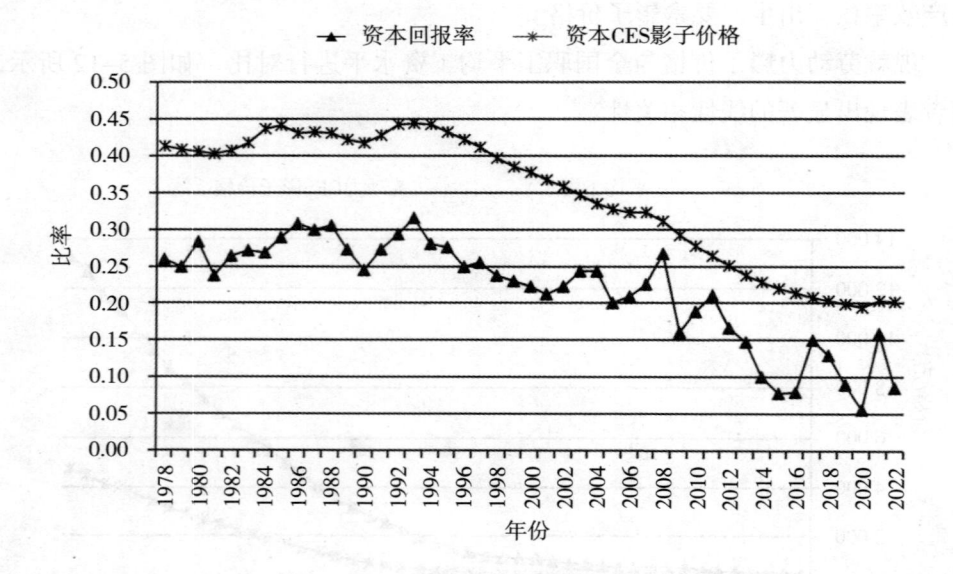

图 5-13　1978—2022 年我国资本回报率与资本 CES 影子价格

而且，1978—2022 年我国资本回报率与资本影子价格之间存在显著的线性相关性，利用 SPSS 22.0 软件核算得到两者之间的皮尔逊相关系数为 0.927，它们在 0.01 水平（双侧）上显著相关。

这说明利用 CES 生产函数估计资本影子价格有其合理性，或者说，从总量生产技术与宏观经济生产有效性层面解释生产要素市场价格具有可行性。当然，也可以说，我国资本要素市场在一定程度上支撑了宏观经济生产的相对有效性。

资本回报率与资本影子价格之间的区别也是明显的，资本回报率明显低于影子价格。因此，从微观厂商的角度来看，单位资本投入能带来正的边际利润，这可以解释我国资本存量的快速增长。

进一步地，考虑到生产要素之间的相互替代性，需要对两类生产要素市场价格的整体有效性进行分析。按照 5.3 的指标设置方法，仍旧考虑两类生产要素的市场价格与影子价格的比值，以反映生产要素市场价格的扭曲情况。

核算结果与 5.3 所得结论相类似，这里不再赘述。

5.5.4 资本-劳动要素替代倾向

仍旧考虑 1978—2022 年我国资本-劳动要素替代倾向，以反映观察期内技术进步的资本偏向情况及要素市场整体失衡现象。根据劳动力与资本影子价格及市场价格核算得到资本-劳动要素替代倾向指标值，如图 5-14 所示。

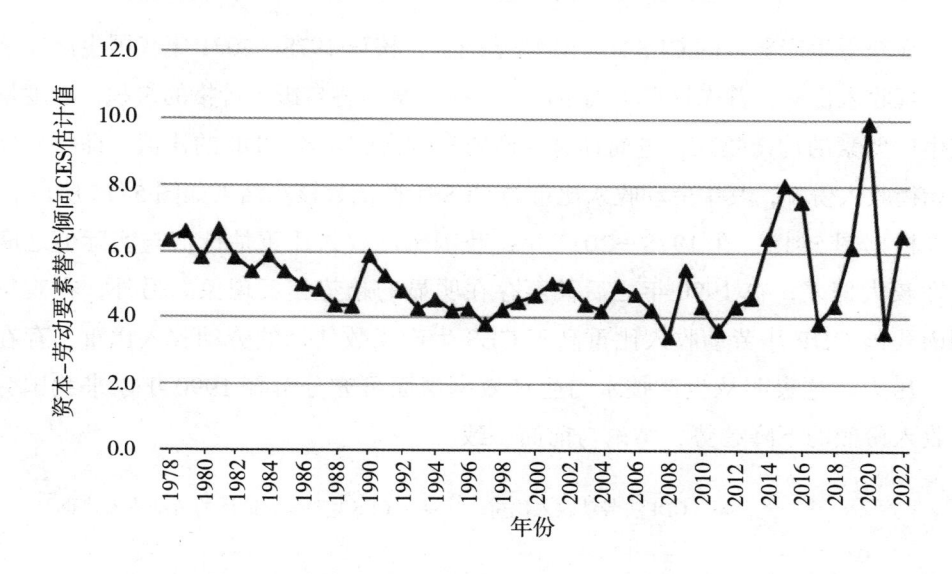

图 5-14 1978—2022 年我国资本-劳动要素替代倾向的 CES 估计值

在观察期内资本-劳动要素替代倾向取值一直在 3.4 以上，这不仅揭示了我国要素市场资源配置方面存在的问题，还说明了 1978 年以来我国宏观经济生产存在资本替代劳动力的长期倾向。当然，从长期来看，这种倾向存在缓和趋势，特别是，自 20 世纪 90 年代开始，资本-劳动要素替代倾向逐步趋向一个稳定状态。

根据资本-劳动要素替代倾向指标，我国要素市场存在整体失衡问题，资本价值长期被低估，而劳动力价值则一直被过高估计。在观察期内，资本替代劳动力的倾向一直存在，人均资本存量逐年增加，导致资本边际产出逐年下降，而劳动力边际产出则逐年增加，即便如此，要素市场仍不曾收敛至一个整体有效状态。

另外，因资本-劳动要素替代倾向反映了劳动资本收入比的实际值偏离其均衡值的程度，该指标值大于 3.4 意味着我国实际劳动资本收入比远高于劳动资本收入比的均衡水平，因此，劳动资本收入比有下降倾向，或者说，劳动收入所占比重有下降趋势。

5.5.5 劳动收入份额的 CES 生产函数核算

在获得生产要素的 CES 影子价格基础上，核算 1978—2021 年我国生产要素的合理收入份额，首先核算不同生产要素投入量与各自影子价格的乘积，以度量该生产要素的均衡收入，进而计算生产要素均衡收入与 GDP 的比值，即得到要素均衡收入份额，其中劳动收入比重的 CES 生产函数核算结果如图 5-15 所示。

根据图 5-15，在 1978—2021 年，我国劳动收入比重估计值与实际值之间存在较大偏差，在 1990 年之后甚至存在明显的趋势相反现象。另外，在观察期内我国 GDP 法劳动收入比重高于 CES 生产函数估计的劳动收入比重，存在下行压力，这表明从生产技术与生产效率层面可充分解释 1990 年以来我国劳动收入份额的下降趋势，结论与前面一致。

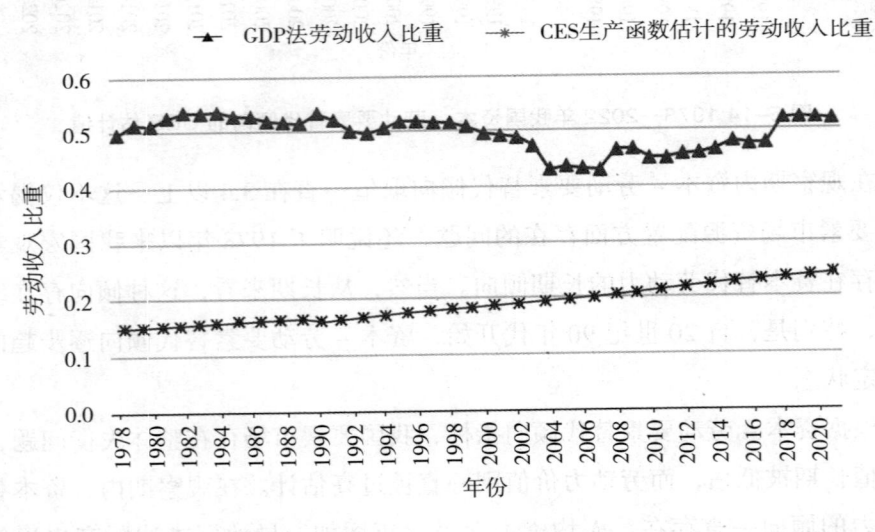

图 5-15 1978—2021 年我国劳动收入比重的估计值与实际值

事实上，前面的分析已然表明，我国生产要素影子价格与其实际价格之间并不存在整体匹配关系，我国存在平均工资水平高估而资本回报率低估的现

第5章 关于我国劳动资本分配格局的一般性分析

象,因此,根据生产要素影子价格核算所得的要素收入份额必然与实际要素收入份额存在偏差。

要素市场价格的整体扭曲或许可以解释我国自 1990 年以来的劳动收入份额下降现象。要素市场价格的扭曲导致我国存在资本替代劳动力倾向,这事实上反映了我国 1990 年以来的技术进步特征。考虑到陈宇峰、贵斌威与陈启清(2013),以及李博文与孙树强(2014)的研究结论,技术进步的资本偏向是劳动收入份额下降的重要原因,而平均工资水平与劳动力影子价格的比值高于资本回报率与资本影子价格的比值则意味着我国宏观经济生产存在资本对劳动力的替代倾向,且前者有下降趋势,而后者则保持相对稳定,因此自然而然的一个猜测是,平均工资水平与劳动力影子价格比值的下降应该能解释我国劳动收入份额的下降现象。

考虑到变量间明显的因果关系,由相关分析即可验证这个猜测。1978—2021 年我国劳动力市场价格扭曲情况及 GDP 法劳动收入份额如图 5-16 所示,两者表现出明显的线性相关性。经 SPSS 22.0 软件核算,两者之间的皮尔逊相关系数为 0.649 8,它们在 0.01 水平(双侧)上显著相关。

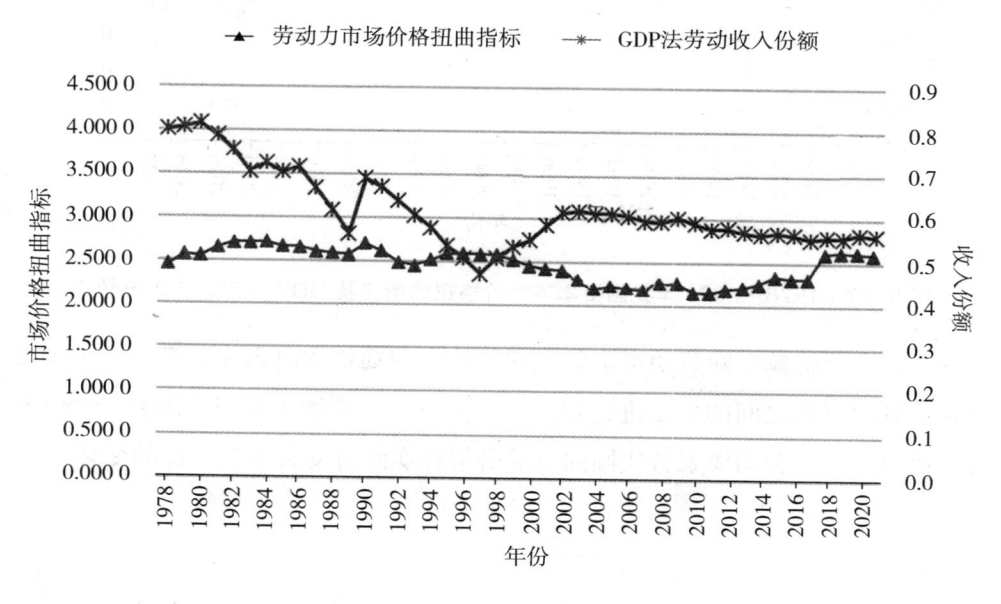

图 5-16 1978—2021 年我国劳动力市场价格扭曲情况及 GDP 法劳动收入份额

整体来看，在1978—2021年，我国劳动力市场价格扭曲程度逐年有所缓和，职工平均工资水平逐步回归其影子价格。与此相对应，自20世纪90年代以来，我国劳动收入份额表现出下降趋势。因此，从宏观经济生产效率的角度来看，我国劳动收入份额下降存在其合理性。毕竟，在观察期内，我国劳动力市场价格过高地估计了劳动力实际价值，在我国市场经济体制逐步完善的前提下，劳动力收入份额有望回落至均衡水平。

1978—2021年我国资本市场价格扭曲情况及GDP法劳动收入份额如图5-17所示。两者之间无显著相关性，皮尔逊相关系数仅为-0.126。这一点与本书的初始判断保持一致。

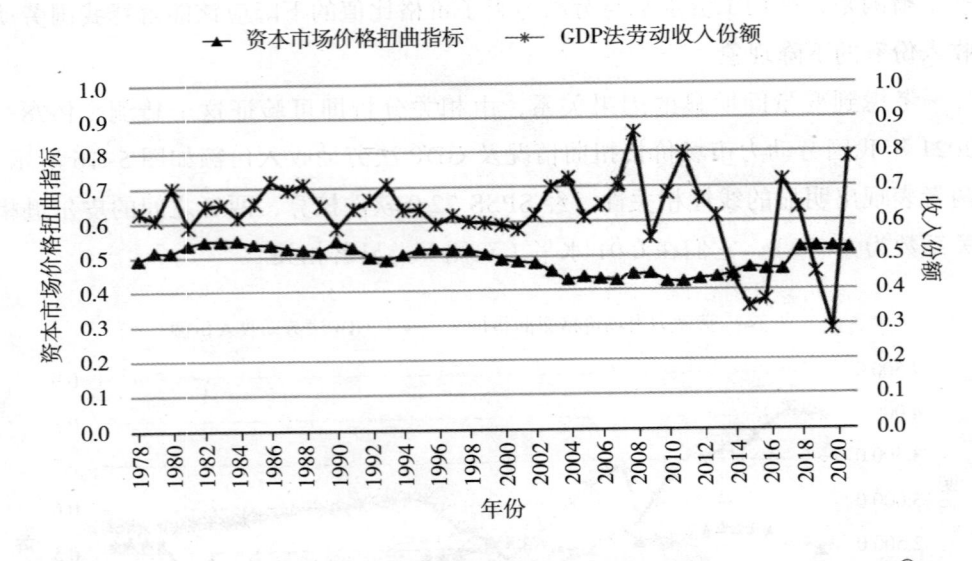

图5-17　1978—2021年我国资本市场价格扭曲情况及GDP法劳动收入份额[①]

后面章节将就实际劳动资本收入比、均衡劳动资本收入比、资本-劳动要素替代倾向三者之间的关系进行理论与实证分析，其结果表明，均衡劳动资本收入比与资本-劳动要素替代倾向可显著解释实际劳动资本收入比的变化。

---

① 根据附表1-1及附表7-2中相关指标数据绘制。

第 6 章　数据三分类下的我国劳动资本分配格局

上一章作者采用 CCR 模型对 1952—2022 年我国宏观经济生产绩效进行了测评，从支撑生产有效性的角度核算了劳动力与资本影子价格，并将生产要素影子价格与市场价格进行了对比，以反映要素市场有效性。为评判我国劳动收入份额的合理性，作者根据劳动力、资本要素影子价格测算了有效层面的劳动收入份额。

尽管计算结果论证了我国职工平均工资与绩效工资之间的相关性，且资本回报率的变化也得到了资本影子价格的解释，我国生产要素市场价格存在整体扭曲现象，市场失灵现象影响了我国资源配置与利用效率。这反映在劳动资本分配问题上，表现为我国劳动收入份额偏离其影子值。本书所构造的资本－劳动替代倾向指标确实可以解释我国劳动资本分配格局的形成，特别是，能充分解释 20 世纪 90 年代以来我国劳动收入份额的下降趋势。现在的问题是，如何解释 1978—2022 年我国较高的资本－劳动替代倾向。

服务于本研究的整体目的，本章的主要任务是考察我国资本偏向型技术格局形成的内在机理：一方面，因资本积累速度递增，我国劳动力过剩压力已逐步得到有效缓解，事实上，劳动力相对供求状况是否改善，可以凭借劳动力影子价格予以反映。本章之所以赋予劳动力数据以中性属性，旨在从数据三分类绩效评价入手，从劳动力数据属性转换层面整体上把握我国劳动力供求状况的实质性转变，从或已发生且迟早会发生的历史进程中理解我国劳动力供求格局。另一方面，利用劳动力相对于 GDP 的影子价格分析我国劳动力相对供求状态。

本章从劳动力投入数据的中性属性出发，重新评价我国宏观经济运行绩效，利用劳动力影子价格重新解释我国职工平均工资水平的变更，进而剖析劳动力数据属性变化对我国资本－劳动替代倾向及我国劳动资本分配格局形成的影响。本质而言，劳动力投入数据的属性与其投入的相对多寡有关，可在一定程度上反映市场与非市场因素对我国劳动资本分配格局的干扰。

6.1 劳动力输入的数据属性

微观经济学考察资源配置问题，而宏观经济学则侧重于资源利用问题，这是两者的基本区别。之所以考察资源利用问题，主要是因为现有资源禀赋特别是劳动力资源可能存在闲置现象。因劳动力不能充分就业，不仅影响劳动力整体收入水平，也往往会导致经济增长波动，这使政府干预经济成为一种必然。事实上，宏观经济政策往往视充分就业为政府首要的调控目标之一。

考虑到失业问题，一个经济体在给定时期的劳动力输入数据属性有其特殊针对性，微观与宏观层面对其价值的认识可能并不一致，因此，涉及劳动力相关数据的宏观经济生产问题有必要考虑数据三分类对经济运行绩效的影响。从我国政府调控的角度来看，创造工作岗位，实现充分就业，是促进经济增长的目标之一，政府并不规避劳动力的投入，未必视过多的劳动力投入是一种资源的浪费。当然，宏观调控对劳动力投入的价值判断未必一以贯之，可能取决于失业问题的严重程度。而微观厂商角度的观点迥异，出于利润导向，厂商一向以降低生产成本、提高产出收益为生产决策依据，若生产要素之间存在相互替代性，则总是倾向于选择使用相对廉价的生产要素，就厂商而言，劳动力投入数据往往是一种规避型数据。

之所以称劳动力投入数据为一种中性型数据，原因之一固然如上所述，经济体内部对其价值的取向并不一致，另外一个重要原因则是考虑到经济系统中输入与输出之间的某种不确定关系。这根源于价值取向的不一致性，一个经济系统在给定时期的输入与输出关系往往并不一致。政府调控者未必认为劳动力投入是纯粹的经济系统输入，可能将其视为经济系统的一种输出，将所创造就业岗位的数量、实现就业率的提升当成宏观经济运行的业绩。而且，受规模报酬与规模经济的影响，即便从厂商的角度来看，劳动力投入也可能是经济系统的一种输出。简言之，劳动力数据在经济系统数据转换关系中的地位并不明确。

经济系统运行绩效评价不能完全遵循价值导向，还必须尊重生产过程，反映生产过程，明确输入与输出的对应关系，以确定提升绩效的可能途径。本书从价值取向、生产过程两方面考虑劳动力投入的数据属性，不仅可以更为全面地测评宏观经济运行绩效，也可以厘清经济系统运行机理，寻求提升经济运行绩效的可能举措。

现以1978—2022年数据为研究样本，考察宏观经济生产中的劳动力输入冗余问题，论证上述观点。为此，依旧假设生产满足规模报酬不变性，而DMU为各年份劳动力、资本与GDP所组成的向量，其中资本存量仍取经济折旧率9.6%所对应的核算数据，借助DEAP Version 2.1软件的二阶段算法处理输入要素的冗余问题。二阶段算法的本质目的是寻找非弱DEA有效的DMU在生产可能集前沿超平面上的投影，在某种意义上，该投影为非弱DEA有效DMU改进效率的最佳方向。在剥离径向效率影响之余，DMU投影点输入与实际输入之间的差额即输入冗余向量，其中输入效率值与前面核算的输出效率值相等，有效就业人员与有效资本存量为非弱DEA有效DMU在生产可能集有效前沿面上投影点的要素输入量。

不难看出，即便以就业人员为劳动力输入数据，扣除输入效率影响之余，仍发现宏观经济生产存在劳动力过度输入问题，这主要发生于1978—1992年，换言之，在该阶段，因人口基数庞大，而资本存量相对较少，我国一直面临严峻的就业压力。在资本偏向技术下，就业压力一直难以消除。

6.2 宏观经济生产绩效测评

考虑到劳动力数据的中性属性，需要重新评估1978—2022年我国宏观经济生产绩效。相关绩效评价模型已在前面章节给出，此处先就模型进行针对性设置，并考虑效率指标值具体核算技巧，进而实施宏观经济生产绩效评估。

本节所采用的数据三分类 DEA 绩效评价方法由马赞甫与刘妍珺（2011）提出，就本例而言，本质上是将一个三指标三分类 DEA 模型转换为双指标双分类 DEA 模型，后者可借助 DEAP Version 2.1 软件处理。

6.2.1 评价方法

假设宏观经济生产满足规模报酬不变性，且劳动力数据为中性型数据，资本数据为规避型数据，而 GDP 数据为偏好型数据，以历年劳动力、资本与 GDP 所构成向量为 DMU，即所观测到的 n 个 DMU 可记为

$$(L_j, K_j, F_j), j = 1, 2, \cdots, n \tag{6.1}$$

本节采用如式（6.2）所示的数据三分类的 DEA 模型测评 1978—2022 年我国宏观经济生产在输出导向下的相对有效性。

$$\begin{cases} \max \quad z \\ \text{s.t.} \quad \sum_{j=1}^{n} \lambda_j L_j = L_0 \\ \quad\quad \sum_{j=1}^{n} \lambda_j K_j \leq K_0 \\ \quad\quad \sum_{j=1}^{n} \lambda_j F_j \geq z F_0 \\ \quad\quad \lambda_j \geq 0, j = 1, 2, \cdots, n \end{cases} \tag{6.2}$$

该线性规划问题的对偶形式是

$$\begin{cases} \min \quad w L_0 + r K_0 \\ \text{s.t.} \quad w L_j + r K_j - f F_j \geq 0, j = 1, 2, \cdots, n \\ \quad\quad f F_0 = 1 \\ \quad\quad r \geq 0, f \geq 0 \end{cases} \tag{6.3}$$

为计算方便起见，在数据预处理基础上，可以将数据三分类下单输入双输出的绩效评价模型转换为单输入单输出的 BCC 模型，其中，模型单一的输入为人均资本存量，而单一的输出则为人均 GDP，此时，原 DMU 转换为如下形式：

$$\left(1, \frac{K_j}{L_j}, \frac{F_j}{L_j}\right), j = 1, 2, \cdots, n$$

对应的绩效评价模型是

$$\begin{cases} \max \quad z \\ \text{s.t.} \quad \sum_{j=1}^{n} \lambda_j \frac{K_j}{L_j} \leq \frac{K_0}{L_0} \\ \quad \sum_{j=1}^{n} \lambda_j \frac{F_j}{L_j} \geq z \frac{F_0}{L_0} \\ \quad \sum_{j=1}^{n} \lambda_j = 1 \\ \quad \lambda_j \geq 0, j = 1, 2, \cdots, n \end{cases} \quad (6.4)$$

其对偶形式是

$$\begin{cases} \min \quad w + r\frac{K_0}{L_0} \\ \text{s.t.} \quad w + r\frac{K_j}{L_j} - f\frac{F_j}{L_j} \geq 0, j = 1, 2, \cdots, n \\ \quad f\frac{F_0}{L_0} = 1 \\ \quad r \geq 0, f \geq 0 \end{cases} \quad (6.5)$$

注意式（6.5）中前 n 个约束条件事实上是三分类 DEA 实证生产可能集前沿超平面所需满足的基本条件。其中，宏观经济生产绩效评价模型要求人均资本存量对应权重 $r \geq 0$，人均 GDP 对应权重 $f \geq 0$，而与此相区别，劳动力所对应权重 w 则无非负性要求，这表征了劳动力数据的中性属性。

6.2.2 评价结果

如前所述，经数据比例变化，可采用专门的 DEA 计算软件 DEAP Version 2.1 软件对 1978—2022 年我国宏观经济生产相对有效性进行评价。设定经济折旧率为 9.6%，相对有效性评价结果如表 6-1 及图 6-1 所示。

表 6-1 数据三分类 DEA 输出导向模型输出效率

年份	人均GDP/亿元	人均资本存量/亿元	三分类DEA输出效率	年份	人均GDP/亿元	人均资本存量/亿元	三分类DEA输出效率
1978	0.079 7	0.155 7	1.000	2001	0.360 6	0.758 4	0.995
1979	0.083 6	0.165 0	0.978	2002	0.390 9	0.840 4	0.994
1980	0.087 3	0.173 3	0.958	2003	0.427 5	0.946 0	0.987
1981	0.088 9	0.178 0	0.943	2004	0.467 4	1.067 4	0.976
1982	0.093 5	0.185 0	0.945	2005	0.518 0	1.206 4	0.974
1983	0.101 1	0.194 5	0.963	2006	0.581 3	1.363 3	0.983
1984	0.112 2	0.206 0	0.998	2007	0.661 0	1.546 9	1.000
1985	0.123 0	0.222 9	1.000	2008	0.722 5	1.750 4	1.000
1986	0.130 3	0.241 4	0.976	2009	0.787 6	2.022 3	0.996
1987	0.141 4	0.260 7	0.979	2010	0.868 2	2.329 1	1.000
1988	0.152 8	0.281 8	0.978	2011	0.947 2	2.656 8	1.000
1989	0.156 3	0.294 6	0.957	2012	1.017 9	3.006 0	0.991
1990	0.138 8	0.264 4	0.939	2013	1.093 1	3.381 8	0.982
1991	0.149 9	0.279 2	0.960	2014	1.170 0	3.761 7	0.975
1992	0.169 6	0.303 9	0.995	2015	1.249 2	4.140 2	0.970
1993	0.191 2	0.340 1	1.000	2016	1.332 2	4.538 9	0.966
1994	0.214 0	0.382 0	1.000	2017	1.453 7	5.056 7	0.965
1995	0.235 4	0.428 1	1.000	2018	1.557 4	5.524 8	0.964
1996	0.255 4	0.475 4	1.000	2019	1.657 4	6.000 6	0.959
1997	0.275 5	0.522 8	1.000	2020	1.703 21	6.269 2	0.950
1998	0.293 7	0.577 8	0.993	2021	1.857 3	6.549 3	0.999
1999	0.312 8	0.632 1	0.991	2022	1.946 7	6.901 8	1.000
2000	0.336 1	0.690 9	0.997				

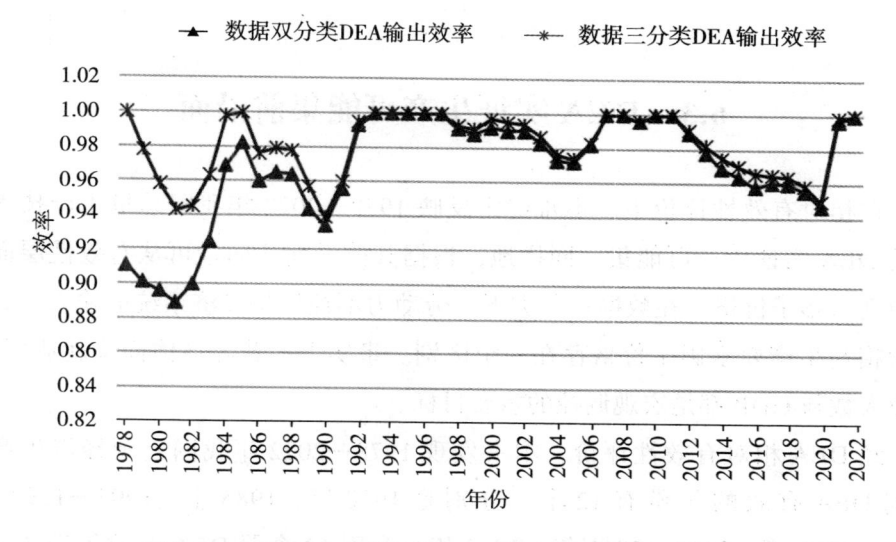

第6章 数据三分类下的我国劳动资本分配格局

图 6-1 数据双分类与数据三分类下的宏观经济生产效率

注意，表 6-1 中三分类 DEA 输出效率系根据年度人均 GDP 与人均资本存量数据，采用输出导向的 BCC 模型核算得到的。不难看出，即便数据一样，且都假设规模报酬不变性，采用数据双分类 DEA 模型核算结果与采用数据三分类模型核算结果截然不同。在数据三分类条件下，生产弱 DEA 有效的年份有所增加，具体而言，1978 年及 1985 年新增为弱 DEA 有效年份，主要原因是，在 1978—1993 年，就业人员输入为偏好型数据，之后才转换为规避型数据。

图 6-1 展示了数据双分类与数据三分类假设下 1978—2022 年我国宏观经济生产效率变化情况。不难看出，在数据三分类假设下，我国宏观经济生产效率有所提高，主要是 1978—1992 年的宏观经济生产效率有明显提高。事实上，在该阶段，投资不仅服务于经济增长，也以缓解就业压力为基本目的。

欲判断劳动力数据属性的转换，只需要求解线性规划问题式（6.5）即可，根据其决策变量 w 的最优解 $\bar{w}$ 的符号可以判断劳动力数据属性。具体而言，若式（6.5）的所有解都满足 $\bar{w}>0$，则劳动力数据为规避型数据；若式（6.5）的所有解都满足 $\bar{w}<0$，则劳动力数据为偏好型数据；其他情况则既可视其为规避型数据也可视其为偏好型数据。因本例简单，可直接图示，在二维笛卡尔坐标系中根据 BCC 生产可能集前沿超平面的截距项进行判断。在分析数据三分类下的 DEA 实证生产可能集时，将就此进行具体分析。

6.3 DEA 实证生产可能集前沿面

在相对有效性评价下，不难确定反映 1978—2022 年我国总量生产技术状况的 DEA 实证生产可能集，同样地，根据其前沿面法向量可从有效性层面估计劳动力影子价格。在数据三分类下，劳动力不纯粹是经济系统的输入，其影子价格与生产要素影子价格存在一定区别。事实上，若经济体面临就业压力，就业人数与 GDP 都是宏观调控的重要目标。

经 DEA 相对有效性评价，本书发现 1978—2022 年我国宏观经济生产满足弱 DEA 有效的年份有 12 个，分别是 1978 年、1985 年、1993—1997 年、2007—2008 年、2010—2011 年、2022 年。利用 12 个弱 DEA 有效年份的劳动力、资本及 GDP 数据，可以确定由其依次支撑的 DEA 实证生产可能集的有效前沿面[①]，具体如下：

$$F = -0.0205L + 0.6438K$$
$$F = -0.0067L + 0.5816K$$
$$F = 0.0051L + 0.5471K$$
$$F = 0.0375L + 0.4622K$$
$$F = 0.0540L + 0.4238K$$
$$F = 0.0541L + 0.4234K$$
$$F = 0.0787L + 0.3764K$$
$$F = 0.1936L + 0.3021K$$
$$F = 0.2815L + 0.2519K$$
$$F = 0.3067L + 0.2411K$$
$$F = 0.3217L + 0.2355K$$

---

① 与前面类似，这里忽略了对应于输入、输出无效状态下的前沿超平面。另外，前沿超平面法向量的计算与前面类似，即根据空间中不在同一直线上的三个点可确定一个平面，构建线性方程组确定法向量。

第6章　数据三分类下的我国劳动资本分配格局

注意上面所列举 11 个前沿超平面的法向量，其中前两个超平面的法向量较为特殊，有别于经典 DEA 实证生产可能集，其输入项对应权重存在符号区别。从 11 个前沿超平面方程劳动力所对应权重符号来看，前两个为负，涵盖年份为 1978—1993 年，而之后的 9 个超平面方程所对应劳动力权重符号则为正，对应年份为 1993—2022 年。

前沿超平面在人均 GDP 轴上的截距项符号反映了劳动力数据属性，劳动力权重符号的变换则表征了我国劳动力数据属性的变更。从 1978—1985 年，劳动力数据为偏好型数据，该阶段劳动力相对较多，投入资本以创造就业岗位并确保经济增长是该阶段的主要生产决策问题。随着资本存量的累增，资本相对过剩，劳动力出现相对短缺或局部短缺现象，1993 年以后其数据属性发生变化，该阶段的宏观经济生产决策问题瞄准输入劳动力与资本以获得经济增长。当然，因相关分析所涉及数据较为粗糙，阶段划分的断点未必准确，这大致反映了我国劳动力数据属性确实存在阶段性变换问题，即便现在尚未发生，但迟早会发生。

经济折旧率不同则资本存量有所区别，这或许会影响劳动力数据属性的变化。若经济折旧率设定为 5%，则资本存量有所增加，就业人员人均资本存量发生变化，相应的 DEA 前沿超平面会略有不同。此时，弱 DEA 有效的 DMU 有 12 个，分别是 1978 年、1985 年、1994—1997 年、2007—2008 年、2010—2011 年、2021—2022 年。由上述 12 个弱 DEA 有效的 DMU 依次所决定的 DEA 实证生产可能集的有效前沿面如下：

$$-0.021\,5L + 0.486\,1K = F$$

$$-0.009\,6L + 0.446\,2K = F$$

$$0.025\,1L + 0.376\,9K = F$$

$$0.044\,7L + 0.341\,7K = F$$

$$0.050\,0L + 0.333\,1K = F$$

$$0.071\,5L + 0.301\,3K = F$$

$$0.185\,1L + 0.243\,3K = F$$

$$0.262\,3L + 0.208\,3K = F$$

$$0.298\,2L + 0.196\,0K = F$$

$$0.386\,7L + 0.169\,3K = F$$

$$0.535\,8L + 0.152\,1K = F$$

在上述 11 个实质性前沿超平面中，前两个所对应的劳动力权重符号为负，涵盖的年份为 1978—1994 年，之后 9 个超平面所对应劳动力权重符号则为正，涵盖的年份为 1994—2022 年，这与经济折旧率 9.6% 所对应结果基本一致。这在一定层面上反映了我国劳动力的供求状况。6.6 将采用 DEA 聚类分析方法探讨我国宏观经济生产的阶段性划分，以进一步探讨劳动力数据属性问题。

根据上述分析，在我国宏观经济生产历程中，1993—1994 年前后或许有其特殊性，是我国劳动力供求状况发生根本性变换的阶段点。无疑，劳动力供求关系的变化必然会影响我国劳动收入份额的变化。

6.4　生产要素影子价格与收入份额

在数据三分类情况下，劳动力数据中性属性有变化趋势。若劳动力供给相对较少，经济体倾向于规避劳动力投入，劳动力数据为规避型数据；反之，若劳动力供给相对较多，经济体倾向于刺激就业，劳动力数据为偏好型数据。因劳动力数据中性属性问题，传统的劳动力边际报酬递减不足以解释其真实价值，必须在数据三分类绩效评价模型中估计其影子价格。

6.4.1 核算方法

在劳动力数据具有双重属性前提下，劳动收入份额的核算公式需要进行相应调整。若劳动力数据为规避型，则与前面分析类似，此时，劳动力与资本同为 DEA 输入、输出系统的输入项，而 GDP 为 DEA 输入、输出系统的输出项，GDP 最终剖分为劳动力所得与资本所得两部分，具体表现为如式（6.6）所示的收入分配核算公式。

$$F(L,K) = wL + rK \tag{6.6}$$

其中：$F(L,K)$ 为 GDP 输出，L 与 K 分别为劳动力与资本输入，而 w 与 r 分别为劳动力与资本投入的边际产出。在劳动力数据为规避型的前提下，宏观经济生产决策问题事实上是如式（6.7）所示的单目标规划问题。

$$\begin{cases} \max & F(L,K) \\ \text{s.t.} & (L,K,F)^\mathrm{T} \in T \end{cases} \tag{6.7}$$

问题约束条件中的集合 T 为双输入单输出的总量生产可能集，实证分析情况下以 CCR 生产可能集或 BCC 生产可能集等经典的 DEA 实证生产可能集进行替代，并据此估计生产要素的边际产出，进而核算生产要素收入份额。

反之，若劳动力数据为偏好型，则劳动力与 GDP 同为 DEA 输入、输出系统的输出项，劳动力输入数据可视为就业实现情况，为宏观经济生产系统新增的输出项，此时系统仅具有单一输入项即资本输入。可以说，相应的宏观经济系统具体表现为一种资本拉动型经济，资本雇佣劳动力，并获得 GDP 的输出。在规模报酬不变假设下，劳动力偏好下的生产过程可以表示为

$$F(K) + wL(K) = rK \tag{6.8}$$

等式左边都为系统的输出项，而右边为输入项。此时宏观经济生产决策问题为如式（6.9）所示的双目标规划问题。

$$\begin{cases} \max & (F(K), L(K))^{\mathrm{T}} \\ \text{s.t.} & (K, L, F)^{\mathrm{T}} \in T \end{cases} \quad (6.9)$$

显然，式（6.9）与式（6.7）截然不同，此时问题的约束集合 T 为单输入双输出的生产可能集。另外，需要注意的是，在不确定劳动力数据具体类型的情况下，必须先采用数据三分类模型进行相对有效性评价，以区分劳动力数据属性，进而视情况不同而采用不同的要素影子价格与要素收入份额计算方法。

在核算劳动收入份额时，将式（6.8）变化为如式（6.10）所示的形式。

$$F(K) + wL(K) = wL(K) + (rK - wL(K)) \quad (6.10)$$

其中：$L(K)$ 为劳动力所得，而 K 则为资本所得，两者共同剖分了总的输出。下面将利用前面宏观经济生产相对有效性评价结果，采用这一公式核算劳动力与资本各自所得。在此基础上，劳动力与资本收入份额则分别按照式（6.11）进行核算。

$$\alpha_L = \frac{wL(K)}{F(K) + wL(K)}, \beta_K = \frac{rK - wL(K)}{F(K) + wL(K)} \quad (6.11)$$

显然有 $\alpha_L + \beta_K = 1$。另外，给定资本收入，其影子价格可以按照式（6.12）估计。

$$\bar{r} = \frac{rK - wL(K)}{K} = r - w\frac{L(K)}{K} \quad (6.12)$$

另外，对式（6.10）进行生产过程层面的阐释，其中右边表示宏观经济系统的输入，即投入劳动力与资本，而左边则表示系统的输出，包括就业创造与经济增长两部分。换言之，劳动力数据在系统中扮演两类不同角色，或为微观经济层次的企业成本投入，或为宏观层次的就业创造产出。当然，为一致起见，也可将式（6.6）相应调整为

$$F(L, K) - wL = wL + (rK - wL) \quad (6.13)$$

而劳动力与资本收入份额则按照式（6.14）进行核算。

$$\alpha_L = \frac{wL}{F(L,K)-wL}, \beta_K = \frac{rK-wL}{F(L,K)-wL} \quad (6.14)$$

总而言之，因失业现象的可能性，微观经济绩效转换为宏观经济绩效，相应绩效评价模型亦发生变化。为提高资源利用效率，政府干预经济，国民收入分配中出现了政府收入部分，影响了要素收入分配格局。基于上述考虑，若劳动力数据属性为规避型，仍直接根据 DEA 实证生产可能集前沿超平面法向量核算生产要素影子价格及收入份额，如 5.2.2 的内容；否则，将采用式（6.12）核算资本影子价格及收入份额。毕竟，生产要素收入份额的核算标准与方法本身并不单一，如此调整一者是考虑到宏观经济系统实际情况，二者是为了刻意彰显相较于前面核算标准与方法的不同之处，并凸显投资在发展中国家经济增长中的重要地位。

6.4.2 核算结果

在数据三分类假设下，本书已核算出 1978—2022 年我国宏观经济生产效率，并确定了相应的 DEA 实证生产可能集，现按照 6.3.1 所提出的计算方法核算生产要素影子价格及劳动收入份额。

先考察劳动力影子价格。在数据三分类假设下，劳动力影子价格核算结果如图 6-2 所示。因劳动力数据属性在 1994 年前后截然不同，1994 年之后生产要素影子价格与双分类 DEA 模型核算结果一致，而之前则有明显差异。从长期来看，劳动力影子价格仍保持增长趋势。

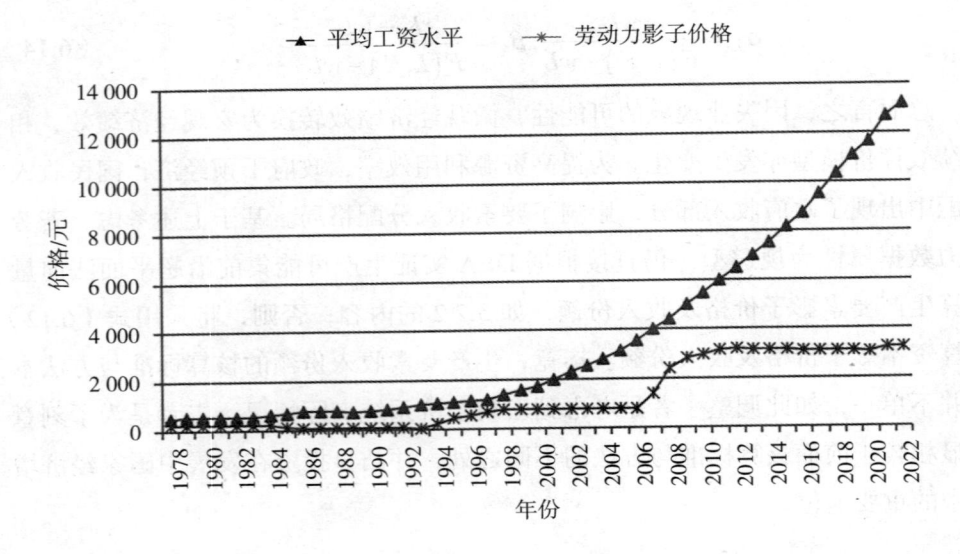

基于 DEA 的我国劳动资本分配格局研究

图 6-2　1978—2022 年我国职工平均工资水平与数据三分类下的劳动力影子价格（基期为 1952 年）

以劳动力影子价格为参照依据，仍旧可以探讨劳动力要素市场的有效性，结果与上一章几无差异。我国职工平均工资水平与劳动力影子价格之间具有显著的线性相关性，两者之间的皮尔逊相关系数为 0.921 7，在 0.01（双侧）水平上具有统计显著性。

数据三分类 DEA 模型核算的资本影子价格如图 6-3 所示。类似地，数据三分类 DEA 模型所核算的资本影子价格仍与剔除生产税前资本回报率保持较显著的线性相关性，两者之间的皮尔逊相关系数为 0.774 5。

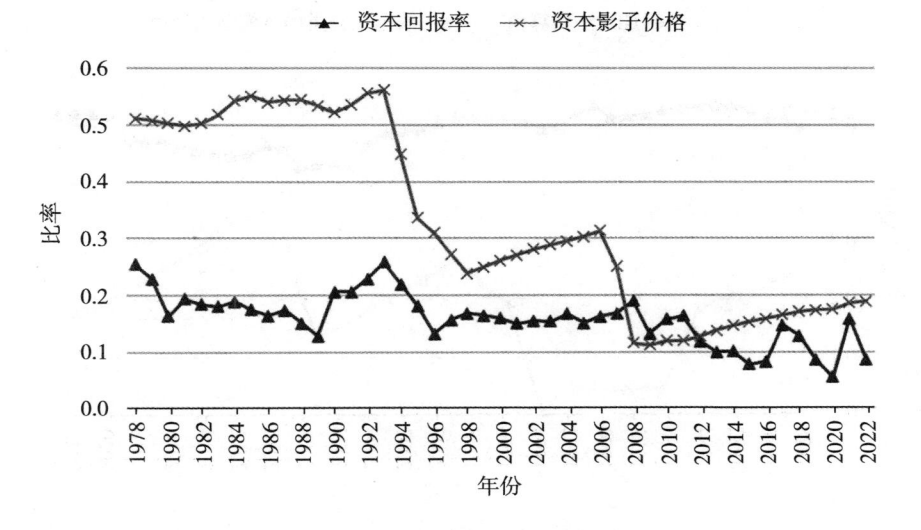

第 6 章 数据三分类下的我国劳动资本分配格局

图 6-3　1978—2022 年我国资本回报率与数据三分类下的资本影子价格

因此，就单要素而言，即便在数据三分类假设下，我国要素市场仍有效地支撑了宏观经济生产，要素市场价格反映了要素价值，并随时间调整表现出显著的动态有效性。当然，从静态来看，要素市场仍存在不同程度的价格扭曲现象，其中，劳动力市场价格高于劳动力影子价格，而资本回报率低于资本影子价格，相较而言，劳动力市场价格扭曲程度更为严重。

在生产要素影子价格核算基础上，可估算出合理的劳动收入份额，如图 6-4 所示。与 GDP 法核算得到的实际劳动收入份额相比，数据三分类 DEA 核算下的劳动收入份额较低，这依旧解释了我国实际劳动收入份额的下降趋势。另外，从长期来看，两者表现出逐步接近的趋势。

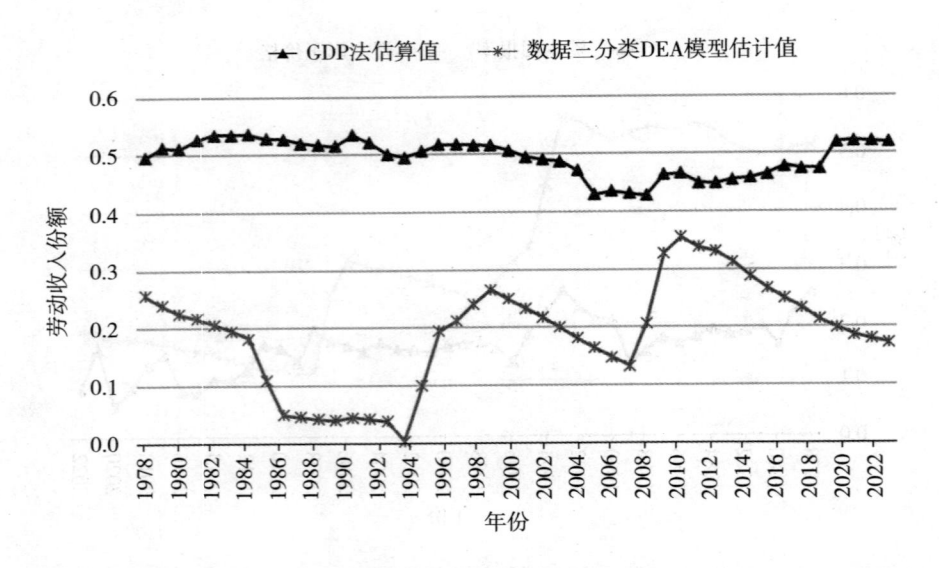

图 6-4　1978—2022 年我国 GDP 法及数据三分类 DEA 模型核算下的劳动收入份额

6.5　数据三分类下的要素替代倾向

在数据三分类假设下，劳动力数据有属性变化可能性，资本之于经济体的功用与双分类模型相比存在较大区别，资本替代劳动力的动力与可能性或许有所不同，为此，本书先根据劳动力数据属性的不同，对生产要素影子价格特别是资本影子价格进行了调整。本节将以此为依据，结合生产要素市场价格，再次估算资本-劳动要素替代倾向指标值，并考察我国 1978—2022 年该指标的变更趋势。毕竟，资本-劳动替代倾向是判断要素市场整体有效性及劳动收入份额合理性的基本工具。

在就要素市场进行整体有效性分析之前，先考察单个要素市场价格扭曲情况。上一节以图示的方式反映了我国生产要素市场价格与影子价格之间的关系，本书研究发现：我国劳动力市场价格高估了劳动力价值，而资本市场价格则低估了资本使用价值。本节将以定量方式进一步探究两者之间的关系，依旧定义生产要素市场价格与影子价格的比值为生产要素市场价格扭曲指标，以反映生产要素市场价格偏离其均衡水平的程度。

数据三分类 DEA 模型核算下的我国生产要素市场价格扭曲情况如图 6-5 所示。不难看出，资本市场价格扭曲指标值较为稳定，而劳动力市场价格扭曲指标值波动幅度较大，而且，两者在扭曲程度上也存在明显区别，前者更为严重。

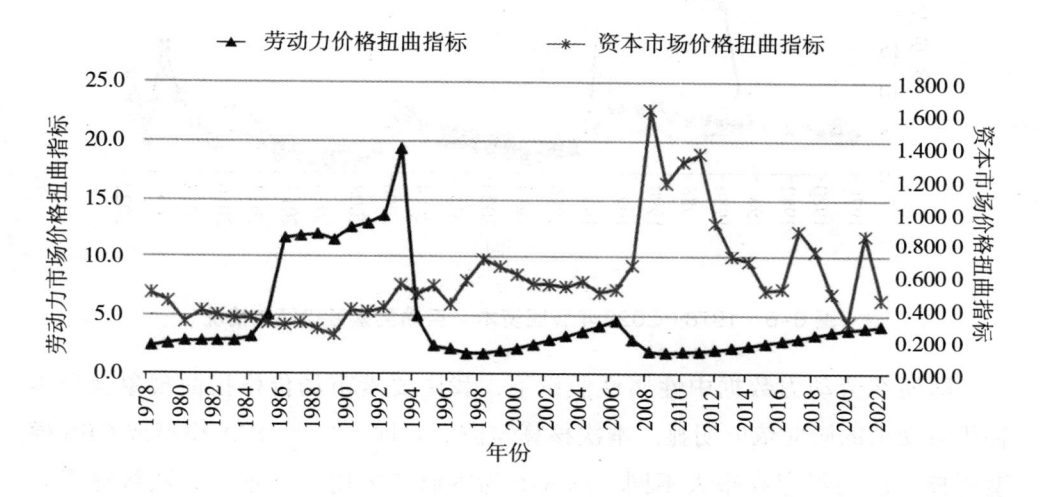

图 6-5　1978—2022 年我国生产要素市场价格扭曲情况

如图 6-6 所示，在 1978—2022 年，利用数据三分类 DEA 模型核算的我国资本-劳动要素替代倾向一直大于 1，我国生产要素市场价格与其实际价值之间的整体匹配性较弱。其具体表现是，劳动力市场职工平均工资水平要高于其实际价值，而资本回报率则低于其实际价值。因资本市场价格扭曲值较为稳定，因此，劳动力市场价格扭曲对资本-劳动要素替代倾向的影响更为明显。

图 6-6　1978—2022 年我国资本-劳动要素替代倾向情况

即便在劳动力数据中性属性假设下，我国要素市场价格扭曲现象及资本替代劳动力的倾向依旧明显。本次核算与前面数据二分类 DEA 模型或 CES 模型所核算的结果存在很大不同。图 6-6 为本研究采用三种不同方法核算得到的 1978—2022 年我国资本-劳动要素替代倾向情况。不难看出，在任何年份，不同方法核算下的资本-劳动要素替代倾向均大于 1，宏观经济生产系统中存在的资本替代劳动力的技术偏向一直存在，结论与前面分析保持一致。

与数据双分类模型相比，数据三分类下的资本-劳动替代倾向变动幅度更大，其存在一个急剧上升或下降阶段。而且，1978—1984 年的指标估计值较小，这与现实情况可能更为贴近。毕竟，我国劳动力过剩现象在该阶段尤为突出，资本替代劳动力的可能性较低。而 1985 年之后，我国劳动力相对供求状况发生了根本性变化，资本-劳动要素替代倾向的快速上升反映并解释了劳动力供求格局的变化。

因生产要素市场失灵，我国资源配置整体效率较低，由此可判断我国劳动资本分配格局的无效性，结论仍与前面类似。事实上，根据 GDP 法核算所得劳动收入份额与根据影子价格核算所得劳动收入份额之间并不存在统计意义显著的相关性，如图 6-4 所示。

与前面类似，观察期内任意年份的资本-劳动要素替代倾向仍大于1，实际劳动收入份额高于其影子值，劳动收入份额存在下行压力，这导致我国劳动收入份额呈现下降趋势。

6.6 绩效评价标准与方法的修正

6.2采用数据三分类绩效评价模型测评了我国1978—2022年宏观经济绩效状况，与双分类绩效评价模型不同的是，三分类绩效评价模型允许劳动力数据属性的可变性。实证分析发现：1978—1993年的劳动力数据属性为偏好型，而之后则转换为规避型。

尽管如此，本章在具体核算生产绩效时，并没有针对所分阶段而采用不同的绩效评价标准与方法，而是沿用同一模型进行输出导向效率核算。具体而言，在任何时间段，本研究都只考虑GDP这个单一指标在现有基础上的可继续扩张性。无疑，这一导向存在偏误，比如，在1978—1993年，应同时考虑GDP与就业这两个指标的可扩张性。因此，原有绩效评价标准与方法都需要进行修正，必须根据不同时间段特征，细分数据属性，明确输出导向应核算的指标范围，使得核算结果更具纵向可比性。

6.6.1 评价标准与方法

考虑到我国劳动力在宏观经济生产不同时间段表现出不同的数据属性，在采用数据三分类模型进行绩效评价时，应该在不同生产阶段实施不同的绩效评价标准与方法。具体方法是，根据数据三分类DEA实证生产可能集前沿面形式，对我国宏观经济生产进行初步的阶段性划分，划分依据是劳动力数据属性的变化。事实上，根据劳动力数据属性的变化，1978—2022年我国宏观经济生产具体可划分为两个阶段：

（1）第一阶段（1978—1993年）：资本存量数据为规避型数据，而劳动力与GDP数据为偏好型数据；

（2）第二阶段（1994—2022年）：资本存量与劳动力数据为规避型数据，

而 GDP 数据为偏好型数据。

在就宏观经济生产划分时间阶段之余，大家可能怀疑原有数据三分类绩效评价模型的合理性，即如果在第一阶段中劳动力数据为偏好型数据，输出导向的绩效评价标准理应如此设置：在给定资本存量的前提下，就业人员与 GDP 能否继续增加。但是，原有模型考虑不够周全，仅考虑 GDP 是否仍有扩张空间。考虑到绩效评价标准有待改进，绩效评价方法亦应进行相应调整。

一种自然的想法是，在上述两个不同阶段，分别采用输出导向的 CCR 模型进行绩效评价。其中，第一阶段设置劳动力与 GDP 为输出导向指标范围，而第二阶段则仅选择 GDP 为输出导向指标范围。之所以可以分阶段逐一进行绩效评价，主要是因为宏观经济生产的阶段性特征。事实上，给定 CCR 模型后，CCR 生产可能集是确定的，而每一个年份的绩效指标值都取决于该年份所在阶段的生产前沿面，与其他阶段的生产前沿面并无关系。

为进一步明确修正后方法的不同，就如式（6.1）所给定的宏观经济生产数据格式，采用如式（6.15）所示的数据双分类的 CCR 模型测评我国 1978—1993 年宏观经济生产在输出导向下的相对有效性。

$$\begin{cases} \max \quad z \\ \text{s.t.} \quad \sum_{j=1}^{n} \lambda_j K_j \leq K_0 \\ \quad\quad \sum_{j=1}^{n} \lambda_j L_j \geq z L_0 \\ \quad\quad \sum_{j=1}^{n} \lambda_j F_j \geq z F_0 \\ \quad\quad \lambda_j \geq 0, j=1,2,\cdots,n \end{cases} \quad (6.15)$$

其对偶形式是

$$\begin{cases} \min \quad r K_0 \\ \text{s.t.} \quad r K_j - w L_j - f F_j \geq 0, j=1,2,\cdots,n \\ \quad\quad w L_0 + f F_0 = 1 \\ \quad\quad r \geq 0, w \geq 0, f \geq 0 \end{cases} \quad (6.16)$$

与前面模型相比较，因输出导向范围的拓展，不难看出，模型在形式方面存在很大的区别，而输出效率值亦有提高倾向。至于第二阶段即1994—2022年的宏观经济生产绩效评价模型与前面一致，无须修正，此处不再给出。

上述做法简单易行，就本例而言亦具有实际可操作性，但程式本身存在片面性，容易遭受维数灾祸。毕竟，若样本容量小而评价指标较多，细分样本容易带来评价结果不可置信问题，降低评价单元绩效的区分度。除此之外，这种算法还可能受先验假设错误的影响，若数据属性的先验分类有误，则绩效评价必然失之偏颇，毕竟，DEA实证生产可能集前沿面的确定可能依赖于绩效评价模型。

为避免维数灾祸及先验错误，本研究考虑采用决策单元自我选择式程序评价相对有效性并计算DEA效率值。该算法适用于中性型指标较少的情形。具体做法是，将中性型指标分别视为偏好型或规避型指标，将三分类数据转换为二分类数据，进而在所有可能的分类情况下，核算出全部数据二分类DEA模型的效率值，将其中的最大效率值作为数据三分类假设下的DEA效率值。相应二分类模型的个数取决于原评价问题中中性型指标的个数。若评价问题涉及γ个中性型指标，则需要求解2^{γ}个相应的二分类DEA模型。举例来说，若评价问题涉及指标中有三个中性型指标，则应设置$2^3=8$个相应的二分类模型以决定数据三分类下的效率值。

本例仅含有一个中性型指标，即劳动力指标，只需要求解两个二分类DEA模型即可确定劳动力中性属性假设下的宏观经济生产效率值。具体而言，首先假设劳动力数据为偏好型数据，利用1978—2022年宏观经济生产相关数据，按照式（6.15）求输出导向效率值。其次假设劳动力数据为规避型数据，仍利用1978—2022年资本、劳动力与GDP数据，按照如式（6.17）所示的双输入、单输出的CCR模型求输出导向效率值。

$$\begin{cases} \max \quad z \\ \text{s.t.} \quad \sum_{j=1}^{n} \lambda_j K_j \leq K_0 \\ \quad\quad \sum_{j=1}^{n} \lambda_j L_j \leq L_0 \\ \quad\quad \sum_{j=1}^{n} \lambda_j F_j \geq z F_0 \\ \quad\quad \lambda_j \geq 0, \ j = 1, 2, \cdots, n \end{cases} \quad (6.17)$$

最后将两次计算所得效率值进行比较，将其中较大者作为数据三分类假设下的宏观经济生产效率值。该算法遵从 DEA 评价基本优点，认为系统中的每一个 DMU 都具有自我适应性，必然会从自身资源禀赋与技术优势出发选择于其最为有利的生产模式。

自我适应式算法的一个优点是可以根据计算结果判断出该 DEA 究竟对中性型数据持何种偏好观念。事实上，只要根据最终效率值具体由哪一个二分类模型所提供即可明确 DMU 究竟将中性型数据设定为偏好型还是规避型。作为自适应算法的一个应用或案例，作者将在 6.4.2 中考虑 1978—2022 年我国宏观经济生产绩效的评价。

6.6.2 评价结果

对于 1978—2022 年我国宏观经济生产相关数据，本书以资本存量为输入，以劳动力、GDP 为输出，采用 CCR 输出导向模型，借助 DEAP Version 2.1 软件测算得到该阶段的宏观经济生产效率。同样地，对于给定的 1978—2022 年我国宏观经济生产数据，本书以资本存量、劳动力为输入，以 GDP 为输出，采用 CCR 输出导向模型与 DEAP Version 2.1 软件获取该阶段的宏观经济生产效率。

进一步地，就每一个 DMU，选择上述两个模型所得效率值中最大者为其数据三分类假设下的效率值，如图 6-7 所示。不难看出，本例中 1978—1993 年数据三分类假设下的输出导向效率值由单输入双输出模型决定，而 1994—2022 年数据三分类假设下的输出导向效率值则由双输入单输出模型决定。因此，在 1993 年以前，本研究认为劳动力数据属性为偏好型，1993 年之后明确转换为规避型。

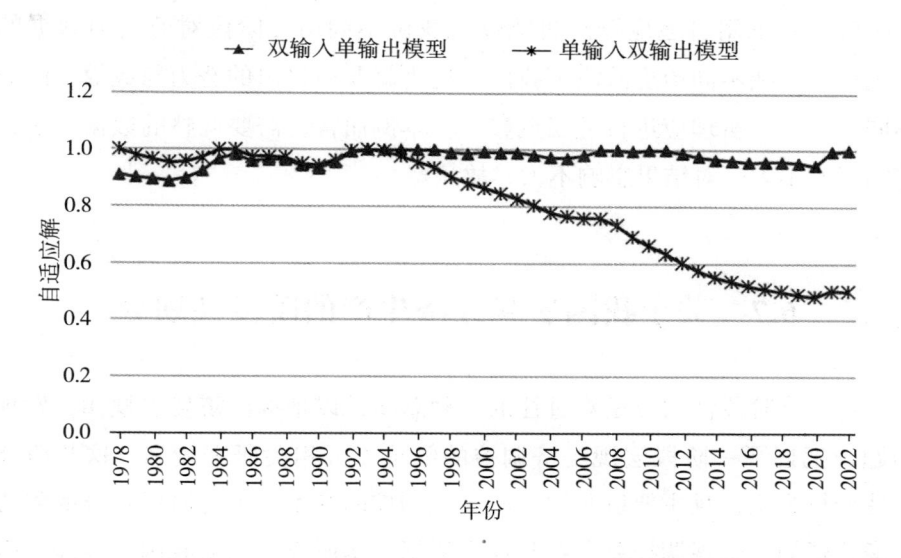

图 6-7　1978—2022 年我国宏观经济生产数据三分类 DEA 模型绩效评价的自适应解

与 6.2.2 直接采用数据三分类模型核算所得效率值相比，1978—1993 年两种算法下的效率值有所不同，前者所得效率值略小于后者，而在另一时间段两种算法得到的效率值几乎一样，具体如图 6-8 所示。

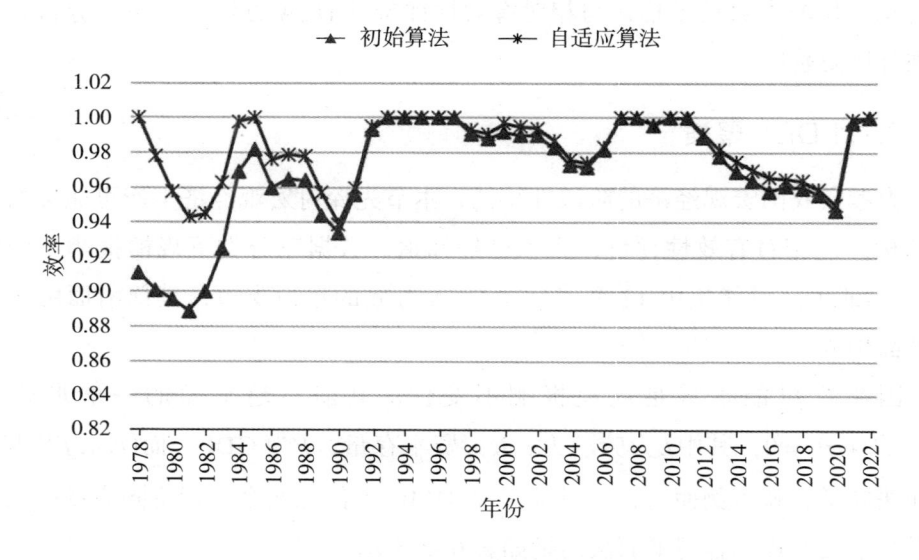

图 6-8　1978—2022 年我国宏观经济生产在两种不同算法下的输出效率

应该说，采用自适应算法更能体现我国不同历史阶段对劳动力数据的偏好，也更能反映不同历史阶段下我国为促进就业而付出的努力与成效。因效率值不同，原有分析理应进行适当调整。就本例而言，需要调整的数据不多，且调整幅度亦不大，对结果影响不大，故从略。

6.7 关于我国宏观经济生产的阶段性划分

宏观经济阶段性划分是对过往的一种总结，以把握经济发展规律，发现潜在问题，把握下一阶段宏观经济调控的侧重点。相关研究较多。这些研究概以定性分析为主，且主要以我国政府宏观调控的基本任务为阶段划分的主要依据。毫无疑问，宏观调控总存在其现实依据，本研究试图从我国宏观经济生产所表现出的现实特征出发，联系要素市场供求状况，以定量分析方法从实证层面对我国宏观经济生产进行阶段性划分。

若采用定量分析方法就宏观经济进行阶段性分析，则有序聚类分析较为常见。考虑到我国宏观经济生产中生产要素边际报酬所表现出的一般性规律，本研究拟采用非参数技术描述与相对有效性评价的 DEA 方法进行聚类分析，进而划分历史阶段。

6.7.1 DEA 聚类

为考察我国宏观经济的阶段性特征，本节先探讨宏观经济生产可能集的基本结构。经相对有效性评价，大家已经知道，数据三分类下规模报酬不变的 DEA 实证生产可能集由 12 个满足弱 DEA 有效的年份支撑，其前沿面由多个超平面构成。

因生产可能集满足规模报酬不变性，其前沿超平面的一般形式为 $rK + wL + fF = 0$，其中 L 为劳动力，K 为资本存量，F 为 GDP，而 $(r, w, f)^T$ 为超平面法向量。就本例而言，12 个弱有效 DMU 中任意两个相邻协同原点决定了前沿超平面方程，各超平面法向量如表 6-2 所示。

表 6-2　DEA 实证生产可能集前沿超平面法向量

前沿超平面序号	前沿超平面覆盖年份	就业人员对应权重	资本存量对应权重	GDP 对应权重
1	1978—1985	−0.020 5	0.643 8	−1.000 0
2	1985—1993	−0.006 7	0.581 6	−1.000 0
3	1993—1994	0.005 1	0.547 1	−1.000 0
4	1994—1995	0.037 5	0.462 2	−1.000 0
5	1995—1996	0.054 0	0.423 8	−1.000 0
6	1996—1997	0.054 1	0.423 4	−1.000 0
7	1997—2007	0.078 7	0.376 4	−1.000 0
8	2007—2008	0.193 6	0.302 1	−1.000 0
9	2008—2010	0.281 5	0.251 9	−1.000 0
10	2010—2011	0.306 7	0.241 1	−1.000 0
11	2011—2022	0.321 7	0.235 5	−1.000 0

考虑到规模报酬不变性，DEA 实证生产可能集在 $L=1$ 条件下的横截面反映了其基本特征。该横截面的前沿曲线实际上是人均资本存量与人均 GDP 最大值之间的对应关系，服从边际报酬递减规律[①]。

超平面法向量事实上是劳动力与资本相对于 GDP 的影子价格向量，是对生产要素边际产出的一种近似估计。根据表 6-2 可以看出，从 1978 年到 2022 年，我国劳动力的相对影子价格明显呈递增趋势，这一变化趋势与我国劳动力的相对供给状况是一致的。与此相反，该时间段资本存量的边际产出有明显的下降趋势。

需要注意的是，观察期内的我国劳动力指标属性发生了变化，由偏好型转变为规避型。在 1993 年之前，劳动力影子价格为负，促进就业、提高就业率是该时间段宏观经济调控的主要目标；而之后则转变为正，为降低成本，经济

---

① 该横截面事实上是满足规模报酬可变性的 DEA 实证生产可能集的一部分。有关 DEA 模型之间的相互关系，可参见马赞甫与刘妍珺（2011）的论述。

体开始规避劳动力的投入，劳动力市场已没有明显的供过于求状态。这或许意味着我国劳动力供求关系在观察期内发生了根本性变化。

一般而言，生产可能集中的点或位于前沿超平面，或位于其下侧。这种几何位置区分了该点的弱帕累托性与非弱帕累托性。若 DMU 非弱 DEA 有效，则必然存在一个最佳的帕累托改进方向，将该 DMU 指向某给定前沿超平面。因此，DMU 与前沿超平面之间总存在聚类的可能性。另外，生产可能集前沿超平面可以根据其几何位置关系进行聚类。这就是 Po 等（2009）所倡导的 DEA 聚类分析方法基本思路。

根据生产可能集前沿面的基本构造，本节采用 DEA 聚类分析方法对 1978 年以来的宏观经济生产状况进行阶段性划分。首先是初始聚类，每一个 DMU 都根据绩效改进的最优方向选择前沿超平面，于是，全部 45 个年份可以分为 11 小类。然后是确定 11 个超平面之间的相似阵，并将其作为系统聚类依据。相似阵如表 6-3 所示，其中元素为超平面法向量夹角余弦。

表 6-3 DEA 实证生产可能集前沿超平面相似阵

序号	1	2	3	4	5	6	7	8	9	10	11
1	1.000	0.999	0.997	0.989	0.983	0.983	0.973	0.943	0.909	0.900	0.894
2	0.999	1.000	1.000	0.995	0.991	0.991	0.983	0.956	0.926	0.917	0.911
3	0.997	1.000	1.000	0.997	0.994	0.994	0.988	0.963	0.935	0.926	0.921
4	0.989	0.995	0.997	1.000	0.999	0.999	0.997	0.979	0.956	0.949	0.945
5	0.983	0.991	0.994	0.999	1.000	1.000	0.999	0.985	0.965	0.958	0.954
6	0.983	0.991	0.994	0.999	1.000	1.000	0.999	0.985	0.965	0.959	0.954
7	0.973	0.983	0.988	0.997	0.999	0.999	1.000	0.992	0.975	0.969	0.966
8	0.943	0.956	0.963	0.979	0.985	0.985	0.992	1.000	0.996	0.993	0.991
9	0.909	0.926	0.935	0.956	0.965	0.965	0.975	0.996	1.000	1.000	0.999
10	0.900	0.917	0.926	0.949	0.958	0.959	0.969	0.993	1.000	1.000	1.000
11	0.894	0.911	0.921	0.945	0.954	0.954	0.966	0.991	0.999	1.000	1.000

最后是采用 complete 系统聚类法对 DEA 实证生产可能集 11 个前沿超平面进行聚类，SPSS 22.0 软件处理结果如图 6-9 所示。

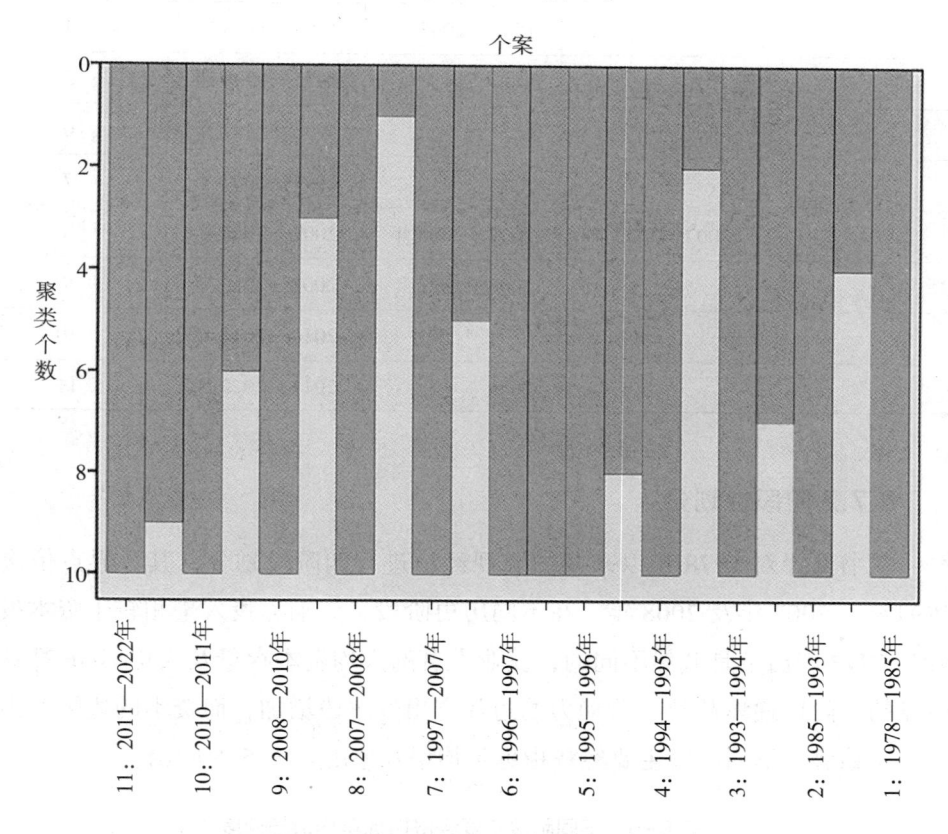

图 6-9　DEA 实证生产可能集前沿超平面的 complete 系统聚类法结果

根据如图 6-9 所示 complete 系统聚类法分析结果，对我国宏观经济进行阶段性划分，即对 1978—2022 年 45 个年份进行聚类，概要结果如表 6-4 所示。

表 6-4　我国宏观经济的阶段性划分

一阶段	二阶段	四阶段	十一阶段	超平面
1978—2022 年	1978—2007 年	1978—1994 年	1978—1985 年	1
			1985—1993 年	2
			1993—1994 年	3

续表

一阶段	二阶段	四阶段	十一阶段	超平面
		1994—2007 年	1994—1995 年	4
			1995—1996 年	5
			1996—1997 年	6
			1997—2007 年	7
	2007—2022 年	2007—2008 年	2007—2008 年	8
		2008—2022 年	2008—2010 年	9
			2010—2011 年	10
			2011—2022 年	11

6.7.2 阶段性划分

本书选择对 1978 年以来我国宏观经济进行四阶段划分，其分界点依次为 1994 年、2007 年及 2008 年。在不同历史阶段，劳动力投入量相较于资本投入量及 GDP 产出量是截然不同的，就业人员的人均资本存量及人均 GDP 都具有明显的逐阶段递增趋势，劳动力的边际产出逐阶段增加，而资本的边际产出则呈递减趋势。不同阶段主要经济指标年均增长速度如表 6-5 所示。

表 6-5 不同阶段主要经济指标年均增长速度

经济阶段	增长速度				
	GDP	资本存量	就业人员	人均 GDP	人均资本存量
1978—1994 年	0.099 3	0.092 8	0.034 2	0.065 3	0.058 9
1994—2007 年	0.100 1	0.123 1	0.008 9	0.090 8	0.113 7
2007—2008 年	0.096 5	0.135 2	0.004 6	0.093 0	0.131 6
2008—2022 年	0.071 3	0.101 4	−0.000 6	0.073 5	0.103 5

在第一阶段（1978—1994 年），我国就业人员的人均资本存量由期初的 1 557 元增加至期末的 3 820 元，年均增长约 5.89%；就业人员的人均 GDP 则

由期初的 797 元增加至期末的 2 141 元，年均增长约 6.53%。因资本存量与 GDP 的增长，就业量增长迅速，年均增长约 3.42%，逐渐消化了严重过剩的劳动力资源。

整体而言，在该阶段，人均资本存量与人均 GDP 均较低，劳动力明显过剩，促进就业、提高就业率是宏观经济生产的重要目的。

在第二阶段（1994—2007 年），GDP 快速增长，年均增长速度高达 10.01%；就业人员的人均资本存量快速增长至期末的 15 469 元，年均增长约 11.37%，而人均 GDP 增加到 6 610 元，年均增长约 9.08%。因资本存量及 GDP 的快速增长，自该阶段起，我国劳动力市场已不存在上一阶段明显的供过于求状态，就业增长速度开始回落，年均增长 0.89% 左右。

在第三阶段（2007—2008 年），GDP 增速下降至约 9.65%；就业人员基本稳定在 0.46%；人均资本存量有所增加，达到 17 504 元；人均 GDP 增加到 7 225 元。

在第四阶段（2008—2022 年），GDP 增速有所下降，年均增长约 7.13%；就业人员减少，年均增长约 –0.06%；人均资本存量迅猛增长，增加到 2022 年的 69 019 元，年均增速高达 10.35%；人均 GDP 则增加到 2022 年的 19 467 元，年均增速放缓，约为 7.35%。

可以预期的是，在宏观经济步入第四阶段后，经济增长速度有所放缓，且随着劳动力供求状况的逐步变化，宏观经济生产的劳动力成本将稳步上升。事实上，经济总量与资本存量的累增促进了劳动力基本需求，与此同时，我国劳动力供给日趋稳定，这必然会提高劳动力的一般工资水平。

上述 DEA 聚类源于前沿超平面法向量的相似性，与生产要素影子价格相关。从我国宏观经济发展进程来看，资本存量的累增必然伴随资本边际产出的下降；与此相反，因人均资本存量的增加，劳动力边际产出持续增加。因此，DEA 聚类分析所得结果具备时序性。

第7章 我国劳动力数据属性的省际观察

上一章作者采用数据三分类的 CCR 模型对 1978—2022 年我国宏观经济生产绩效进行了评价，探讨了潜在的劳动力数据属性变化问题。研究发现：我国劳动力数据属性在 1993 年间或已发生根本性变化，由明显的偏好型数据改变为规避型数据。这表明我国劳动力供求状况已发生了显著变化，由明显的供过于求状态逐渐进入劳动力相对供不应求阶段，甚至在某些时点劳动力局部短缺现象还出现了。无疑，就全国而言，劳动力供求状况转变的进程未必一致，在给定时点的具体表现也不尽相同，因此有必要从劳动力省际分布角度考察劳动力数据属性对劳动资本分配格局的影响，这是本章研究的主要任务。

本章在采用永续盘存法对样本省份资本存量进行核算时，设定经济折旧率为 5%，这是资本存量相关研究中所采用的取值偏低的一个折旧率。即便如此，大家仍能发现不同省份的劳动力数据属性或早或迟地发生了转变。本章分别选择江苏省、湖南省、河南省为样本省份，采用数据三分类 DEA 模型以自适应算法分析相应的宏观经济生产绩效，进而根据劳动力数据属性对各省份宏观经济生产状况进行阶段性划分，这不仅展示了各省份劳动力数据属性变迁的具体进程，也从劳动力的省际分布层面反映了我国劳动力数据属性变迁的基本事实。

本章研究内容安排如下：首先就我国样本省份的生产要素情况进行概括性说明，进而对三个样本省份 1978—2022 年宏观经济生产状况进行相对有效性评价，以此为依据进行阶段性划分，并着重研究劳动力数据属性变化问题。

7.1 样本省份生产要素与经济增长情况

本章的目的是从我国不同省份宏观经济生产状况中寻找劳动力数据属性变更案例，以支撑本研究的基本观点。无疑，不需要对我国全部省份逐一进行分析，只要对几个经济增长阶段有别的代表性省份展开相应研究即可。出于这一考虑，本章选择江苏省、湖南省、河南省三个我国代表性省份为样本省份，以反映不同经济增长阶段及要素禀赋下劳动力数据属性可能存在的不同。

之所以选择这三个省份，一是考虑到样本代表性问题。江苏省是我国经济发展状况较好的省份，河南省则是我国人口大省，而湖南省则介于两者之间。二是基于数据可获得性的考量。这三个省份2022年的统计年鉴均列有以1952年为基期的地区生产总值指数、固定资本形成总额指数，其绩效评估更为便利，结果亦更具说服力。事实上，在测评我国宏观经济生产绩效时，所用到的GDP、固定资产投资价格指数都不是以1952年为基期的，绩效测算相关指标在估算方面存在较大的误差。

因此，本章考察江苏省、湖南省、河南省三个省份的宏观经济生产绩效问题，不仅仅是探讨劳动力数据属性转变的省际差异，亦是为了从统计指标数据质量层面进一步论证前面研究结论的合理性。这也是本章仅仅选择这三个省份的主要原因，毕竟，数据获取困难、原始数据不一致等问题，无不限制本研究的开展。

7.1.1 劳动力

江苏省是我国劳动力流入较多的省份之一，湖南省则是我国较具代表性的劳动力输出省份，而作为我国人口大省的河南省则是我国劳动力流出较多的省份之一。本章仍采用就业人员这一指标反映样本省份宏观经济生产中的劳动力投入情况。1978—2022年江苏省、湖南省、河南省的就业人员如图7-1所示。

第7章 我国劳动力数据属性的省际观察

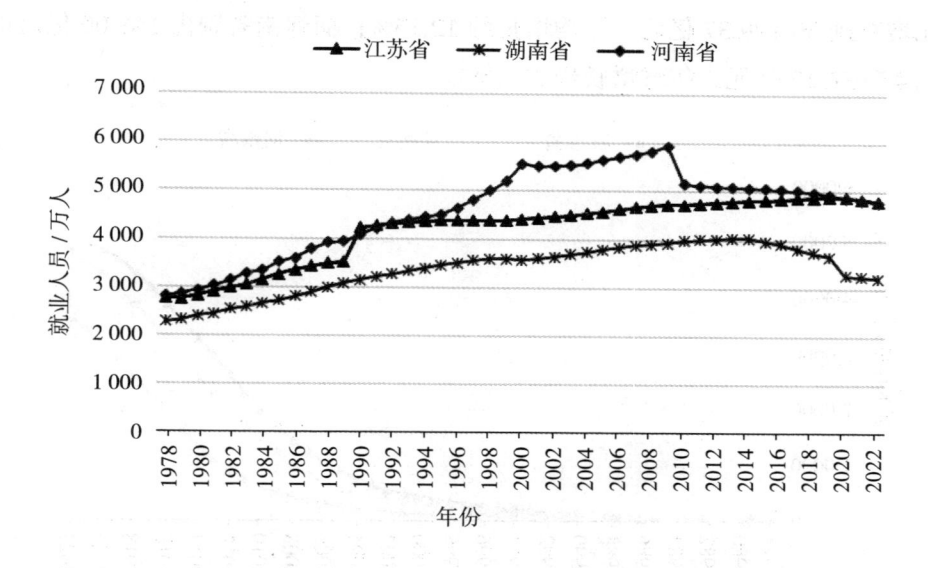

图 7-1 1978—2022 年江苏省、湖南省、河南省的就业人员

1978—2022 年，三个省份就业人员一直持增长态势，其中江苏省从期初的 2 777.72 万人增加到期末的 4 805.00 万人，湖南省则从期初的 2 280.05 万人增加到期末的 3 219.00 万人，而河南省则从期初的 2 807.00 万人增加到期末的 4 782.00 万人。比较而言，几乎在每一个年份，河南省就业人员最多，湖南省最少，而江苏省则介于两者之间。

7.1.2 资本存量

本章仍旧采用永续盘存法核算样本省份的物质资本存量。因三个省份统计年鉴均提供以 1952 年为基期的固定资本形成总额指数，因此无须考虑投资价格指数平减问题，只需考察初始资本存量、经济折旧率的具体设置。

按照张军、吴桂英与张吉鹏（2004）关于我国省际物质资本存量的核算结果，取 1978 年江苏省资本存量为 163.00 亿元，湖南省为 190.00 亿元，而河南省则为 268.00 亿元，进而利用固定资本形成总额数据，在 9.6% 经济折旧率设定下估算三个省份 1978—2022 年的资本存量，如图 7-2 所示。

三个省份资本存量及积累速度相差极大。1978—2022 年，江苏省资本存量从 163.00 亿元积累至 49 801.61 亿元，年均增长约 14.34%；湖南省由 190.00

· 159 ·

亿元增长到 36 199.37 亿元，年均增长约 12.35%；而河南省则由 268.00 亿元增加到 47 951.17 亿元，年均增长约 12.10%。

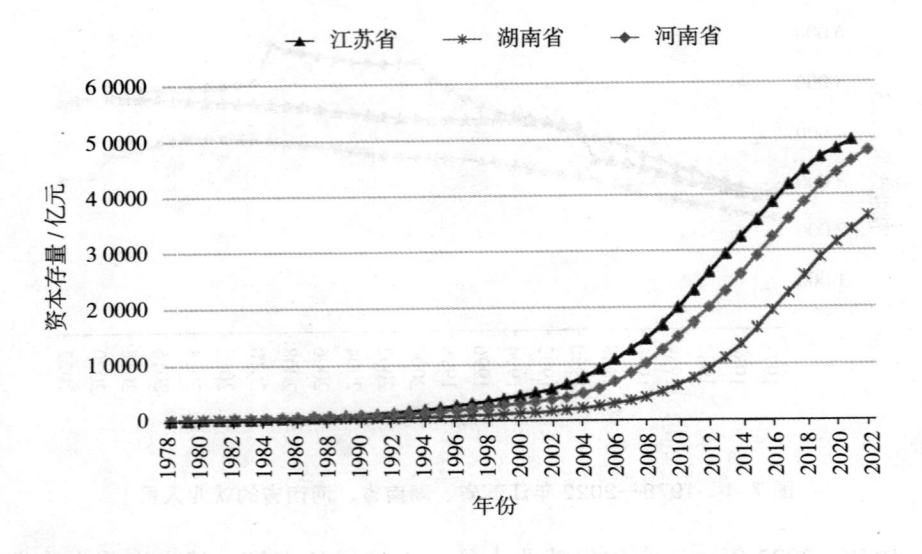

图 7-2　1978—2022 年江苏省、湖南省、河南省资本存量

7.1.3 地区生产总值

与各自生产要素投入相适应，三个省份表现出不同的经济增长水平。1978—2022 年三个省份地区生产总值如图 7-3 所示。从地区生产总值来看，三个省份之间经济总量相差悬殊，以 2022 年为例，江苏省地区生产总值高达 122 875.60 亿元，河南省为 61 345.10 亿元，而湖南省仅为 48 670.40 亿元，仅为江苏省的 39.61% 左右。

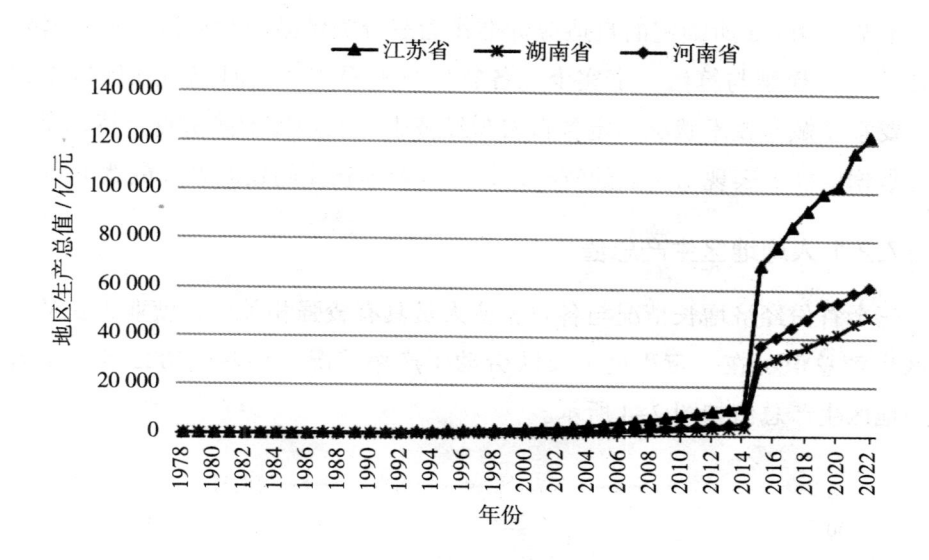

图 7-3　1978—2022 年江苏省、湖南省、河南省地区生产总值

三者中，湖南省表现出最快的经济增长速度，其观察期内年均经济增长率高达 27%，而江苏省、河南省经济增长速度相当，河南省年均经济增长率略高，约为 25.28%，江苏省年均经济增长率则约为 22.69%。

7.2　样本省份宏观经济生产绩效评价

在给定劳动力、资本、地区生产总值数据基础上，如前所述，可利用数据三分类 DEA 实证生产可能集表征各省份总量生产技术状况，测评数据三分类下的宏观经济生产绩效，以此为依据对各省份的劳动力数据属性历史变迁做出判断，就其宏观经济生产进行阶段性划分，最终反映各省份劳动力数据属性变更的非同步性。

在测评之前，先采用人均地区生产总值及资本产出比指标初步反映三个省份生产效率情况。毕竟，劳动生产率与资本生产率是较为直观、传统且易于计算的生产效率指标。与后者相比，或称 DEA 所测度的生产效率为全要素生产效率。

本节采用 6.5 所确定的自适应标准作为三分类绩效评价标准,并选择相应的效率评价模型与算法。事实上,各省份总是根据不同时点所在区域要素市场、要素禀赋与技术状况确定各自宏观经济生产及调控的侧重点,特别是在劳动力数据属性上表现出明显的省际差异,其处理就业问题的方式截然不同。

7.2.1 人均地区生产总值

三个省份经济增长情况与各自就业人员具有较强相关性,就业人员的人均地区生产总值可在一定程度上反映劳动生产率状况。1978—2022 年三个省份人均地区生产总值如图 7-4 所示。

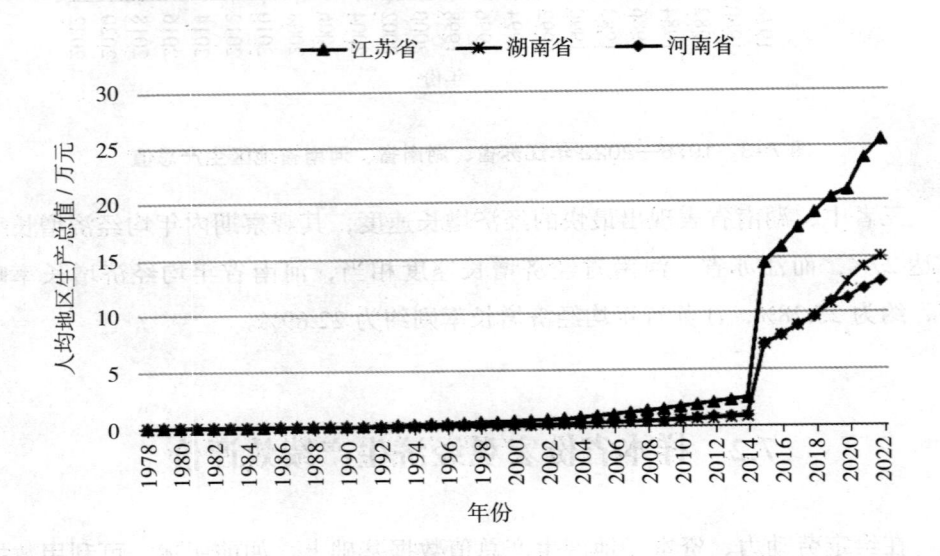

图 7-4 1978—2022 年江苏省、湖南省、河南省就业人员的人均地区生产总值

由图 7-4 不难看出,在观察期内,江苏省人均地区生产总值最高,而湖南省与河南省较低,且两者劳动生产率较为接近。以 2022 年为例,江苏省人均地区生产总值约为 25.57 万元,湖南省约为 15.12 万元,而河南省则约为 12.83 万元,约为江苏省的 50.18%。

7.2.2 资本产出比

地区生产总值与资本存量的比值即资本产出比可以在一定程度上反映资本

生产效率，1978—2022 年江苏省、湖南省与河南省的资本产出的基本情况如图 7-5 所示。

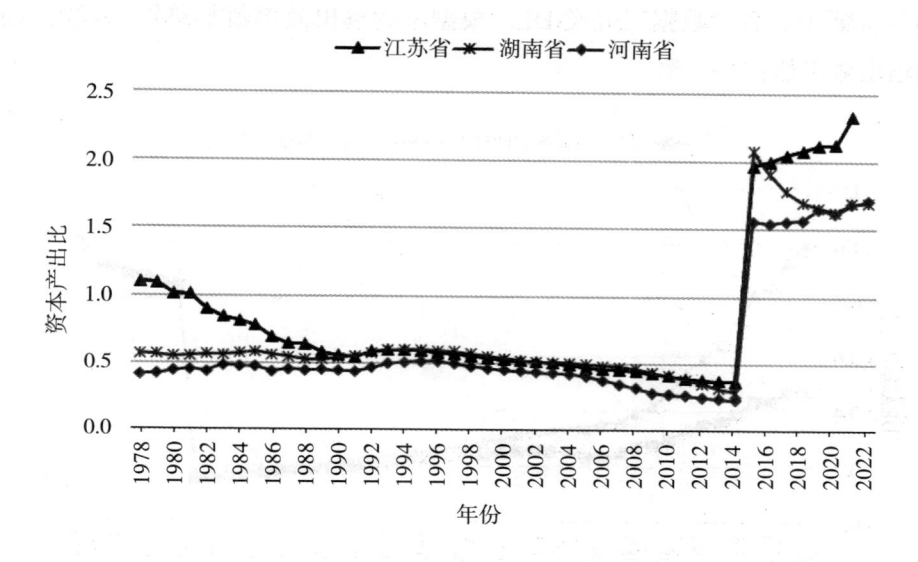

图 7-5　1978—2022 年江苏省、湖南省、河南省的资本产出比

根据该指标，湖南省资本生产率最低。就 2022 年资本产出比而言，河南省约为 1.717，湖南省约为 1.704。而江苏省在 2021 年则达到约 2.337。而从资本产出比的变化趋势来看，江苏省呈先增后减再增趋势，湖南省和河南省在 2016 年之前的增长趋势相近，但是到 2016 年之后河南省持续增长，而湖南省持续下降，到 2019 年两省较为接近。

对比三个省份劳动生产率与资本生产率情况可以看出，三者在人均地区生产总值变动趋势上保持一致，但资本产出比却表现出极为明显的反差。

7.2.3 DEA 输出效率

现采用 6.5 所倡导的数据三分类 DEA 模型分别测评三个省份宏观经济生产绩效，其中 DMU 数据为年度地区生产总值、就业人员与资本存量。按照自适应算法并借助 DEAP Version 2.1 软件核算 DEA 效率值。就本例而言，数据三分类 DEA 效率值或等于单输入双输出的数据双分类 DEA 效率值，或等于双输入单输出的数据双分类 DEA 效率值，为两者中最大者。

1978—2021年江苏省宏观经济生产效率状况如图7-6所示。在观察期内，该省双输入单输出模型输出效率值、单输入双输出模型输出效率值存在明显差异，前者低于后者，数据三分类DEA模型下的输出效率值与单输入双输出模型的输出效率值保持一致。

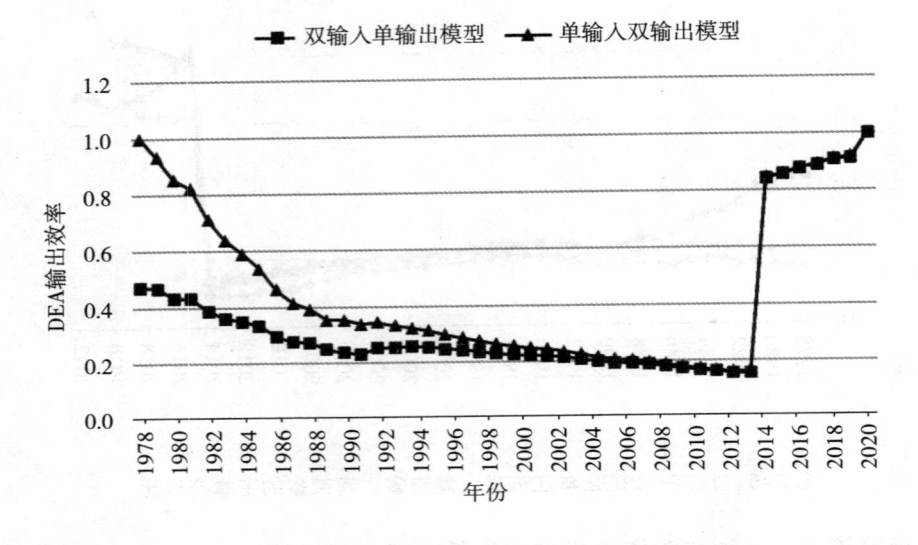

图7-6　1978—2021年江苏省宏观经济生产效率

1978—2022年湖南省宏观经济生产效率状况如图7-7所示。在1978—2014年，该省单输入双输出模型的输出效率值高于双输入单输出模型的输出效率值，2014年之后则发生逆转。因此，在1978—2014年，数据三分类DEA模型下的输出效率值等于单输入双输出模型的输出效率值，而在2014年之后，则等于双输入单输出模型的输出效率值。这一情况与全国宏观经济生产的阶段性特征基本保持一致。

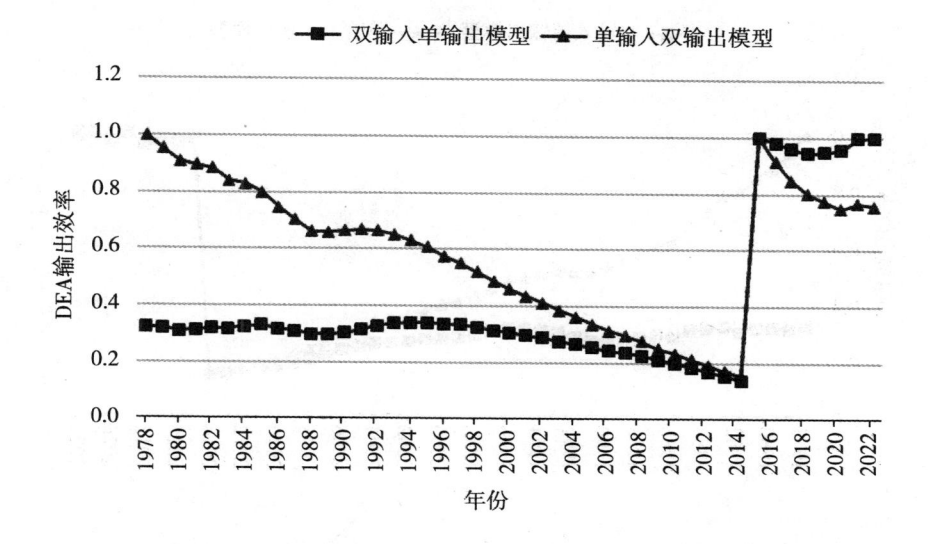

图 7-7　1978—2022 年湖南省宏观经济生产效率

1978—2022 年河南省宏观经济生产效率状况如图 7-8 所示。在 1978—2018 年，该省双输入单输出模型输出效率值低于单输入双输出模型输出效率值，后者定义了该阶段数据三类 DEA 模型的输出效率值；2018 年之后则发生了根本性逆转，单输入双输出模型输出效率值低于双输入单输出模型输出效率值，相应地，后者成为数据三分类 DEA 模型的输出效率值。另外，有必要提及的是，在 2007—2022 年，单输入双输出模型与双输入单输出模型在输出效率值方面的差异并不明显。

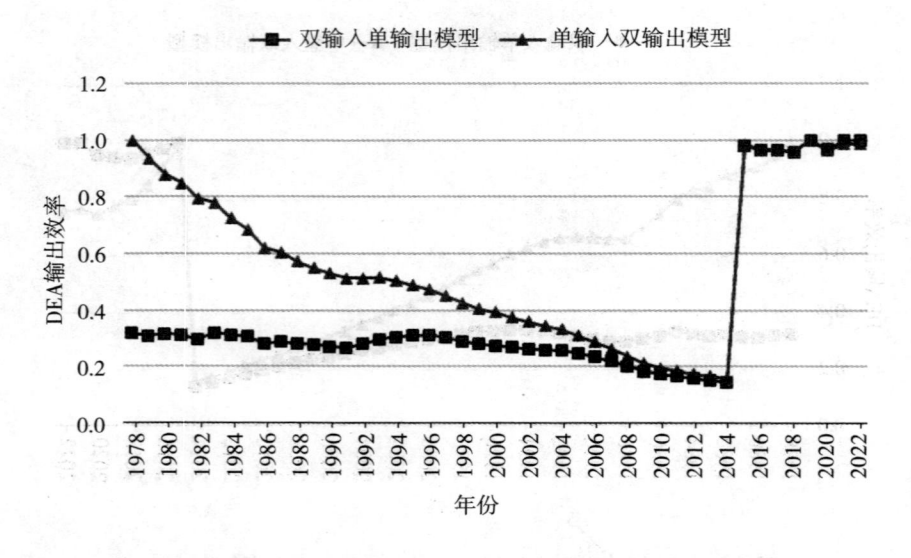

图 7-8　1978—2022 年河南省宏观经济生产效率

7.3　样本省份劳动力数据属性问题

考虑到本章的研究目的，作者更关注三个省份在劳动力数据属性上的区别。根据如图 7-6—图 7-8 所示不同 DEA 模型下的输出效率值，可以发现，截至 2014 年，江苏省、河南省与湖南省均已先后完成了劳动力数据属性由偏好型到规避型的转变，但转变时间存在明显区别，其中江苏省大致在 2008 年前后，河南省在 2010 年前后，而湖南省则在 2014 年左右，这与全国整体劳动力数据属性变迁基本同步。简言之，在劳动力数据属性转换方面，江苏省最先步入该进程。

这一结论与三个省份地区经济状况相关，特别是与地区生产总值、资本存量相关。在三个省份中，江苏省人均地区生产总值居于首位，而河南省与湖南省人均地区生产总值基本持平。

之所以如此，是因为劳动力要素市场的逐步完善，以及劳动力全国范围流动的日趋便利。事实上，自 20 世纪 90 年代以来，我国劳动力要素市场发生了根本性变化。从供给来看，全社会就业规模在 1989—1996 年进入减速增长阶段。而从需求来看，资本存量与 GDP 的快速增长是刺激劳动力需求的重要推手。当然，上述分析纯粹基于我国宏观经济总量生产技术状况，侧重反映的是劳动力需求层面的基本信息，而影响劳动力供求关系的因素很多，我国劳动力供求关系变化的实际进程可能与本研究存在偏差。从 21 世纪初即多次、多地出现的用工荒现象来看，我国劳动力供求状况确已发生了根本性变化，这为本研究提供了现实层面的依据。

  当然，影响劳动力供求状况的因素众多，比如，人口增长率、资本存量、经济增长、经济结构、城镇化水平等。从长期来看，劳动力供给主要决定于人口增长率，而需求则主要依赖于经济增长。毫无疑问，本研究的结论与前面的定量分析密切相关，极有可能受到资本存量核算结果的影响，而其中的一个关键环节是资本折旧率的选取。

第8章 要素替代倾向与要素收入分配

本研究构造了一个表征资本替代劳动力可能性与动力大小的指标，即资本－劳动要素替代倾向，根据该指标的取值既可以判断相应时点的生产要素市场是否存在价格扭曲现象，也可以考察相应时点的宏观经济生产系统是否处于均衡状态，特别是劳动力与资本之间是否存在相互替代倾向，且实际劳动资本收入比与均衡劳动资本收入比之间存在多大区别，后者即本研究关注的核心问题。

资本－劳动要素替代倾向在本研究中占有重要地位，是劳动资本分配格局相关影响因素作用的一个关键集结点。作者曾采用不同方法对其进行了估计，根据所得到的指标识别出我国生产要素市场所存在的问题，并结合数据三分类假设下的劳动力相对供求状况阐释了我国资本偏向技术进步的内在机理，最终对我国劳动资本分配格局的形成做出解释。考虑到该指标在本研究相关推理中的作用，本书有必要进一步论述其理论、现实依据及应用前景。

在就要素替代倾向进行深入分析的基础上，本章的最终目的是考虑要素收入分配决定问题。本章将构造并估计要素替代倾向与要素收入分配格局之间的动态关系，从理论与实证层面解释我国劳动资本分配格局的形成。

8.1 要素替代倾向

前面章节已给出资本－劳动要素替代倾向的定义与核算公式，该公式表明，资本－劳动要素替代倾向不仅与劳动力、资本影子价格有关，也与生产要素市场价格有关。从定义所涉及的变量来看，资本-劳动要素替代倾向表征了资本替代劳动力在技术层面与市场层面的可能性。从技术层面来看，资本-劳动要素替代倾向所隐含的基本假设是生产要素之间的相互可替代性，要求资本替代劳动力在技术层面是可行的，即生产技术可保证生产要素替代所带来的预期收益。而从市场层面来看，要求生产要素之间相互替代具有市场可操作性，必须权衡生产要素替代所产生预期收益与实际支付成本之间的关系。

8.1.1 理论依据

不难看出，资本-劳动要素替代倾向具有生产者均衡理论依据，事实上是微观经济层面竞争性市场中生产者均衡条件在宏观经济分析中的具体运用。设表征一个竞争性厂商的凹性生产函数为 $Y = F(L,K)$，该函数满足一阶可导性。在总投入、生产要素市场相对价格给定的条件下，该厂商所面临的生产决策问题是

$$\begin{cases} \max & F(L,K) \\ \text{s.t.} & wL + rK = C \end{cases}$$

其中：w 与 r 分别为劳动力与资本相对于产出的市场价格，而 C 为给定时点的总成本。该问题为凸规划问题，最优解的充分必要条件即问题的 KKT 条件，要求生产要素边际产出与市场价格成比例，即

$$F_L(L,K) = \lambda w, F_K(L,K) = \lambda r$$

若生产函数满足严格单调递增性质，则拉格朗日乘子 λ 非零，于是得到

$$\frac{F_L(L,K)}{F_K(L,K)} = \frac{w}{r}$$

这就是竞争性厂商的生产者均衡条件，不同生产要素的边际报酬之比必须等于其市场价格之比。若生产要素投入不满足该条件，则难以保证厂商在给定总成本投入下的最大产出。调整其形式可转化为

$$\frac{w}{F_L(L,K)} \times \frac{F_K(L,K)}{r} = 1 \tag{8.1}$$

与此相对应，资本-劳动要素替代倾向的定义与核算公式是

$$\text{要素替代倾向}_{\text{资本-劳动}} = \frac{\text{劳动市场价格}}{\text{劳动影子价格}} \times \frac{\text{资本影子价格}}{\text{资本市场价格}}$$

显然，若从生产要素边际报酬角度定义生产要素的影子价格，则式（8.1）左侧即资本－劳动要素替代倾向。不难看出，两者之间的区别仅在于所使用的生产函数是宏观层面的总量生产函数，而不是微观厂商的生产函数，且本研究分别采用职工平均工资水平与资本回报率表示劳动力与资本的市场价格。

事实上，本研究在采用CES生产函数核算资本－劳动要素替代倾向时，劳动力与资本的影子价格均根据CES生产函数的偏导数值及生产绩效确定，与式（8.1）左端一致。而在采用数据双分类DEA模型核算资本－劳动要素替代倾向时，可以根据生产可能集有效前沿面的法向量估计生产要素影子价格，这相当于从生产函数的次梯度角度估计要素影子价格，与式（8.1）左端基本一致。当然，若采用数据三分类DEA模型估计资本－劳动要素替代倾向，因输出指标可能不唯一，边际报酬的概念不再适用于本例，但其核算公式、内在机理仍与式（8.1）一致。

8.1.2 现实意义

考虑到资本－劳动要素替代倾向所表征的生产要素市场有效性含义，自该指标被提出以来，本书即侧重据此反映我国生产要素市场所存在的问题。无论是采用数据双分类DEA模型、数据双分类CES模型还是采用数据三分类DEA模型，它们核算的资本－劳动要素替代倾向尽管存在较大的区别，但存在一个共同点，即均反映了存在于我国生产要素市场的一个基本事实：我国劳动力市场价格明显高估了劳动力的实际使用价值，而资本市场价格则低估了资本的实际使用价值。这是资本－劳动要素替代倾向最根本的现实层面意义。

此外，资本－劳动要素替代倾向还进一步反映了劳动资本分配格局变更的合理性，这是本研究提出资本－劳动要素替代倾向定义并一直致力该指标核算的根本原因。事实上，本研究关于劳动资本分配格局的规范性判断本质上即根源于生产要素市场价格与实际价值之间的偏差。从宏观层面来看，资本是否存在替代劳动力的整体倾向的动力就是实际劳动资本收入比与均衡劳动资本收入比之间是否存在实质性差异。对5.3.3的资本－劳动要素替代倾向核算公式进

行变形后得到

$$\text{要素替代倾向}_{\text{资本-劳动}} = \frac{\text{实际劳动资本收入比}}{\text{均衡劳动资本收入比}}$$

因此，要素替代倾向根源于要素实际所得与其实际价值之间所存在的偏差，可以说，要素替代倾向事实上表征了经济体在收入分配层面的合理性，此处是从生产要素市场整体有效性角度定义所谓的合理性的。若资本-劳动要素替代倾向大于1，则意味着劳动力所得相对过多；否则，则表明资本所得相对过多；若其接近1，则说明要素收入分配状况比较合理。8.3将进一步探讨资本-劳动要素替代倾向。

更进一步地，若考虑时滞效应，资本-劳动要素替代倾向必然对下一阶段的生产要素投入产生影响，对生产要素市场产生影响，最终反作用于要素收入分配现状。基于此，考察我国劳动资本分配格局的决定问题，相关研究将在8.4展开。

8.1.3 影响因素

根据资本-劳动要素替代倾向的表达式，不难推测其相关影响因素。简言之，可归并为如下三方面因素：其一是技术状况，其二是生产要素投入现状，其三是生产要素市场因素。三者之间往往相互影响，资本偏向或劳动力偏向技术状况下的生产要素投入结构存在明显区别，生产要素的投入必然从需求层面影响生产要素市场价格，而市场价格的变化最终对生产要素投入及技术状况变化产生更为长远的影响。

从技术层面来看，宏观经济总量生产技术及生产效率必然影响生产要素影子价格。总量生产技术的变化无疑会影响劳动力与资本的边际报酬，且不同类型的技术进步对劳动力与资本边际报酬的影响不同，对资本-劳动要素替代倾向的影响也必然存在区别。另外，除技术进步的影响外，技术效率也会影响生产要素影子价格。本研究在采用DEA方法测算资本-劳动要素替代倾向时，宏观经济产出效率对劳动力与资本影子价格有同步影响，这种影响会相互抵消，最终并未作用于资本-劳动要素替代倾向。若联系宏观经济实际情况，可着力设计新的影子价格核算方法，以反映经济效率对不同生产要素影子价格的影响。比如，在不同劳动力供求状况下，考虑将效率导致的产出损失单归结于资本或劳动力，可相应降低其影子价格。

生产要素投入现状不同，给定技术状况下的生产要素边际报酬也不同，这导致了不同的资本-劳动要素替代倾向。若总量生产技术满足规模报酬不变性，本研究更关注人均资本存量对要素替代倾向的影响，后面将探讨 CES 生产函数及 CD 生产函数下人均资本存量所表示的要素替代倾向表达式。

若生产要素市场不同，则相应生产要素市场价格或相对价格往往存在区别，资本-劳动要素替代倾向也不同。一般而言，资本-劳动要素替代倾向随资本相对于劳动力价格的变动而反向变动。具体而言，若资本相对于劳动力的价格增加，则资本-劳动要素替代倾向下降；若劳动力相对于资本的价格增加，则资本-劳动要素替代倾向上升。

当然，考虑到资本-劳动要素替代倾向与劳动资本分配格局之间的内在关系，根据 8.1.2 相关论述，资本-劳动要素替代倾向相关影响因素事实上决定了我国劳动资本分配格局的形成。或者说，生产技术、生产要素投入与生产要素市场状况最终可解释我国劳动资本分配格局所存在的诸多问题。

8.2 生产要素市场价格

从定义与核算公式来看，为计算我国资本-劳动要素替代倾向，不仅需要估计生产要素影子价格，还需要选择合适的生产要素市场价格指标，这具体涉及生产要素市场价格指标的代表性问题。事实上，本研究用职工平均工资水平表示劳动力一般工资水平，采用剔除生产税前或剔除生产税后的资本回报率表示资本市场利率。而且，指标赋值分别采用了统计年鉴数据及根据白重恩与张琼（2014）关于资本回报率的估计结果。本研究有待讨论的问题是，所选择指标是否合适，指标赋值是否符合实际情况，特别是职工平均工资水平与资本回报率对生产要素市场的整体表征力度是否达到应有标准。

西方经济学称劳动力的一般工资水平为劳动力要素价格。尽管存在效率工资、最低工资、众数工资等不少度量特殊就业群体一般工资水平的方式，但不可否认，对绝大多数劳动力来说，平均工资是最能反映其整体工资水平也最容易核算的劳动力要素价格形式。基于这一考虑，统计年鉴会提供在岗职工工资总额、各行业在岗职工平均工资、平均工资指数、平均实际工资指数等指标数据。其中工资总额为基础指标，可衍生定义并核算平均工资与工资指数。

按《中国统计年鉴2023》对统计指标的解释，工资总额指根据《关于工资总额组成的规定》(1990年1月1日国家统计局发布的一号令)进行修订，在报告期内（季度或年度）直接付给本单位全部就业人员的劳动报酬总额。而平均工资指单位就业人员在一定时期内平均每人所得的工资额，是报告期就业人员工资总额与报告期就业人员平均人数之比。而单位就业人员指报告期末最后一日在本单位工作，并取得工资或其他形式劳动报酬的人员数。

因此，因统计口径问题，工资总额并非给定时期内全体劳动力的工资总量，不能代表经济体在给定时间段内的一般工资水平。而根据大数定律，平均工资更具代表性，即便是单位就业人员这一样本平均工资，也能从统计层面代表全体就业人员的一般工资水平。必须注意，按照《中国统计年鉴2023》的界定，工资总额是税前工资，因而，平均工资也是税前平均工资。考虑到生产要素市场整体表征效果，这意味着需采用剔除生产税前的资本回报率表示资本市场一般价格水平。

本研究以我国职工平均工资指标表征1978—2022年我国就业人员的一般工资水平，其或称为相应年度的劳动力市场价格。指标原始数据来源于《新中国六十年统计资料汇编》、国家统计局官方网站及《中国统计年鉴2023》。为增加纵向可比性，作者对其进行了不变价格处理，最终的职工平均工资水平数据系根据职工平均工资及居民消费价格指数平减而得的。

关于资本要素价格，本研究采用资本回报率指标替代。该指标同样具有平均意义，指每一单位资本存量所获取的平均收益，可以衡量资本收益与资本存量之间的比值关系。本研究特意采用白重恩与张琼（2014）所阐述的方法核算税前资本回报率，并将其作为资本的市场价格，这与职工平均工资相对应。至于该指标究竟能在何种程度上准确地反映资本要素价格，白重恩与张琼有系统论述，此处不再赘述。

以平均价格反映生产要素市场价格，有两个明显优点：其一，更具统计代表性；其二，有利于资本劳动要素收入分配核算。在平均工资意义下，资本或劳动力所得即生产要素投入数据与各自价格之积，这不仅使表达与核算都更为方便，也使确立资本-劳动要素替代倾向与劳动资本收入分配之间的关系更为容易。

下面需要着重讨论的问题是，本研究所采用的职工平均工资水平数据系源于我国统计年鉴，而资本回报率数据则沿用白重恩与张琼（2014）提出的方法核算结果，两者之间能否系统地反映我国生产要素市场价格水平。毕竟，作为我国资本-劳动要素替代倾向核算的数据源，若其中任意一个偏离我国生产要素市场现实情况，核算结果的可信度即存疑，则据此演绎的相关结论都缺乏现实解释力。

本研究不便质疑我国统计年鉴平均工资的现实代表性，也不从正面探究白重恩与张琼（2014）关于我国资本回报率核算过程的科学性与结果的正确性，仅借助间接方式分析职工平均工资与资本回报率估算结果的合理性。本研究的基本思路是，分别采用两类生产要素价格指标核算我国劳动收入份额，进而将其与实际劳动收入份额进行对比，若两者区别在可接受范围之内，则认为生产要素价格指标设定无误，否则认为至少有一种生产要素价格的核算存在问题。

在不同的经济折旧率下，本节分别利用白重恩与张琼（2014）所提出的方法核算的税前资本回报率及本研究所核算的职工平均工资水平估算我国劳动收入份额，其中，对应于经济折旧率 9.6% 的结果如图 8-1 所示。

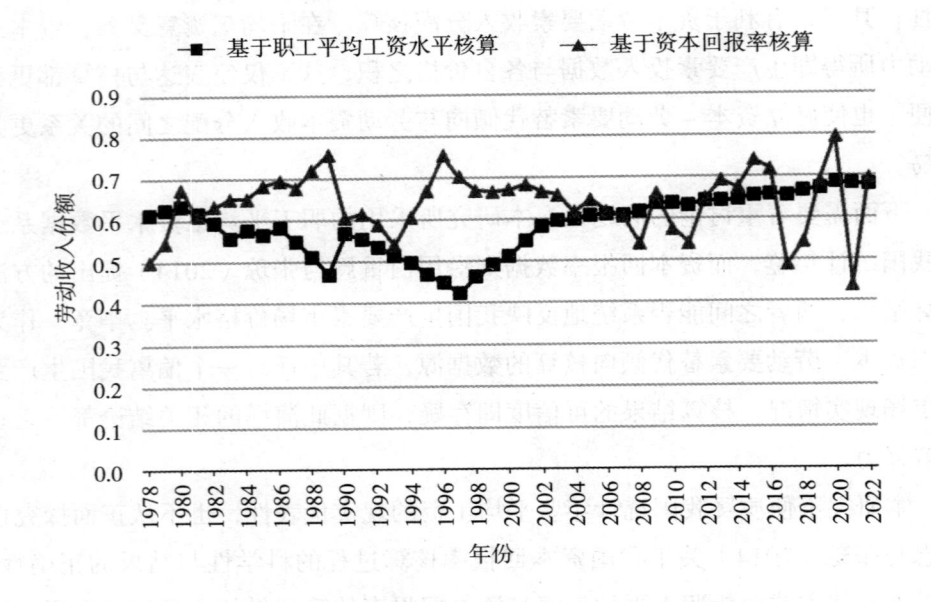

图 8.1 基于生产要素市场价格的我国劳动收入份额

由图 8-1 不难看出，若设定经济折旧率为 9.6%，基于不同生产要素市场价格核算所得劳动收入份额较为接近。从图 8-1 中可以看出，1980—1994 年，基于职工平均工资水平的劳动收入份额核算结果基本大于基于资本回报率的核算结果，而 1995—2001 年则基本与此相反，之后则存在多次反复。必须说明的是，两者计算结果不可能完全一致，任何统计指标本质上都是随机变量，大家所观测到的仅仅是其部分实现值，这容易导致误差出现。而且，这里也不需要如此精确。毕竟，前面所估计的资本 - 劳动要素替代倾向都远大于 1，换言之，劳动力与资本市场价格轻微的调整对我们前面的分析结论并无实质性影响。

为严格起见，本研究仍对两类不同方法所得估算结果进行统计假设检验。为此，定义一个单变量序列，该变量是由职工平均工资水平核算所得劳动收入份额与由资本回报率核算所得劳动收入份额的差，该序列的均值为 0.016 2，标准差为 0.092 74，均值标准误差为 0.013 8。设定原假设为该差值序列具有 0 均值，现借助 SPSS 22.0 软件进行关于均值比较的单样本 T 检验，结果如表 8-1 所示。根据检验结果，在 5% 的显著水平上，不能拒绝原假设，或者说，不能认为基于两种不同方法所估算的劳动收入份额存在显著性差异。

表 8-1　单变量均值比较的 T 检验结果

T 值	自由度	Sig.（双侧）	均值差值	差分的 95% 置信区间 下限	差分的 95% 置信区间 上限
4.79	44	0.105	0.016 22	0.038 3	0.094 1

当经济折旧率设定为 5% 时，因资本存量升高，基于资本回报率核算所得劳动收入份额要远小于基于职工平均工资水平的核算结果。假设检验结果与前面恰好相反，则必须拒绝差值序列的 0 均值假设。这一差异不难理解，毕竟，在资本市场价格不变的情况下，资本存量的变更必然影响计算结果。因此，在不同的经济折旧率下，应该选择不同的资本市场价格。这项工作超出了本研究范围。事实上，关于经济折旧率的合理水平，仍缺乏一致的赋值标准。

基于上述分析，既然采用两种不同方法所估算的劳动收入份额并无统计意义显著的区别，本研究认为以职工平均工资水平、资本回报率表征生产要素市场价格水平存在现实合理性。当然，这也为前面相关分析提供了比较充分的现实层面依据。

8.3　资本－劳动要素替代倾向的估算

考虑到资本－劳动要素替代倾向在本研究中的关键性作用，综合前面分析，作者在本节进一步探讨该指标的具体核算问题。无疑，本研究是根据资本－劳动要素替代倾向的定义进行核算的，为此，需要率先估算出劳动力与资本的影子价格。前面曾分别利用数据双分类的 DEA 模型、数据双分类的 CES 生产函数及数据三分类的 DEA 模型从总量生产技术与生产效率层面估计生产要素影子价格，选择职工平均工资水平、剔除生产税前或剔除生产税后资本回报率反映生产要素市场价格状况，并在此基础上估算我国 1978—2022 年资本－劳动要素替代倾向序列。因核算方法的固有缺陷，所得结果可能并不稳定，本节考虑采用回归分析方法估算资本－劳动要素替代倾向序列。

8.3.1 理论模型

因资本－劳动要素替代倾向的定义式涉及生产要素影子价格，若已知生产函数的具体形式，则可由此推断生产要素边际产出，以此表征生产要素影子价格，从而得到资本－劳动要素替代倾向的一个明确表达式。假设总量生产函数 $F(L,K)$ 一阶可导，于是资本－劳动要素替代倾向 ξ_{KL} 的核算公式可以表示为

$$\xi_{KL} = \frac{w}{F_L(L,K)} \times \frac{F_K(L,K)}{r} \tag{8.2}$$

在总量生产函数形式明确的前提下，劳动力与资本相对于 GPD 的边际产出 $F_L(L,K)$ 与 $F_K(L,K)$ 均有明确形式，从而可以得到资本－劳动要素替代倾向 ξ_{KL} 的具体估计式。

联系前面的工作，假设总量生产函数为 CES 形式，考虑到要素收入分配为本研究的目的，本研究仍假设总量生产函数满足规模报酬不变性。就 CES 总量生产函数 $F(L,K) = A(\alpha L^\rho + \beta K^\rho)^{\frac{1}{\rho}}$ 而言，劳动力与资本的边际产出分别为

$$F_L(L,K) = A\alpha L^{\rho-1}(\alpha L^\rho + \beta K^\rho)^{\frac{1-\rho}{\rho}}, F_K(L,K) = A\beta K^{\rho-1}(\alpha L^\rho + \beta K^\rho)^{\frac{1-\rho}{\rho}}$$

显然有

$$\frac{F_K(L,K)}{F_L(L,K)} = \frac{\beta}{\alpha}\left(\frac{K}{L}\right)^{\rho-1}$$

于是得到资本－劳动要素替代倾向 ξ_{KL} 的如式（8.3）所示的核算公式。

$$\xi_{KL} = \frac{w}{F_L(L,K)} \times \frac{F_K(L,K)}{r} = \frac{\beta}{\alpha} \times \frac{w}{r} \times \left(\frac{K}{L}\right)^{\rho-1} \tag{8.3}$$

设定经济折旧率为 9.6%，作者在前面已采用数据双分类 DEA 模型估计出我国总量生产函数的具体形式，即

$$F(L,K) = 0.4309\left(0.2022L^{-0.1538} + 0.7978K^{-0.1538}\right)^{-\frac{1}{0.1538}}$$

现将生产函数的参数逐个代入式（8.3），即得到一个具体针对我国宏观经济生产实际情况的资本－劳动替代倾向 ξ_{KL} 核算公式：

$$\xi_{KL} = \frac{\beta}{\alpha}\frac{w}{r}\left(\frac{K}{L}\right)^{\rho-1} \approx 3.9456\frac{w}{r}\left(\frac{K}{L}\right)^{-1.1538}$$

在劳动力、资本市场价格给定或两者比值保持不变的情况下，资本-劳动要素替代倾向ξ_{KL}事实上是人均资本存量$\frac{K}{L}$的一个幂函数，且是一个减函数，由此不难理解资本-劳动要素替代倾向与人均资本存量在相关分析中显示出显著负相关性。事实上，人均资本存量越多，资本相对于劳动力的边际价值则越小，资本替代劳动力的可能性则越弱，故资本-劳动替代倾向ξ_{KL}随人均资本存量$\frac{K}{L}$的变动而反向变动。图8-2为1978—2022年我国人均资本存量与资本-劳动要素替代倾向序列，其中资本-劳动要素替代倾向序列系前面根据CES模型核算所得结果，两者确实表现出负相关性。

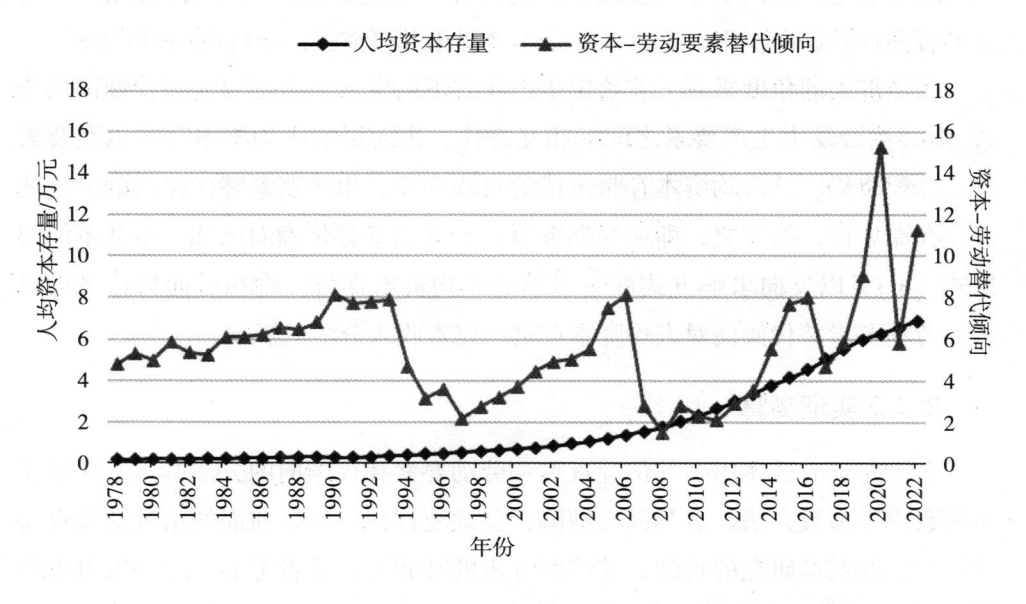

图8-2　1978—2022年我国人均资本存量与资本-劳动要素替代倾向序列

CD函数也是总量生产函数常见形式。在生产要素市场价格给定情况下，若总量生产函数为CD函数形式，大家同样可推断人均资本存量与资本-劳动要素替代倾向之间的关系式。在CD生产函数$F(L,K)=AL^{\alpha}K^{\beta}$假设下，劳动力

与资本的边际产出分别为

$$F_L(L,K) = \alpha A L^{\alpha-1} K^{\beta}, F_K(L,K) = \beta A L^{\alpha} K^{\beta-1}$$

将其代入式（8.2）即得到

$$\xi_{KL} = \frac{w}{F_L(L,K)} \frac{F_K(L,K)}{r} = \frac{\beta}{\alpha} \times \frac{w}{r} \times \left(\frac{K}{L}\right)^{-1}$$

结果表明：若总量生产函数为 CD 函数形式，资本－劳动要素替代倾向与人均资本存量之间仍存在幂函数关系式，确切而言，两者之间为反比例函数关系。

综上所述，以常用的 CES 生产函数及 CD 生产函数为例，本研究给出了由人均资本存量、生产要素影子价格所表示的资本－劳动要素替代倾向表达式。需要提及的是，人均资本存量固然影响资本－劳动要素替代倾向指标值，后者对前者亦存在反向作用，这事实上是作者提出并研究这一指标的主要目的。

从经济人的角度来看，若给定生产状态下的资本－劳动要素替代倾向不为 1，则必然会发生生产要素之间的相互替代，进而影响人均资本存量以及要素收入分配格局。从人均资本存量形成的过程来看，生产要素替代作用的发生或许存在滞后性，换言之，即便当期资本－劳动要素替代倾向已知，也并不能根据式（8.3）以反向求解方式确定当期的人均资本存量。将在后面另行考虑资本－劳动要素替代倾向对人均资本存量、要素收入分配的影响。

8.3.2 实证测算

本研究目前具体用到的估计资本－劳动要素替代倾向的方法基本上从属于非参数或半参数方法，有其固有缺陷，欠缺统计稳定性，前面的估计结果也有所反映。联系本研究的目的，在前面分析的基础上，作者考虑更为一般也更具针对性的资本－劳动要素替代倾向估计方法，即回归分析方法。为此，先就资本－劳动要素替代倾向表达式进行如下变形：

$$\xi_{KL} = \frac{w}{F_L(L,K)} \times \frac{F_K(L,K)}{r} = \left(\frac{wL}{rK}\right) \times \left(\frac{F_K(L,K)K}{F_L(L,K)L}\right)$$

第8章　要素替代倾向与要素收入分配

因它所涉及指标均非负，可就其两端分别取自然对数，整理后得到如式（8.4）所示的资本－劳动要素替代倾向的决定式。

$$\ln \xi_{KL} = \ln\left(\frac{wL}{rK}\right) - \ln\left[\frac{F_L(L,K)L}{F_K(L,K)K}\right] \quad (8.4)$$

必须注意，式（8.4）与前面的资本－劳动替代倾向的定义式有明显区别，它更加偏向于宏观层面，表明一个经济体在给定时点的资本－劳动替代倾向的整体来源系劳动资本分配实际状态与均衡状态之间的差距。而资本－劳动替代倾向的初始定义式更侧重微观层面，考察的是一个代表性厂商在给定的生产要素价格与生产技术条件下是否存在以资本替代劳动力的技术倾向。

显然，式（8.4）本身为恒等式，就理论而言，并不存在资本－劳动要素替代倾向估计问题。从现实层面来看，因市场效率的欠缺及政府行为的干扰，即便给定生产技术、生产要素价格与生产要素投入情况，式（8.4）亦未必恒成立。或者说，劳动资本分配的均衡状态与实际状态对资本－劳动要素替代倾向的决定性作用未必及时、有效发生。考虑及此，联系经济体实际情况，分别核算式（8.4）中指标值，估计劳动资本分配均衡状态与实际状态对资本－劳动要素替代倾向的实际影响形式就有其必要性了。因此，根据式（8.4）假设如式（8.5）所示的资本－劳动要素替代倾向决定方程。

$$\ln \xi_{KL} = \varepsilon + \gamma \ln\left(\frac{wL}{rK}\right) + \eta \ln\left[\frac{F_L(L,K)L}{F_K(L,K)K}\right] \quad (8.5)$$

于是，确定资本－劳动要素替代倾向，主要是考察资本－劳动要素替代倾向决定方程即式（8.5）中所含参数 γ 与 η 的估计问题。相关指标均已在前面进行了核算，其中 $\frac{wL}{rK}$ 根据 GDP 法所核算的劳动收入份额进行推算。作者得到了利用三种不同模型核算的劳动资本收入比影子值，同时得到了利用三种不同模型核算的资本－劳动要素替代倾向指标值。现在的问题是哪一个指标的现实解释力度更优。

在参数估计之前，不妨先就参数符号进行先验分析。不失一般性，若劳动资本收入比高，则或因为劳动力要素价格相对较高，或因为劳动力投入量增加。因此，劳动资本收入比对资本－劳动要素替代倾向的影响需要综合考虑两类不同效应：一是劳动力要素相对价格的提高会对资本替代劳动力产生正向影响；二是劳动力投入量的增加可间接提高资本边际使用价值，进而强化资本替代劳动力倾向。若综合考虑两类效应，劳动资本收入比高未必意味着资本－劳动替代倾向的增加。当然，若给定生产要素实际价值比保持不变，则劳动资本收入比将对资本－劳动要素替代倾向产生正向影响。因此，从偏回归系数来看，劳动资本收入比的对数理应对应非负参数，或者说，参数 γ 的理论值应为正数。

显而易见，若生产要素实际价值比 $\dfrac{F_L(L,K)L}{F_K(L,K)K}$ 增加，则提高劳动力雇佣水平更为有利，将对资本－劳动替代倾向产生负向影响。因此，对数化后的生产要素实际价值比应该对应一个负参数，即参数 η 的理论值应为负数。

以上是理论分析，现实情况却未必如此。一种极为可能的情况是，市场价格的扭曲会导致该模型中参数符号的变化。换言之，如果参数符号出现反常，人们或认为生产要素市场价格存在较为严重的扭曲现象，而且，这种情况的存在性已被证实。

1. 回归模型一

采用双分类 DEA 模型估计生产要素影子价格，以剔除生产税前的资本回报率为资本市场价格，以此为依据核算资本－劳动要素替代倾向对数值，并将其作为回归模型一的被解释变量。与之相对应，将以双分类 DEA 模型核算的劳动资本收入比影子值取对数后作为一个解释变量，并以用 GDP 法所核算的劳动资本收入比对数值为另一个解释变量。

数据双分类下的劳动资本收入比实际值、影子值及资本－劳动要素替代倾向如图 8-3 所示，为反映线性关系，图 8-3 中指标均经过了对数化处理。在三个指标中，劳动资本收入比实际值基本保持稳定，而劳动资本收入比影子值与资本－劳动要素替代倾向之间基本保持反向关系。

经 SPSS 22.0 软件处理，作者发现回归模型一整体显著，拟合优度一般，决定系数为 0.800，只有一个解释变量具有 5% 水平上的显著性，而且，劳动资本收入比实际值及影子值对资本－劳动要素替代倾向均表现出显著的负向作用。具体情况如表 8-2—表 8-4 所示。

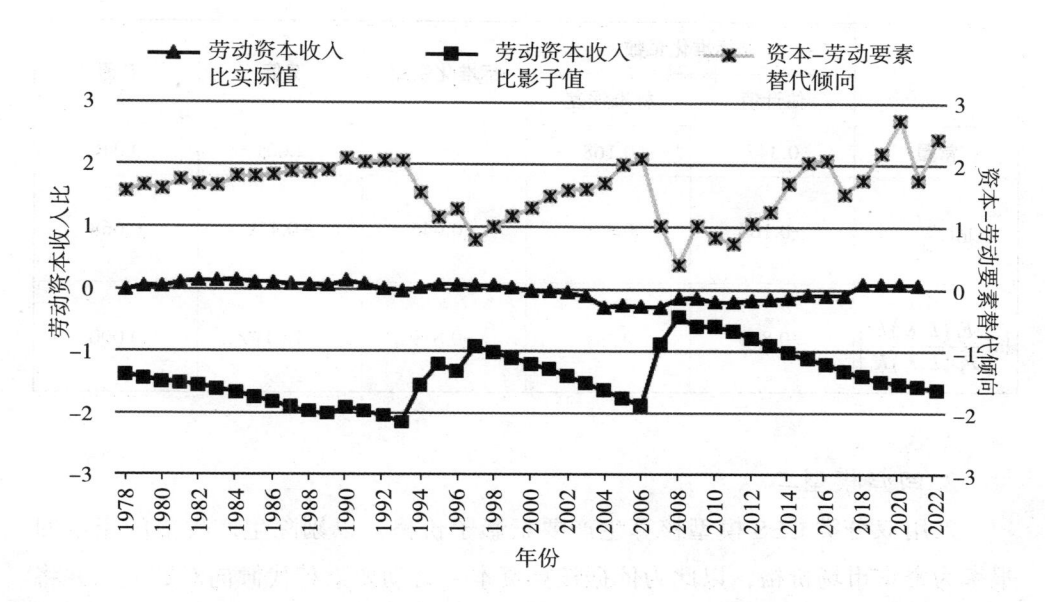

图 8-3　数据双分类下的劳动资本收入比实际值、影子值及资本–劳动要素替代倾向

表 8-2　回归模型一的决定系数

决定系数	调整决定系数	标准估计误差
0.800	0.639	0.287

表 8-3　回归模型一的方差分析

	平方和	自由度	均方	F 值	P 值
回归	5.978	2	2.989	36.355	0.000
残差	3.371	41	0.082	—	—
总计	9.349	43	—	—	—

表8-4　回归模型一的参数估计

	非标准化系数		标准化系数	T值	P值
	估计值	标准误差			
常量	0.347	0.168	—	2.061	0.046
$\ln\left(\dfrac{wL}{rK}\right)$	−0.163	0.376	−0.045	−0.432	0.668
$\ln\left[\dfrac{F_L(L,K)L}{F_K(L,K)K}\right]$	−0.895	0.114	−0.819	−13.107	0.000

2. 回归模型二

采用双分类CES模型核算生产要素影子价格，以剔除生产税前的资本回报率为资本市场价格，以此为依据核算资本-劳动要素替代倾向对数值，并将其作为模型二的被解释变量。与之相对应，将以双分类CES模型核算的劳动资本收入比影子值取对数后作为回归模型二的一个解释变量，并以用要素法所核算的劳动资本收入比的对数值为另一个解释变量。

如图8-4所示，资本-劳动要素替代倾向与劳动资本收入比影子值成反向关系。经SPSS 22.0软件处理，作者发现回归模型二整体显著，但拟合优度很差，决定系数为0.278，生产要素实际价值和对数化后的劳资收入比对被解释变量影响并不显著。具体情况如表8-5—表8-7所示。CES模型仅仅是双分类DEA模型的光滑处理结果，因此回归模型一与回归模型二理应具有类似的回归效果。

就整体而言，在数据双分类下，劳动资本收入比影子值的下降导致了资本-劳动要素替代倾向的下降趋势，而劳动资本收入比实际值的下降则削减了这种趋势的下降速度。

第 8 章　要素替代倾向与要素收入分配

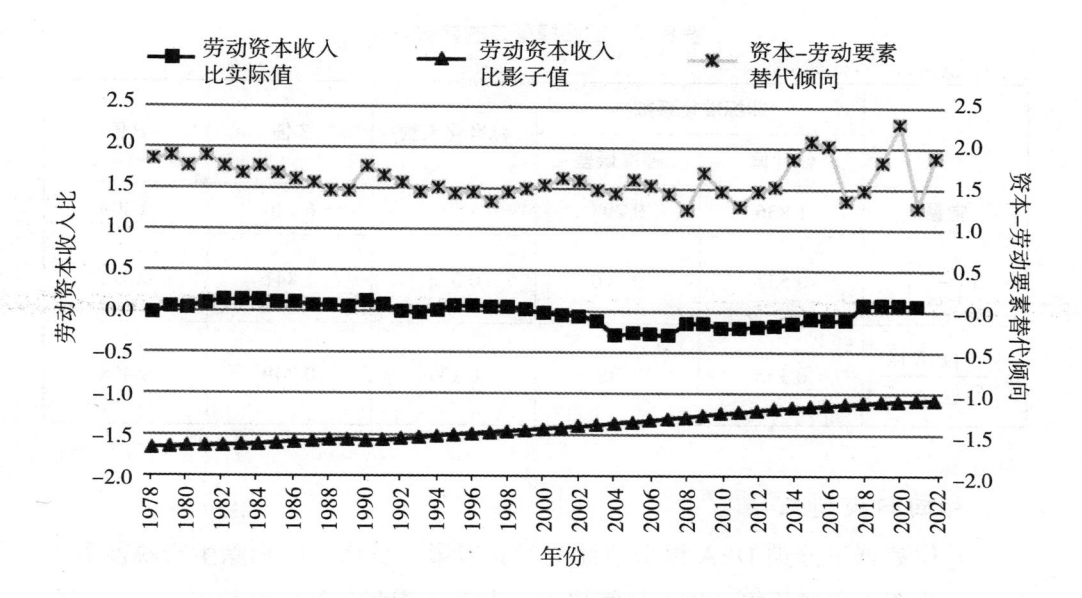

图 8-4　CES 估计下的劳动资本收入比实际值、影子值及资本 – 劳动要素替代倾向

表 8-5　回归模型二的决定系数

决定系数	调整决定系数	标准估计误差
0.278	0.033	0.218

表 8-6　回归模型二的方差分析

	平方和	自由度	均方	F 值	P 值
回归	0.164	2	0.082	1.723	0.019
残差	1.951	41	0.048	—	—
总计	2.115	43	—	—	—

表 8-7　回归模型二的参数估计

	非标准化系数		标准化系数	T 值	P 值
	估计值	标准误差			
常量	1.836	0.295	—	6.230	0.000
$\ln\left(\dfrac{wL}{rK}\right)$	0.551	0.300	0.323	1.841	0.073
$\ln\left[\dfrac{F_L(L,K)L}{F_K(L,K)K}\right]$	0.155	0.206	0.131	0.749	0.458

3. 回归模型三

采用数据三分类 DEA 模型估计生产要素影子价格，以剔除生产税前资本回报率为资本市场价格，进而核算资本-劳动要素替代倾向对数值，并将其作为回归模型三的被解释变量。与之相对应，将以三分类 DEA 模型核算的劳动资本收入比影子值取对数后作为回归模型三的一个解释变量，并以用 GDP 法核算的劳动资本收入比的对数值为另一个解释变量。

如图 8-5 所示，粗略而言，在数据三分类假设下，资本-劳动要素替代倾向仍主要决定于劳动资本收入比影子值，两者表现出明显的线性相关性。SPSS 22.0 软件处理结果表明：回归模型三整体显著，拟合优度高，决定系数为 0.924，两个解释变量均具有 5% 水平上的显著性。类似地，劳动资本收入比实际值、劳动资本收入比影子值均对资本-劳动要素替代倾向有显著的负向影响。具体情况如表 8-8—表 8-10 所示。

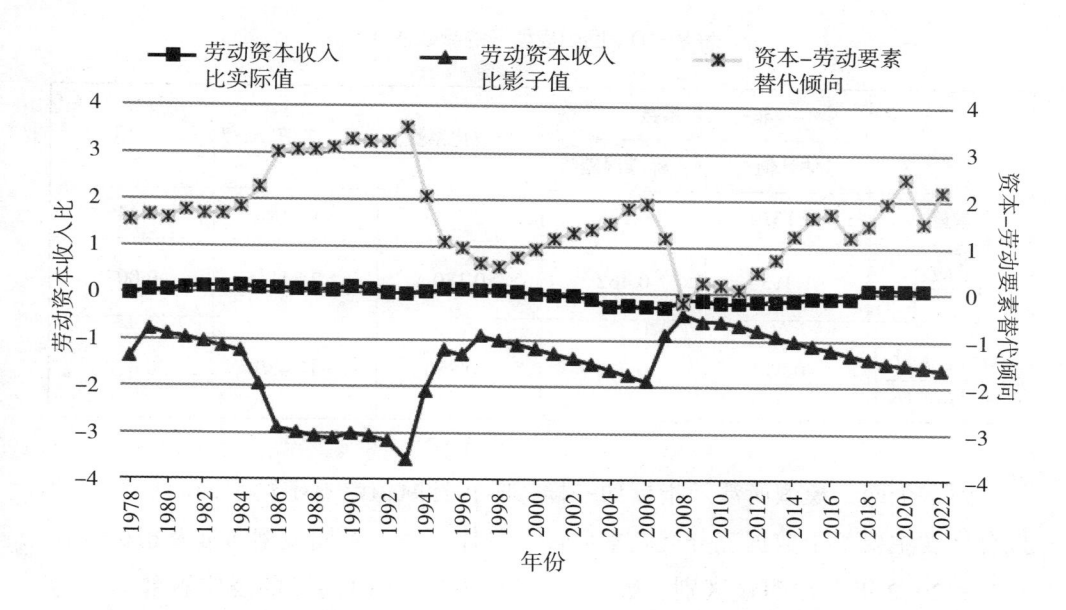

第 8 章　要素替代倾向与要素收入分配

图 8-5　数据三分类下的劳动资本收入比实际值、影子值及资本–劳动要素替代倾向

表 8-8　回归模型三的决定系数

决定系数	调整决定系数	标准估计误差
0.924	0.846	0.372 5

表 8-9　回归模型三的方差分析

	平方和	自由度	均方	F 值	P 值
回归	33.012	2	16.506	118.972	0.000
残差	5.688	41	0.139	—	—
总计	38.7	43	—	—	—

表 8-10　回归模型三的参数估计

	非标准化系数		标准化系数	T 值	P 值
	估计值	标准误差			
常量	0.151	0.128	—	1.178	0.245
$\ln\left(\dfrac{wL}{rK}\right)$	1.313	0.462	0.180	2.841	0.007
$\ln\left[\dfrac{F_L(L,K)L}{F_K(L,K)K}\right]$	−0.974	0.073	−0.850	−13.439	0.000

因三个回归模型所涉及指标均一样，唯指标赋值略有不同，回归模型三的拟合优度主要源于数据三分类基本假设。具体而言，不同模型所涉及指标值在1978—2022年存在明显区别，数据三分类假设对该时间段的现实解释力更为明显。

综上所述，作者借助 SPSS 22.0 软件对三个不同回归模型进行了比较分析，在综合考虑模型拟合优度、生产要素显著性水平标准下，作者发现回归模型三无论是在拟合优度方面还是在变量显著性水平方面都较好，这相当于从侧面再次论证了数据三分类 DEA 模型对宏观经济现状的拟合效果。具体而言，数据三分类 DEA 模型对总量生产技术的拟合较好，据此估计的生产要素影子价格亦具有良好的现实解释力。

因此，在模型指标选择方面，以采用未剔除生产税后资本回报率反映资本市场价格，采用数据三分类 DEA 模型估计生产要素影子价格，进而估计资本-劳动要素替代倾向为优。另外，用 GDP 法核算的劳动资本收入比对所选择的资本-劳动要素替代倾向也表现出显著影响。于是得到如式（8.6）所示的资本-劳动要素替代倾向决定方程。

$$\ln \xi_{KL} = 0.151 + 1.313\ln\left(\dfrac{wL}{rK}\right) - 0.974\ln\left[\dfrac{F_L(L,K)L}{P_K(L,K)K}\right] \quad (8.6)$$

另外，需要着重指出的是，无论是在数据双分类还是三分类假设下，实证分析结果都表明：我国劳动资本收入比实际值对资本-劳动要素替代倾向有负向影响，这事实上再次论证了我国生产要素市场价格扭曲的现实存在性。

有必要指出，本节如此不厌其烦、尽可能详细地介绍我国资本－劳动要素替代倾向的估计问题，不仅是为了得到一个拟合优度较高的资本－劳动要素替代倾向决定模型，也是为了对前面宏观经济绩效评价、生产要素影子价格估计、资本－劳动要素替代倾向核算、要素收入分配影子值等工作进行实证层面的论证与总结。

在对要素替代倾向、要素收入分配、要素收入分配影子值三者关系进行理论建构之余，一个存在于三者之间且拟合优度较高的实证关系式在很大程度上为本研究指标估计的合理性提供了有力佐证。或者说，作者以另一种方式说明了本研究着力倡导的数据三分类 DEA 模型在宏观经济生产相对有效性评价、生产要素影子价格估计方面更为系统，也更贴近我国经济实际状况。

8.4 要素收入分配决定模型

本节假设变量之间的相互作用存在时滞效应，根据资本－劳动要素替代倾向、要素收入分配实际状况、要素收入分配均衡状况三者之间的关系考察我国劳动资本分配格局决定的问题。在生产要素市场价格给定的前提下，资本－劳动要素替代倾向固然决定于生产技术与生产要素投入现状，亦反作用于生产技术与生产要素动态投入状况。资本－劳动要素替代倾向会对生产要素的动态投入产生直接影响，从需求层面对生产要素市场价格产生影响，也必然对生产要素收入份额产生实质性影响。围绕本研究的基本目的，作者尝试采用资本－劳动要素替代倾向解释一个经济体特别是我国生产要素收入份额的形成。当然，其前提是已恰当地估计出资本－劳动要素替代倾向。

8.4.1 基本模型

前面作者已采用数据双分类 DEA 模型、数据双分类 CES 模型及数据三分类 DEA 模型三种不同方式核算了 1978—2022 年我国资本－劳动要素替代倾向序列，进而以回归分析方法验证了存在于要资本－劳动素替代倾向、要素收入

分配均衡状况与实际状况三者之间的实证关系。现考虑利用资本-劳动要素替代倾向对我国生产要素收入份额进行解释。注意到

$$\xi_{KL} = \frac{w}{F_L(L,K)} \frac{F_K(L,K)}{r} = \left(\frac{wL}{rK}\right)\left[\frac{F_K(L,K)K}{F_L(L,K)L}\right]$$

与前面类似，对上式两端取对数，并整理为如式（8.7）所示的生产要素收入份额决定模型。

$$\ln\left(\frac{wL}{rK}\right) = \ln\left[\frac{F_L(L,K)L}{F_K(L,K)K}\right] + \ln\xi_{KL} \quad (8.7)$$

式（8.7）的左边表征要素收入分配现状，而右边第一项则表征要素收入分配的一种均衡状态。在均衡状态下，资本-劳动要素替代倾向为1，而其对数值 $\ln\xi_{KL} = 0$。因此，据式（8.7）可知，决定要素收入分配现状的核心因素是要素收入分配均衡状态与资本-劳动要素替代倾向，而其中资本-劳动要素替代倾向又是导致要素收入分配偏离其均衡状态的最核心指标。

考虑到投资的动态特征，式（8.7）并非文字游戏，更不是简单的重复。将经济划分阶段，假设要素收入状态决定了当期的资本-劳动要素替代倾向，而其反作用却存在滞后期，具体而言，假设滞后期为 $m \in \mathbf{R}^+$，于是最终形成如式（8.8）所示的动态方程。

$$\ln\left(\frac{wL}{rK}\right)_t = \ln\left[\frac{F_L(L,K)L}{F_K(L,K)K}\right]_{t-m} + \ln(\xi_{KL})_{t-m} \quad (8.8)$$

在现实经济中，一方面，生产要素影子价格不仅决定于生产要素投入与总量生产技术状况，还与市场效率、政府调控等相关。因此，资本-劳动要素替代倾向与政府调控、生产效率等均有关联。另一方面，市场与政府行为将最终影响资本-劳动要素替代倾向在要素替代层面乃至要素收入方面的实际效应。简言之，式（8.8）未必如其定义精确，需要将该系统做适应于现实层面而更具一般性的形式调整，从而得到

$$\ln\left(\frac{wL}{rK}\right)_t = \zeta + \sum_{m=0}^{M}\tau(t-m)\ln\left[\frac{F_L(L,K)L}{F_K(L,K)K}\right]_{t-m} + \sum_{m=0}^{M}v(t-m)\ln(\xi_{KL})_{t-m} \quad (8.9)$$

调整后的模型中含有可变参数，它们均为时间状态的函数，且包含多个滞后期，假设滞后至 M 期。考虑到数据搜集存在的困难，本研究中滞后期单位均为年。

就内在机理而言，资本－劳动要素替代倾向之所以影响劳动资本分配格局，主要是因为资本－劳动要素替代倾向具体影响劳动力与资本的投入结构与投入量，必从需求层面影响生产要素市场价格，最终影响劳动资本分配格局。

根据总量生产函数下资本－劳动要素替代倾向 ξ_{KL} 的具体表达式，8.3 给出了 CES 总量生产技术或 CD 总量生产技术下人均资本存量 $\frac{K}{L}$ 与资本－劳动要素替代倾向 ξ_{KL} 之间的均衡关系式，其理论依据是，在给定生产技术、人均资本存量及生产要素市场价格情况下，经济人理性下的利益追求决定了资本－劳动要素替代倾向。换言之，人均资本存量是原因，而资本－劳动要素替代倾向的变更是结果。

假设存在时滞效应，现考虑资本－劳动要素替代倾向对于生产要素投入结构的反作用。假设总量生产函数为规模报酬不变的 CES 形式，即 $F(L,K) = A(\alpha L^{\rho} + \beta K^{\rho})^{\frac{1}{\rho}}$，如前所述，资本－劳动要素替代倾向与人均资本存量之间满足如下关系式：

$$\xi_{KL} = \frac{\beta}{\alpha} \frac{w}{r} \left(\frac{K}{L}\right)^{\rho-1}$$

现对其进行变形得到

$$\frac{K}{L} = \left(\frac{\alpha}{\beta} \frac{r}{w} \xi_{KL}\right)^{\frac{1}{\rho-1}} \tag{8.10}$$

在均衡状态下，资本－劳动要素替代倾向 $\xi_{KL} = 1$，这意味着人均资本存量 $\frac{K}{L}$ 的变动与生产要素相对价格 $\frac{w}{r}$ 之间应该存在如下均衡关系：

$$\frac{K}{L} = \left(\frac{\alpha}{\beta} \frac{r}{w}\right)^{\frac{1}{\rho-1}}$$

因参数 $\rho<1$，人均资本存量 $\frac{K}{L}$ 理应是生产要素相对价格 $\frac{w}{r}$ 的单调减函数。不难判断，该函数是凸函数，换言之，人均资本存量非常敏感于生产要素相对价格的变动，资本回报率相对于一般工资水平的一个微调都能导致人均资本存量的急剧同向变动。

如果不考虑时滞效应，式（8.10）无任何实质意义，人们不能据此认为给定资本－劳动要素替代倾向即决定了当期的人均资本状况，或者说，当期的资本－劳动要素替代倾向解释了当期的人均资本存量状况。在引入时间变量之后，式（8.10）获得了现实层面的解释，当前阶段的资本－劳动要素替代倾向导致了下一阶段人均资本存量的变动。

当然，现实经济往往不在均衡位置，人均资本存量与生产要素相对价格一般处于不匹配状态，此时，人均资本存量的变动即受到由资本－劳动要素替代倾向 ξ_{KL} 所代表的相关因素的影响。对式（8.10）两边取对数得到

$$\ln\left(\frac{K}{L}\right)=-\frac{1}{\rho-1}\left[\ln\left(\frac{\beta}{\alpha}\right)+\ln\left(\frac{w}{r}\right)\right]+\frac{1}{\rho-1}\ln\xi_{KL} \qquad (8.11)$$

不难看出，式（8.11）右边第一项与均衡状态下的人均资本存量水平相对应，而第二项则表示影响人均资本存量偏离其均衡状态的相关因素水平。式（8.11）为线性形式，可采用回归方法分析，并对其进行如式（8.12）所示形式的调整。

$$\ln\left(\frac{K}{L}\right)_t=\psi\left[\ln\left(\frac{\beta}{\alpha}\right)+\ln\left(\frac{w}{r}\right)_{t-m}\right]+\zeta\ln(\xi_{KL})_{t-m} \qquad (8.12)$$

当然，模型中滞后期还可一般化。以上分析皆基于对总量生产函数形式有明确的认识，当然，即便不确定生产函数的具体形式，只要能合理估计资本－劳动要素替代倾向，人均资本存量的相关分析仍可参照上述程式进行。

8.4.2 内在机理

在数据三分类假设下，本研究考察了我国劳动资本分配格局的形成。相较于数据双分类 DEA 模型而言，数据三分类 DEA 模型估计下的劳动资本收入比、资本－劳动要素替代倾向能合理解释我国要素收入分配问题。

根据资本－劳动要素替代倾向的定义与核算公式，该指标亦反映了劳动力收入与资本收入比值偏离其均衡比值的程度。数据三分类 DEA 模型核算下的资本－劳动要素替代倾向序列表明：我国劳动报酬所占份额超过其应有水平，这不仅给予了我国劳动资本分配格局一个规范性论断，也在很大程度上解释了近期我国劳动报酬所占份额的下降趋势。

简言之，数据三分类 DEA 模型之所以能解释我国劳动资本分配格局的形成，主要是因为劳动力数据属性的可变特征切实反映了我国劳动力市场的相对供求状况，而且，数据三分类 DEA 模型核算下的生产要素影子价格也在很大程度上反映了我国改革开放初期政府行为对生产要素市场价格的干扰，具体而言，这导致了生产要素市场较为严重的价格扭曲现象。事实上，在改革开放初期，我国宏观、微观经济决策主体在生产决策方面存在根本性偏差，政府行为倾向于投入更多的劳动力，而职工平均工资水平却未能进行相应调整，这导致我国劳动力市场早期出现价格扭曲现象。随着我国社会主义市场经济的逐步完善，这种价格扭曲现象已逐步得到缓解，然而，市场反应机制总存在一定的滞后性，我国劳动资本分配格局尚不能回归至其均衡状况。

第 9 章 研究总结

　　数据三分类现象与数据三分类绩效评价问题在现实经济、社会与生活中比比皆是。毋庸置疑，数据三分类假设下的绩效评价标准与绩效评价方法更具一般性，其适用面更为广泛。考虑到宏观经济生产实践中劳动力数据属性的不一致性与可变性，在对数据三分类绩效评价理论、绩效评价标准、绩效评价方法及绩效评价算法进行深入探讨之余，本研究采用数据三分类 DEA 绩效评价模型分析了 1978—2022 年我国劳动资本分配格局问题，着重剖析了其现状与内在原因。

　　具体而言，通过对观察期内宏观经济生产绩效的测评，本研究对我国劳动力与资本的影子价格进行了合理估计，对年度劳动资本收入比均衡值进行了系统核算，并采用资本-劳动要素替代倾向反映了我国劳动力与资本市场的整体有效性。与此同时，资本-劳动要素替代倾向也从效率层面反映了我国劳动资本分配格局的基本现状，具体表征了我国劳动资本收入比的非均衡特征。进一步地，利用资本-劳动要素替代倾向、均衡劳动资本收入比及实际劳动资本收入比三者之间的内在关系，作者从实证层面研究了我国劳动资本分配格局的决定问题。实证分析结果表明：相较数据双分类 DEA 方法而言，数据三分类 DEA 方法确实具有更为优良的现实解释力。

9.1 主要研究结论

本研究分别采用数据双分类 DEA 模型、CES 模型及数据三分类 DEA 模型评估了 1978—2022 年我国宏观经济生产绩效，估计了总量生产技术与生产要素影子价格，核算了资本–劳动要素替代倾向，并以此为依据，对我国宏观经济生产进行了阶段性划分，对生产要素市场有效性、要素收入分配合理性进行了规范性判断，最终形成了关于我国劳动力数据属性、生产要素市场与要素收入合理性、要素收入分配决定因素、宏观经济指标估算方法适用性等方面的若干论断。

9.1.1 劳动力的数据属性

就劳动力而言，微观层面与宏观层面对其或有不一致且具可变性的价值判断。从微观厂商角度来看，劳动力是一种输入，与生产成本相关，其数据属性为规避型，在产出额定的情况下，厂商应尽可能地规避劳动力的投入。而从宏观层面来看，厂商对劳动力的需求提供了就业岗位，劳动力的实际投入实际上可看成就业实现，是宏观经济系统良性运行的一种表现，或者说，劳动力数据是偏好型数据。就业人员指标究竟是更多地反映了我国宏观经济运行的成本，还是更多地表征了我国经济增长的成效，抑或是两者兼而有之，需要视具体情况而定，这依赖于特殊的定量模型的实证分析。

在劳动力数据中性属性假设下，本研究采用数据三分类 DEA 模型测评宏观经济生产绩效，进而判断我国劳动力数据属性发生变化的阶段点。实证分析表明：我国或在 1993 年左右发生了劳动力数据属性的变更，或者说，在该时间点之后，我国劳动力市场从整体上已不再处于明显的供过于求状态，这为我国全面放开人口政策提供了现实依据。

因劳动力、资本、土地等生产要素流动性的缺乏，我国各省份的劳动力数据属性变更并不同步。从江苏省、湖南省、河南省三个较具代表性的东部与中部省份来看，东部沿海地区省份率先进入劳动力数据属性变更阶段，中部地区省份稍晚步入该阶段。

9.1.2 生产要素市场的有效性

本研究分别采用数据双分类 DEA 模型、CES 模型与数据三分类 DEA 模型从生产要素边际报酬角度核算了我国劳动力与资本的影子价格。核算方法各有其侧重点,从核算结果来看,因数据属性划分一致,数据双分类 DEA 模型与 CES 模型核算结果类似,仅在指标数据光滑性方面存在差异。以生产要素影子价格为参照标准,本研究对单个及整体生产要素市场进行了有效性分析。

1. 劳动力市场有效性分析

本研究对劳动力市场价格与劳动力影子价格进行横向与纵向比较,以反映劳动力市场有效性。本研究核算了三种不同的劳动力影子价格,1978—2022 年我国职工平均工资与劳动力影子价格之间的关系如图 9-1 及表 9-1 所示。

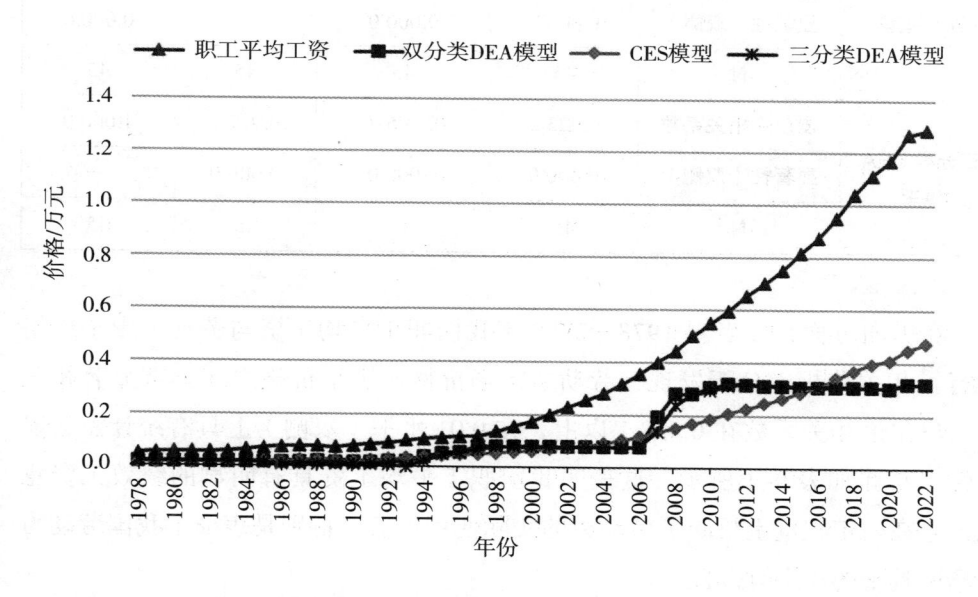

图 9-1 1978—2022 年我国职工平均工资与劳动力影子价格(基期为 1952 年)

表 9-1　1978—2022 年我国职工平均工资与劳动力影子价格之间的相关性

		职工平均工资	双分类 DEA 模型	CES 模型	三分类 DEA 模型
职工平均工资	皮尔逊相关系数	1.000 0	0.914 3	0.999 3	0.923 3
	显著性（双侧）	—	0.000 0	0.000 0	0.000 0
	N	45	45	45	45
双分类 DEA 模型	皮尔逊相关系数	0.914 3	1.000 0	0.908 1	0.995 7
	显著性（双侧）	0.000 0	—	0.000 0	0.000 0
	N	45	45	45	45
CES 模型	皮尔逊相关系数	0.999 3	0.908 1	1.000 0	0.917 7
	显著性（双侧）	0.000 0	0.000 0	—	0.000 0
	N	45	45	45	45
三分类 DEA 模型	皮尔逊相关系数	0.923 3	0.995 7	0.917 7	1.000 0
	显著性（双侧）	0.000 0	0.000 0	0.000 0	—
	N	45	45	45	45

在纵向方面，作者对 1978—2022 年我国职工平均工资与劳动力影子价格进行了相关分析。分析发现：劳动力市场价格与影子价格之间具有显著相关性，皮尔逊相关系数在 0.908 1 以上，在 0.01 水平（双侧）上具有统计意义显著性，具体如表 9-1 所示。这表明我国职工平均工资具有明显的绩效工资意义，它在一定程度上反映了劳动力的实际使用价值，特别是表征了我国劳动力市场所具备的动态有效性。

从两者横向比较来看，在观察期内的每一个年份，我国职工平均工资均高于其影子价格，且两者之间的绝对差距有扩大趋势，但以两者比值表征的相对差距在逐渐缩小。不妨定义劳动力市场价格与影子价格的比值为劳动力市场价格扭曲指标，该指标偏离均衡值 1 的距离可反映我国劳动力市场的无效性程度。因劳动力影子价格核算值不同，劳动力市场价格扭曲指标也存在区别，具体情况如图 9-2 所示。

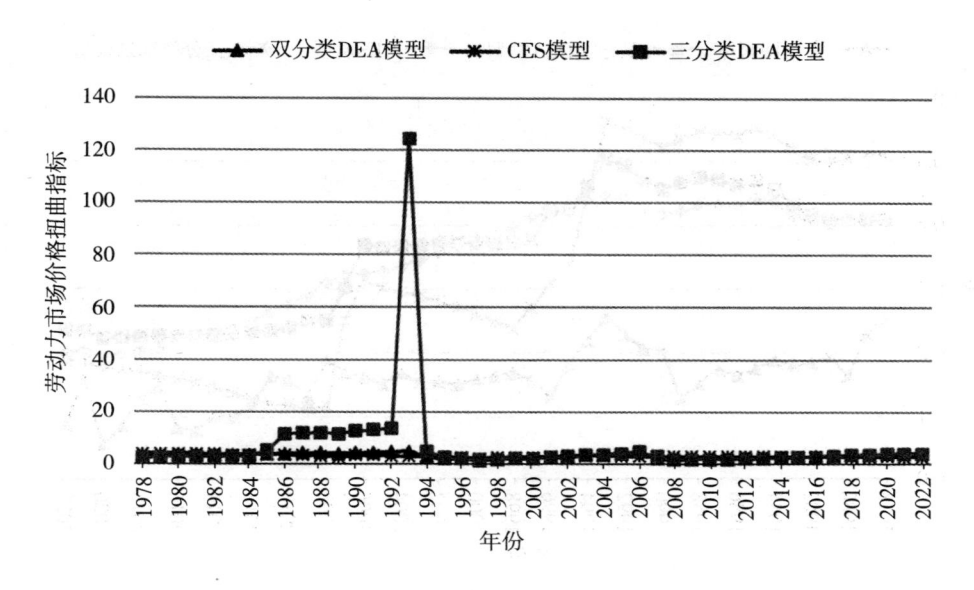

图 9-2　1978—2022 年我国劳动力市场价格扭曲情况

整体而言，无论采用何种核算方法，劳动力影子价格均低于职工平均工资。与此相对应，在 1978—2022 年，我国劳动力市场价格扭曲指标值均高于均衡值 1。相较而言，基于数据三分类 DEA 方法核算的劳动力市场价格扭曲指标表现出更大的波动幅度，且该现象主要发生于 1978—1993 年，这一点与我国社会主义市场经济体制形成阶段的市场特征是一致的。

2. 资本市场有效性分析

类似地，本研究分别采用数据双分类 DEA 模型、CES 模型及数据三分类 DEA 模型核算了 1978—2022 年我国资本影子价格，并将其与实际资本市场价格进行了对比，这综合反映了资本市场的纵向、横向有效性。本研究采用不同方法核算的资本影子价格均总结在图 9-3 中。非常遗憾的是，本研究尚缺乏可以反映资本市场一般价格水平的代表性价格指标，只能采用白重恩与张琼（2014）所核算的剔除生产税前的资本回报率表征资本的价格水平。

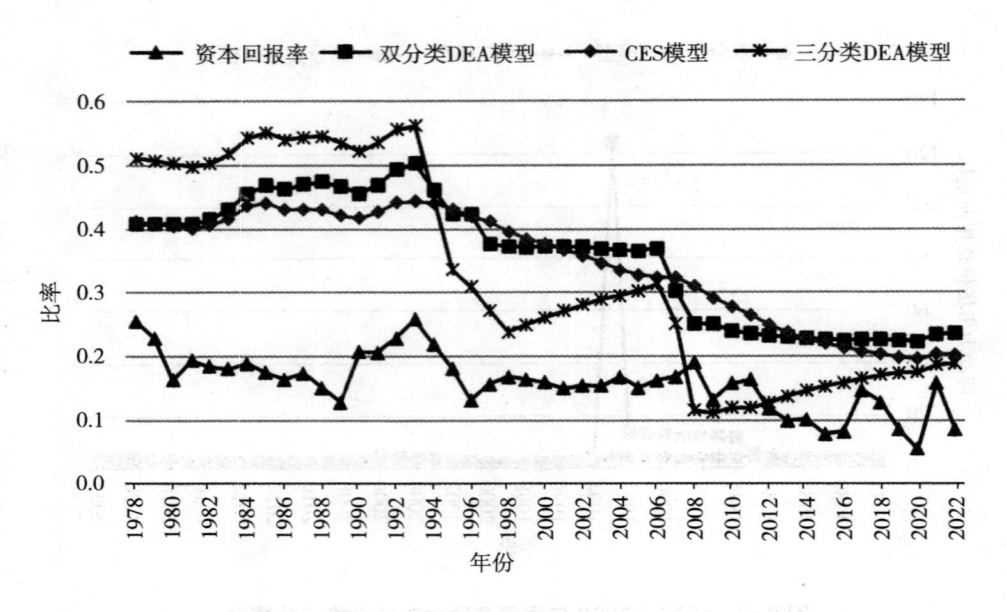

图 9-3　1978—2022 年我国资本回报率与资本影子价格

从纵向比较来看，基于资本影子价格与资本回报率之间的相关分析结果，本研究发现：我国资本市场价格与其实际价值之间存在较显著相关性，如表 9-2 所示，资本影子价格与资本回报率之间的皮尔逊相关系数均在 0.666 1 以上。相较数据三分类 DEA 模型而言，数据双分类模型核算的资本影子价格与资本回报率之间表现出更强的线性相关性。

表 9-2　1978—2022 年我国资本回报率与资本影子价格之间的相关性

		资本回报率	双分类 DEA 模型	CES 模型	三分类 DEA 模型
资本回报率	皮尔逊相关系数	1.000 0	0.700 6	0.742 9	0.666 1
	显著性（双侧）	—	0.000 0	0.000 0	0.000 0
	N	45	45	45	45
双分类 DEA 模型	皮尔逊相关系数	0.700 6	1.000 0	0.961 0	0.925 3
	显著性（双侧）	0.000 0	—	0.000 0	0.000 0
	N	45	45	45	45

续表

		资本回报率	双分类 DEA 模型	CES 模型	三分类 DEA 模型
CES 模型	皮尔逊相关系数	0.742 9	0.961 0	1.000 0	0.846 7
	显著性（双侧）	0.000 0	0.000 0	—	0.000 0
	N	45	45	45	45
三分类 DEA 模型	皮尔逊相关系数	0.666 1	0.925 3	0.846 7	1.000 0
	显著性（双侧）	0.000 0	0.000 0	0.000 0	—
	N	45	45	45	45

因此，与劳动力市场类似，我国资本市场价格也具有动态有效性，反映了资本实际使用价值的变更，切实支撑了宏观经济生产的相对有效性。

与劳动力市场截然不同的是，在观察期内，我国资本市场价格低估了其实际价值，资本回报率总是低于资本影子价格，图9-3清晰地展示了这一点。

另外，资本市场在横向层面的价格扭曲程度要弱于劳动力市场，不同方法核算下的资本市场价格扭曲指标如图9-4所示。除去少数几个年份，我国资本市场价格扭曲指标一般保持在0.3—0.6。

图 9-4 1978—2022 年我国资本市场价格扭曲情况

3. 生产要素市场整体有效性分析

考虑到不同生产要素之间可能存在的相互替代性，仅仅分析单个生产要素市场有效性难免片面。在分别就劳动力与资本市场进行有效性分析之余，本研究还考察了生产要素市场的整体有效性。

若劳动力与资本之间存在相互替代性，劳动力与资本市场价格扭曲指标应该具有趋同倾向，而不应该表现出明显的偏离。然而，本研究发现：我国劳动力与资本市场价格扭曲指标序列之间并不存在均衡意义下的协同变化倾向，生产要素市场存在整体失灵问题。①

考虑到采用两个指标反映生产要素市场整体有效性不够便利，本研究构造了所谓的资本-劳动要素替代倾向指标。若生产要素市场整体有效，该指标值应为1，否则其取值将偏离1，而且该指标值与1之间的差距可表征生产要素市场的整体无效程度。在本研究中，该指标具有多种功用，不仅可度量生产要素市场的整体无效程度，也可以反映资本替代劳动力的动力水平，还可以表述劳动收入实际所占份额偏离其均衡份额的幅度。

图9-5总结了不同方法核算下的资本-劳动要素替代倾向。结果表明：尽管我国劳动力、资本要素市场价格均在一定程度上反映了生产要素使用价值，但整体偏离程度却较大。具体而言，职工平均工资存在高估劳动力使用价值迹象，而资本回报率则存在低估资本使用价值迹象，从而产生较大的反差，或者说，我国生产要素市场整体上存在较为严重的结构性失衡问题。所幸的是，这种失衡状况在近期有所缓和。

---

① 也存在另外一种可能性，本研究或据此证实了如陈晓玲与连玉君（2012）所指出的如下结论：我国劳动力与资本之间仅存在较弱的相互替代性。因本研究以全国数据为样本，作者认为生产要素市场整体失灵的可能性更大。

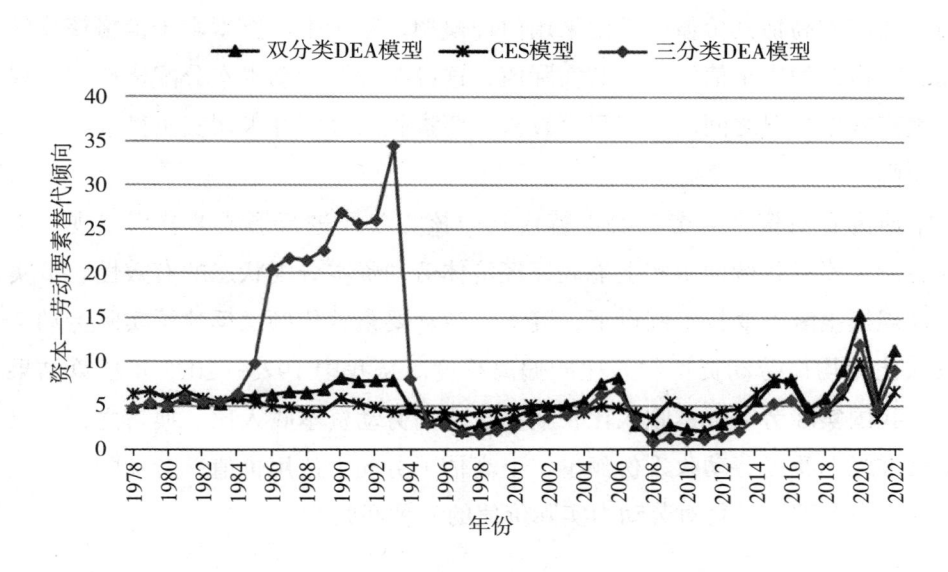

图 9-5　1978—2022 年我国资本 - 劳动要素替代倾向情况

当然，1978—2022 年生产要素市场整体失衡性恰当地解释了我国资本替代劳动力的技术倾向问题。

9.1.3　收入分配的合理性

在就我国劳动资本收入份额进行系统核算之余，有必要对劳动资本收入分配现状进行规范性判断，以酝酿、执行相应的收入分配调控举措。然而，针对判断劳动资本收入分配现状是否合理，应确立相应的规范性判断依据，且这种依据应具有我国宏观经济实践针对性，特别是，应能切实反映 1978 年以来我国宏观经济生产特征。

本研究所选择的规范性标准是宏观经济生产效率，毕竟，作为发展中国家，经济增长仍为我国当前宏观调控的主要目标。在宏观经济生产效率准则下，本研究根据支撑宏观经济生产有效性的生产要素影子价格核算符合均衡特征的劳动收入份额，并将其作为我国实际劳动收入份额的一个规范性判断依据。无疑，基于不同影子价格估计的均衡劳动收入份额存在较大区别，但均大致反映了我国要素收入分配存在的根本性问题。

生产要素影子价格核算下的劳动收入份额总结如图 9-6 所示。显然，因劳动力价格严重高估其价值，不论采用何种模型，基于生产要素影子价格核算的劳动收入份额的影子值均小于其实际值，这说明我国劳动资本分配格局与宏观经济生产效率状况之间的匹配程度较差，要素收入分配并未切实贯彻效率优先基本原则。

本研究在对资本-劳动要素替代倾向核算公式进行形式调整后发现：资本-劳动要素替代倾向事实上能表征经济体劳动资本分配状态的有效性。事实上，在规模报酬不变技术假设下，资本-劳动要素替代倾向反映了实际劳动资本收入比对均衡劳动资本收入比的偏离程度。从我国1978—2022年核算结果来看，我国实际劳动资本收入比长期高于均衡劳动资本收入比。换言之，若以效率为准绳，我国劳动收入份额事实上高估了劳动力使用价值，劳动收入份额的下降存在合理性，是对劳动力实际价值的一种回归。

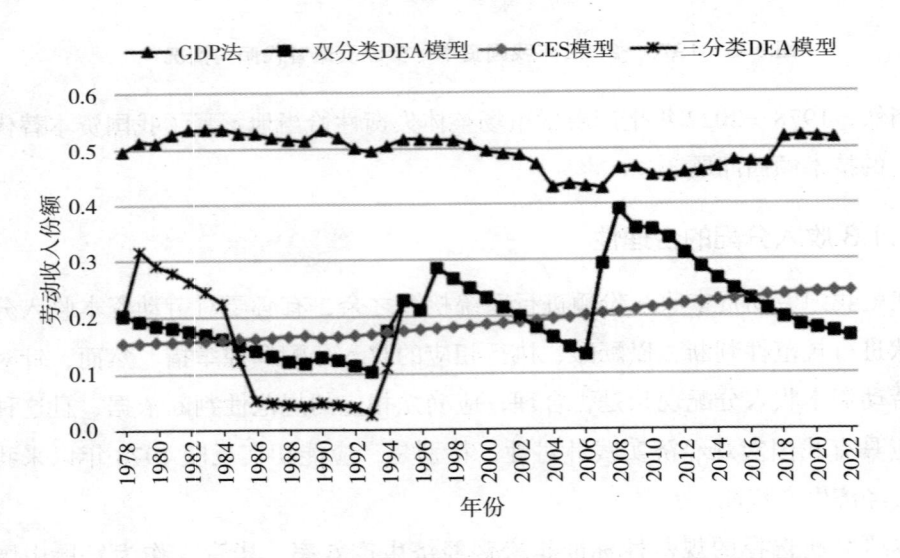

图9-6　1978—2022年我国劳动收入份额的实际值与影子值

9.1.4　指标与方法的适用性

在不同假设下，本研究采用相应的绩效评价标准与绩效评价方法考察了1978—2022年我国宏观经济生产绩效，并核算了要素影子价格、资本-劳动要素替代倾向序列。从整体生产要素市场拟合效果来看，采用数据三分类DEA

模型所核算的宏观经济指标更贴近实际情况，更具现实解释力。就局部生产要素市场而言，数据双分类模型特别是数据双分类 CES 模型表现出良好的拟合效果。

（1）从资本－劳动要素替代倾向决定模型及劳动资本收入比决定模型的现实拟合优度来看，数据三分类 DEA 模型核算下的指标数据具有更好的整体拟合效果。

（2）就劳动力市场而言，相较数据三分类 DEA 模型，数据双分类模型核算下的劳动力影子价格与职工平均工资之间具有更高的线性相关性。

（3）对于资本市场，相较数据双分类 DEA 模型，数据三分类 DEA 模型核算的资本影子价格与资本回报率之间表现出更高的线性相关性。

之所以存在上述偏差，是因为数据三分类 DEA 模型允许数据属性的可变性，该模型核算下的劳动力影子价格切实反映了宏观经济生产的阶段性变迁。特别是，本研究在利用数据三分类 DEA 模型核算资本影子价格时，结合生产要素投入状况对其进行了修正，以反映劳动力数据属性变化对宏观经济生产绩效的影响。

确切而言，数据双分类与三分类 DEA 模型在生产要素影子价格估计方面的差异主要体现在 1978—1993 年。在该时间段，我国劳动力明显供过于求，而资本相对短缺。数据三分类 DEA 模型估计所得资本影子价格要高于数据双分类 DEA 模型估计所得，更为贴近现实情况。

9.2　对策与建议

为矫正生产要素市场价格扭曲现象，提高生产要素市场有效性，发挥生产要素市场价格在资源配置与利用中的主导作用，提高要素收入分配的合理性、有效性与公平性，作者提出若干对策与建议，以完善劳动力市场运行机制。

9.2.1　扎实推进生产要素的供给侧改革

党的二十大报告全面总结了新时代的伟大变革，强调：“我们提出并贯彻新发展理念，着力推进高质量发展，推动构建新发展格局，实施供给侧结构性改革，制定一系列具有全局性意义的区域重大战略，我国经济实力实现历史性跃升。"

优化要素配置是供给侧结构性改革的重要内容。事实上，供给侧改革主要包括要素端和生产端的改革，其中，要素端的改革措施主要是能促进土地、劳动力、技术、资本等要素合理配置，激发要素活力的措施[①]。

考虑及此，推进供给侧改革为完善我国生产要素市场运行机制提供了良好契机，相应地，完善生产要素市场运行机制亦是推进当前供给侧改革的重要着力方向。毕竟，设法矫正生产要素市场价格扭曲现象，消除生产要素市场结构性矛盾，充分发挥生产要素市场在资源配置中的重要作用，是推进供给侧结构性调整不可回避的重要环节。

本研究已对我国生产要素市场有效性进行了系统分析，对要素配置状态是否合理、有效进行了综合评判，并对潜在问题进行了分析，这为生产要素市场结构性改革提供了实证依据，以服务于要素配置扭曲的适度、及时矫正。结合本研究基本结论，我国职工平均工资长期高估劳动力实际价值，因此，推进生产要素供给侧改革的一个重要着力方向是完善劳动力市场机制，优化劳动力配置，提高劳动力供给数量与质量。

具体举措包括如下两方面：其一，全面放开人口政策，提高劳动力资源禀赋。如本研究所发现的，我国劳动力供求关系在1993年前后即已发生根本性逆转，提高劳动力供给数量是确保经济可持续快速发展的基本保障。其二，全面提高人口素质与人力资本水平，提高全要素生产率。实证分析表明：我国劳动力市场价格扭曲现象严重，提高劳动力素养可有效消除我国职工平均工资与劳动力影子价格之间的缺口。

9.2.2 稳步提升劳动力的边际报酬

本研究发现：我国职工平均工资明显高于其实际价值。然而，因工资刚性问题，人们不可能通过降低劳动力报酬的方式缓解价格扭曲问题，只能从提升

---

① 纪念改革开放40周年系列选题研究中心. 重点领域改革节点研判：供给侧与需求侧[J]. 改革, 2016 (1): 36.

劳动力边际报酬角度入手，稳步提升劳动力价值，以确保劳动收入份额。

出于这一考虑，一方面，应致力于改进劳动力基本素质，加大人力资本投资力度，提高国民人均受教育程度，扎实提高劳动力实际价值，以确保劳动力收入水平与劳动生产率相一致，确保劳动力报酬与劳动力边际报酬相匹配。另一方面，应稳步推进技术进步，提高劳动力的边际产出。科技是第一生产力，若改进总量生产技术，劳动力边际产出自然会相应提高。而且技术进步往往伴随资本存量的增加，人均资本存量会相应提高，这无形中也会提高劳动力的边际产出水平。

9.2.3 设法提高资本的收入水平

维护资本权益，能有效提升资本实际所得。本研究核算得到的资本影子价格均高于资本回报率，这是生产要素市场整体失衡的一个具体表现。若资本市场价格能自行发挥其在资源配置与利用中的指导作用，大家无须为此担心。现实经济中难免存在市场干预，生产要素市场价格机制作用的实际功用难以预期。因此，与常态性市场干预相对应，大家应着手维护资本基本权益，减少人为干预对资本所得的负向影响。

比如，大力营造良好的投资环境，盘活资本存量，在经济持续增长中确保资本实际收入水平的提高。本研究结果表明：我国资本影子价格高于资本回报率，相关举措确实存在可操作的余地。

9.2.4 进一步完善社会主义市场经济体制

正如本研究所指出的，资本－劳动要素替代倾向对均衡值的偏离可充分表征生产要素市场失衡程度。1978—2022年我国资本－劳动要素替代倾向序列显示我国生产要素市场存在整体失衡现象，且这种现象长年未曾消除。本研究发现：资本－劳动要素替代倾向的变化与我国社会主义市场经济制度的逐步确立存在同步性，换言之，生产要素市场失衡程度逐年下降与我国市场经济制度的培育与发展具有同步性。从本研究对资本－劳动要素替代倾向决定问题的分析来看，该指标值存在自我回落机制，换言之，生产要素市场机制能自发平息生产要素市场价格对生产要素实际价值的偏离，而人为干预反而极有可能加剧这种偏离。因此，应谨慎干预经济，确保生产要素市场机制的有效运行，以进一步完善社会主义市场经济体制。

借助实证分析相关结果，本研究论证了数据三分类 DEA 模型对于解释我国劳动资本分配格局的应用价值，其中，劳动力数据属性的可变性事实上反映了宏观、微观经济主体行为偏好的非一致性，从本质上区分了计划、市场两种资源配置方式。换言之，数据三分类 DEA 模型对现实的良好解释力度相当于论证了我国改革开放初期宏观调控对生产要素市场的实际干扰，最终导致了我国生产要素市场长期的价格扭曲与结构性矛盾。

参考文献

[1] ADLER N, FRIEDMAN L, SINUANY STERN Z. *Review of Ranking Methods in the Data Envelopment Analysis Context*[J]. European Journal of Operational Research, 2002, 140（2）：249-265.

[2] ARROW K J, CHENERY H B, MINHAS B S, et al. *Capital-Labor Substitution and Economic Efficiency*[J]. The Review of Economics and Statistics, 1961, 43（3）：225-250.

[3] BANKER R D, CHARNES A, COOPER W W. *Some Models for Estimating Technical and Scale Inefficiencies in Data Envelopment Analysis*[J]. Management Science, 1984, 30（9）：1078-1092.

[4] BANKER R D. *Maximum Likelihood, Consistency and Data Envelopment Analysis: A Statistical Foundation*[J]. Management Science, 1993, 39（10）：1265-1273.

[5] BAZARAA M S, SHERALI H D, SHETTY C M. *Nonlinear Programming: Theory and Algorithms*[M]. 3rd ed. Hoboken：John Wiley and Sons, Inc., 2013.

[6] BROWN C, GILROY C, KOHEN A. *The Effect of the Minimum Wage on Employment and Unemployment*[J]. Journal of Economic Literature, 1982, 20（2）：487-528.

[7] CHARNES A, COOPER W W, RHODES E. *Measuring the Efficiency of*

Decision Making Units[J]. European Journal of Operational Research, 1978, 2（6）: 429–444.

[8] CHARNES A, COOPER W W, SEIFORD L, et al. *Invariant Multiplicative Efficiency and Piecewise Cobb-Douglas Envelopments*[J]. Operation Research Letters, 1983, 2（3）: 101–103.

[9] CHEN C M. *A Network-DEA Model with New Efficiency Measures to Incorporate the Dynamic Effect in Production Networks*[J]. European Journal of Operational Research, 2009, 194（3）: 687–699.

[10] CHENERY H B. *Development Policies and Programmes*[J]. Economic Bulletin for Latin America, 1958, 3（1）: 51–77.

[11] CHENERY H B. *The Role of Industrialization in Development Programs*[J]. The American Economic Review, 1955, 45（2）: 40–57.

[12] DEPRINS D, SIMAR L, TULKENS H. *Measuring Labor Efficiency in Post Offices*[C]. Amsterdam: North-Holland, 1984.

[13] FARE R, GROSSKOPF S, LOVELL C A K, et al. *Multilateral Productivity Comparisons When Some Outputs are Undesirable: A Non-parametric Approach*[J]. The Review of Economics and Statistics, 1989, 71（1）: 90–98.

[14] FARE R, GROSSKOPF S. *A Nonparametric Cost Approach to Scale Efficiency*[J]. The Scandinavian Journal of Economics, 1985, 87（4）: 594–604.

[15] GOMES E G, LINS M P E. *Modeling Undesirable Outputs with Zero Sum Gains Data Envelopment Analysis Models*[J]. Journal of the Operational Research Society, 2008, 59（5）: 616–623.

[16] HECKMAN J J. *What Has Been Learned about Labor Supply in the Past Twenty Years？*[J]. The American Economic Review, 1993, 83（2）: 116–121.

[17] HIRSHLEIFER J, GLAZER A, HIRSHLEIFER D. *Price Theory and Applications*: *Decisions, Markets, and Information*[M]. Cambridge: Cambridge University Press, 2005.

[18] HORST R. *On the Interpretation of Optimal Dual Solutions in Convex Programming*[J]. The Journal of the Operational Research Society, 1984, 35 (4): 327–335.

[19] JENKINS R. *Vietnam in the Global Economy*: *Trade, Employment and Poverty*[J]. Journal of International Development, 2004, 16 (1): 13–28.

[20] KANTOROVICH L V. *Mathematical Methods of Organizing and Planning Production* [J]. Management Science, 1960, 6 (4): 366–422.

[21] KAO C. *Efficiency Decomposition in Network Data Envelopment Analysis*: *A Relational Model*[J]. European Journal of Operational Research, 2009, 192 (3): 949–962.

[22] KOOPMANS T C. *Activity Analysis of Production and Allocation*[M]. New York: John Wiley and Sons, Inc., 1951.

[23] KOOPMANS T C. *Efficient Allocation of Resources*[J]. The Econometric Society, 1951, 19 (4): 455–465.

[24] KUOSMANEN T C, CHERCHYE L, SIPILAINEN T. *The Law of One Price in Data Envelopment Analysis*: *Restricting Weight Flexibility across Firms*[J]. European Journal of Operational Research, 2006, 170 (3): 735–757.

[25] KUOSMANEN T C, KORTELAINEN M, SIPILAINEN T, et al. *Firm and Industry Level Profit Efficiency Analysis Using Absolute and Uniform Shadow Prices*[J]. European Journal of Operational Research, 2010, 202 (2): 584–594.

[26] KUOSMANEN T C. *Three Essays on the State of Economic Science*[M]. New York: McGraw-Hill Book Company, Inc., 1957.

[27] MARKOWITZ H. *Portfolio Selection*[J]. The Journal of Finance, 1952, 7（1）：77–91.

[28] MILGROM P, SEGAL I. *Envelope Theorems for Arbitrary Choice Sets*[J]. Econometrica, 2002, 70（2）：583–601.

[29] PO R W, GUH Y Y, YANG M S. *A New Clustering Approach Using Data Envelopment Analysis*[J]. European Journal of Operational Research, 2009, 199（1）：276–284.

[30] SCHMIDT P. *Frontier production functions*[J]. Econometric Reviews, 1985, 4（2）：289–328.

[31] SEIFORD L M, THRALL R M. *Recent Developments in DEA：the Mathematical Programming Approach to Frontier Analysis*[J]. Journal of Econometrics, 1990, 46（1/2）：7–38.

[32] STIGLER G J. *The Economics of Minimum Wage Legislation*[J]. The American Economic Review, 1946, 36（3）：358–365.

[33] TINBERGEN J. *The Design of Development*[M]. Baltimore：The Johns Hopkins University Press, 1958.

[34] TINBERGEN J. *The Relevance of Theoretical Criteria in the Selection of Investment Plans*[C]. Cambridge：Investment Criteria and Economic Growth, 1955.

[35] VARBLANE U, MICKIEWICZ T, RADOSEVIC S. *The Value of Diversity：Foreign Direct Investment and Employment in Central Europe during Economic Recovery*[J]. Transnational Corporations, 2003, 12（1）：53–90.

[36] WEI Q L, YAN H. *Congestion and Returns to Scale in Data Envelopment Analysis*[J]. European Journal of Operational Research, 2004, 153（3）：641–660.

[37] WOMER N K, BOUGNOL M L, DULA J H, et al. *Benefit-Cost Analysis*

Using Data Envelopment Analysis[J]. Annals of Operations Research, 2006, 145（1）：229–250.

[38] YAN H，WEI Q L. *A Method of Transferring Cones of Intersection Form to Cones of Sum Form and its Applications in Data Envelopment Analysis Models*[J]. International Journal of Systems Science, 2000, 31（5）：629–638.

[39] 白重恩，钱震杰. 国民收入的要素分配：统计数据背后的故事 [J]. 经济研究，2009（3）：27–41.

[40] 白重恩，钱震杰. 我国资本收入份额影响因素及变化原因分析：基于省际面板数据的研究 [J]. 清华大学学报(哲学社会科学版)，2009, 24（4）：137–147, 160.

[41] 白重恩，张琼. 中国的资本回报率及其影响因素分析 [J]. 世界经济，2014（10）：3–30.

[42] 布兰查德，费希尔. 宏观经济学(高级教程)[M]. 刘树成，沈利生，钟学义，等译. 北京：经济科学出版社，1998.

[43] 蔡昉，都阳，高文书. 就业弹性、自然失业和宏观经济政策：为什么经济增长没有带来显性就业？ [J]. 经济研究，2004, 39（9）：18–25, 47.

[44] 蔡昉，王德文. 外商直接投资与就业：一个人力资本分析框架 [J]. 财经论丛，2004（1）：1–14.

[45] 蔡昉. 中国的劳动力市场发育与就业变化 [J]. 中国职业技术教育，2008（8）：10–17.

[46] 曾五一，赵楠. 中国区域资本配置效率及区域资本形成影响因素的实证分析 [J]. 数量经济技术经济研究，2007（4）：35–42.

[47] 陈昌兵. 可变折旧率估计及资本存量测算 [J]. 经济研究，2014（12）：72–85.

[48] 陈晓玲，连玉君. 资本—劳动替代弹性与地区经济增长：德拉格兰德维尔假说的检验 [J]. 经济学（季刊），2012, 12（1）：93–118.

[49] 陈宇峰,贵斌威,陈启清.技术偏向与中国劳动收入份额的再考察[J].经济研究,2013(6):113-126.

[50] 程杰.养老保障的劳动供给效应[J].经济研究,2014(10):60-73.

[51] 戴天仕,徐现祥.中国的技术进步方向[J].世界经济,2010(11):54-70.

[52] 迪克西特.经济理论中的最优化方法[M].冯曲,吴桂英,译.2版.上海:格致出版社,2013.

[53] 丁守海.劳动剩余条件下的供给不足与工资上涨:基于家庭分工的视角[J].中国社会科学,2011(5):4-21,219.

[54] 丁守海.最低工资管制的就业效应分析:兼论《劳动合同法》的交互影响[J].中国社会科学,2010(1):85-102,223.

[55] 龚新蜀,胡志高.服务业发展、城镇化与就业:基于我国省际面板数据的门槛模型分析[J].软科学,2015,29(11):45-49.

[56] 郭庆旺,吕冰洋.论税收对要素收入分配的影响[J].经济研究,2011(6):16-30.

[57] 郭新强,胡永刚.中国财政支出与财政支出结构偏向的就业效应[J].经济研究,2012(增刊2):5-17.

[58] 贺菊煌.我国资产的估算[J].数量经济技术经济研究,1992(8):24-27.

[59] 黄先海,徐圣.中国劳动收入比重下降成因分析:基于劳动节约型技术进步的视角[J].经济研究,2009(7):34-44.

[60] 黄赜琳.技术冲击和劳动供给对经济波动的影响分析:基于可分劳动RBC模型的实证检验[J].财经研究,2006,32(6):98-109.

[61] 黄祖辉,杨进,彭超,等.中国农户家庭的劳动供给演变:人口、土地和工资[J].中国人口科学,2012(6):12-22.

[62] 纪念改革开放40周年系列选题研究中心.重点领域改革节点研判:供

给侧与需求侧[J]. 改革, 2016（1）：35-51.

[63] 贾朋, 张世伟. 最低工资提升的劳动供给效应：一个基于自然实验的经验研究[J]. 南方经济, 2013（1）：1-13.

[64] 金碧, 陈仲常. 中国外商直接投资就业效应传导渠道研究[J]. 人口与经济, 2007（1）：35-40.

[65] 柯健, 李超. 基于DEA聚类分析的中国各地区资源、环境与经济协调发展研究[J]. 中国软科学, 2005（2）：144-148.

[66] 孔睿, 李稻葵, 吴舒钰. 资本形成效率探究[J]. 投资研究, 2013（4）：17-33.

[67] 赖德胜, 孟大虎, 李长安, 等. 中国就业政策评价：1998—2008[J]. 北京师范大学学报（社会科学版）, 2011（3）：110-124.

[68] 李宾. 我国资本存量估算的比较分析[J]. 数量经济技术经济研究, 2011（12）：21-36, 54.

[69] 李博文, 孙树强. 要素偏向的技术进步、替代弹性与劳动收入份额[J]. 商业研究, 2014（2）：1-7.

[70] 李稻葵, 何梦杰, 刘霖林. 我国现阶段初次分配中劳动收入下降分析[J]. 经济理论与经济管理, 2010（2）：13-19.

[71] 李稻葵, 刘霖林, 王红领. GDP中劳动份额演变的U型规律[J]. 经济研究, 2009（1）：70-82.

[72] 李果, 王应明. 对DEA聚类分析方法的一种改进[J]. 预测, 1999（4）：63, 66-67.

[73] 李琴, 雷晓燕, 赵耀辉. 健康对中国中老年人劳动供给的影响[J]. 经济学（季刊）, 2014, 13（3）：917-938.

[74] 李实, 赖德胜, 罗楚亮, 等. 中国收入分配研究报告[M]. 北京：社会科学文献出版社, 2013.

[75] 李树, 陈刚. 幸福的就业效应：对幸福感、就业和隐性再就业的经验研究[J]. 经济研究, 2015（3）：62-74.

[76] 李治国, 唐国兴. 资本形成路径与资本存量调整模型：基于中国转型时期的分析 [J]. 经济研究, 2003（2）: 34-42.

[77] 李治国, 张晓蓉, 徐剑刚. 资本形成与货币扩张的互动关系：解析中国经济增长 [J]. 财经研究, 2010, 36（6）: 36-45, 68.

[78] 李子奈. 计量经济学：方法和应用 [M]. 北京：清华大学出版社, 1992.

[79] 刘大志, 蔡玉胜. 地方政府竞争、资本形成与经济增长 [J]. 当代财经, 2005（2）: 20-22, 45.

[80] 刘宏, 李述晟. FDI对我国经济增长、就业影响研究：基于VAR模型 [J]. 国际贸易问题, 2013（4）: 105-114.

[81] 刘晓光, 卢锋. 中国资本回报率上升之谜 [J]. 经济学（季刊）, 2014, 13（3）: 817-836.

[82] 刘媛媛, 刘斌. 劳动保护、成本粘性与企业应对 [J]. 经济研究, 2014（5）: 63-76.

[83] 陆铭, 高虹, 佐藤宏. 城市规模与包容性就业 [J]. 中国社会科学, 2012（10）: 47-66.

[84] 陆铭, 欧海军. 高增长与低就业：政府干预与就业弹性的经验总结 [J]. 世界经济, 2011（12）: 3-31.

[85] 陆铭. 劳动和人力资源经济学：经济体制与公共政策 [M]. 上海：上海人民出版社, 2007.

[86] 罗长远, 张军. 经济发展中的劳动收入占比：基于中国产业数据的实证研究 [J]. 中国社会科学, 2009（4）: 65-79, 206.

[87] 罗长远, 张军. 劳动收入占比下降的经济学解释：基于中国省级面板数据的分析 [J]. 管理世界, 2009（5）: 25-35.

[88] 吕冰洋, 郭庆旺. 中国要素收入分配的测算 [J]. 经济研究, 2012（10）: 27-40.

[89] 马弘, 乔雪, 徐嫄. 中国制造业的就业创造与就业消失 [J]. 经济研究, 2013（12）: 68-80.

[90] 马生昀, 刘杰, 马占新, 等. 聚类分析在确定广义 DEA 方法样本单元集中的应用 [J]. 数学的实践与认识, 2012, 42（12）: 28-36.

[91] 马双, 张劼, 朱喜. 最低工资对中国就业和工资水平的影响 [J]. 经济研究, 2012（5）: 132-146.

[92] 马赞甫, 刘妍珺, 王伟. 数据三分类下绩效评价的 DEA 方法 [J]. 上海管理科学, 2013, 35（1）: 59-62.

[93] 马赞甫, 刘妍珺. 凹性 CES 生产函数的 DEA 估计方法 [J]. 广西财经学院学报, 2012, 25（6）: 51-54, 69.

[94] 马赞甫, 刘妍珺. 宏观经济生产绩效视野中的劳动力供给研究: 兼析我国二胎政策的经济基础 [J]. 西南石油大学学报（社会科学版）, 2016, 18（4）: 14-21.

[95] 马赞甫, 刘妍珺. 基于 DEA 的生产函数估计 [J]. 管理学报, 2010, 7（8）: 1237-1241.

[96] 马赞甫, 刘妍珺. 基于数据三分法的 DEA 模型 [J]. 经济数学, 2011, 28（2）: 11-15.

[97] 马赞甫, 刘妍珺. 双目标规划问题的像集与求解 [J]. 经济数学, 2016, 33（2）: 75-79.

[98] 马赞甫. 基于 DEA 的影子价格估计 [D]. 北京: 中国人民大学, 2007.

[99] 毛定祥. 外国直接投资与国内资本形成的协整分析 [J]. 管理评论, 2006, 18（7）: 23-26.

[100] 牟俊霖. 外商投资的就业效应分析 [J]. 中国人力资源开发, 2009（12）: 9-12.

[101] 牟俊霖. 外商投资对中国就业影响的实证分析 [J]. 经济与管理, 2007（4）: 33-37.

[102] 萨松, 塞哈尔菲. 成本效益分析: 一座通向科学决策的桥梁 [M]. 司一, 向宁, 译. 北京: 知识出版社, 1991.

[103] 司言武, 万军. 外商直接投资与国内资本形成关系研究: 以长三角地区

为例 [J]. 经济问题探索, 200（2）: 119-122.

[104] 斯夸尔, 范德塔克. 项目经济分析: 影子价格的推导和估算 [M]. 孙礼照, 胡庄君, 译. 北京: 清华大学出版社, 1985.

[105] 孙睿君. 我国的动态劳动需求及就业保护制度的影响: 基于动态面板数据的研究 [J]. 南开经济研究, 2010（1）: 66-78.

[106] 孙文杰. 中国劳动报酬份额的演变趋势及其原因: 基于最终需求和技术效率的视角 [J]. 经济研究, 2012（5）: 120-131.

[107] 田洪川. 中国产业升级对劳动力就业的影响研究 [D]. 北京: 北京交通大学, 2013.

[108] 汪泓, 崔开昌. 中国就业增长与城镇化水平关系的实证研究 [J]. 南京社会科学, 2012（8）: 28-32, 48.

[109] 汪柱旺, 于瀚尧. 财政支出与社会物质资本形成及经济增长关系的实证研究 [J]. 当代财经, 2012（12）: 47-54.

[110] 王君斌, 王文甫. 非完全竞争市场、技术冲击和中国劳动就业: 动态新凯恩斯主义视角 [J]. 管理世界, 2010（1）: 23-35, 43.

[111] 王宋涛, 温思美. 资源误配置对中国劳动收入份额的影响 [J]. 华南农业大学学报（社会科学版）, 2015, 14（3）: 114-122.

[112] 王应明, 傅国伟. 运用 DEA 方法进行聚类分析 [J]. 控制与决策, 1993, 8（2）: 86-90.

[113] 王永奇. 外国直接投资对国内资本形成的挤出效应分析 [J]. 世界经济文汇, 2005（6）: 39-51.

[114] 魏权龄. 经济与管理中的数学规划 [M]. 北京: 中国人民大学出版社, 2010.

[115] 魏权龄. 评价相对有效性的数据包络分析模型: DEA 和网络 DEA[M]. 北京: 中国人民大学出版社, 2012.

[116] 魏权龄. 数据包络分析（DEA）[M]. 北京: 科学出版社, 2004.

[117] 吴广谋, 盛昭瀚, 朱乔. 输入——输出系统的 DEA 聚类分析方法 [J]. 系

统工程学报, 1993, 8（2）: 47-53.

[118] 吴晗, 杨飞, 程瑶. 中国劳动报酬份额下降的影响因素: 一个综述 [J]. 劳动经济研究, 2014, 2（6）: 173-192.

[119] 伍山林. 劳动收入份额决定机制: 一个微观模型 [J]. 经济研究, 2011（9）: 55-68.

[120] 肖志杰, 魏权龄. 数据包络与边际分析: 微观经济中的非参数分析 [J]. 中国管理科学, 1993（2）: 1-6.

[121] 薛进军, 高文书. 中国城镇非正规就业: 规模、特征和收入差距 [J]. 经济社会体制比较, 2012（6）: 59-69.

[122] 杨新房, 任丽君, 李红芹. 外国直接投资对国内资本"挤出"效应的实证研究: 从资本形成角度看 FDI 对我国经济增长的影响 [J]. 国际贸易问题, 2006（9）: 74-78.

[123] 张车伟, 张士斌. 中国初次收入分配格局的变动与问题: 以劳动报酬占 GDP 份额为视角 [J]. 中国人口科学, 2010（5）: 24-35.

[124] 张车伟. 中国 30 年经济增长与就业: 构建灵活安全的劳动力市场 [J]. 中国工业经济, 2009（1）: 18-28.

[125] 张川川. 健康变化对劳动供给和收入影响的实证分析 [J]. 经济评论, 2011（4）: 79-88.

[126] 张光南, 李小瑛, 陈广汉. 中国基础设施的就业、产出和投资效应: 基于 1998—2006 年省际工业企业面板数据研究 [J]. 管理世界, 2010（4）: 5-13, 31, 186.

[127] 张军, 吴桂英, 张吉鹏. 中国省际物质资本存量估算: 1952—2000 [J]. 经济研究, 2004（10）: 35-44.

[128] 张军. 改革以来中国的资本形成与经济增长: 一些发现及其解释 [J]. 世界经济文汇, 2002（1）: 17-31.

[129] 赵娜, 张少辉. 中国资本形成与经济增长的动态相关性: 基于协变模型

的实证分析[J]. 财经研究, 2007, 33（8）: 132-143.

[130] 郑方贤, 杨科威. 基于非参数DEA前沿的参数生产函数估计模型[J]. 统计研究, 2004（3）: 51-53.

[131] 中国国家统计局国民经济核算司. 中国国内生产总值核算历史资料1952—1995[M]. 大连: 东北财经大学出版社, 1997.

[132] 周建, 汪伟. 资本形成、投资效率与经济增长之间的动态相关性: 来自中国1978～2004年数据的实证研究[J]. 财经研究, 2006, 32（2）: 78-89.

[133] 周勤, 吴利华. 产业结构、产业竞争力和区域就业差异[J]. 世界经济, 2008（1）: 78-89.

[134] 朱劲松. 外商直接投资在中国资本形成的效应[J]. 亚太经济, 2001（3）: 45-48.

[135] 朱轶, 熊思敏. 技术进步、产业结构变动对我国就业效应的经验研究[J]. 数量经济技术经济研究, 2009（5）: 107-119.

[136] 祝善训, 钟学义, 王羽. 我国生产函数估计[J]. 哈尔滨工业大学学报, 1990（5）: 101-107.